## | 일러두기 |

1. 이 책에 쓰인 주요 약어는 다음과 같으며 본문에 특별한 원어 설명이 없는 경우 참고하시기 바랍니다.

DSB(Dispute Settlement Body) : 분쟁해결기구
EU(European Union) : 유럽연합
FTA(Free Trade Agreement) : 자유무역협정
GATT(General Agreement on Tariffs and Trade) : 관세 및 무역에 관한 일반 협정
ICC(International Criminal Court) : 국제형사재판소
ICJ(International Court of Justice) : 국제사법재판소
ILC(International Law Commission) : 유엔국제법위원회
ILO(International Labour Organization) : 국제노동기구
ITLOS(International Tribunal for the Law of the Sea) : 국제해양법재판소
NATO(North Atlantic Treaty Organization) : 북대서양조약기구
NGO(non-governmental organization) : 비정부기구
PCIJ(Permanent Court of International Justice) : 상설국제사법재판소
UN(United Nations) : 국제연합
WTO(World Trade Organization) : 세계무역기구

2. 국제법의 대중적 이해를 제고하고자 하는 본서의 목적상 가독성을 높이기 위해 본문에서는 자세한 인용과 각주 처리를 부득이 생략했습니다. 본문 작성에 도움을 받은 문헌들은 '참고문헌' 으로 정리해 밝히고 있으며, 이와 같은 훌륭한 선행 연구 성과물들이 없었다면 본서도 발간될 수 없었을 것입니다. 본서를 학습한 후 분야별 심화학습을 원하는 독자들은 참고문헌들을 추가로 탐독하시기 바랍니다.

# UNDERSTANDING INTERNATIONAL LAW

## 국제법의 이해

최원엽 · 정대진

책마루

35년간 외교 활동을 하면서 관찰한 국제사회의 변화는 가히 혁명적이었습니다. 지난 세기 후반부터 지금까지 국제사회는 글로벌화와 전문화가 진행되고 있습니다. 동시에 정보화를 바탕으로 국가 차원뿐만 아니라 개인과 단체에 이르기까지 고도로 조직화되는 양상을 보이고 있습니다. 이런 변화의 흐름 속에서 국가뿐만 아니라 개인도 끊임없이 국제사회의 변화에 능동적으로 대처해야 할 숙명적인 과제에 직면하고 있습니다. 이러한 과제에 효과적으로 대처하기 위해서는 국제사회의 공통적 행위 규범인 국제법을 제대로 이해하고 활용해야 합니다.

외교 현장에서 국제법은 공통의 언어이자 보편적 규범으로서 중요한 역할을 하고 있습니다. 우리나라와 같이 부존 자원이 부족하고 주변에 강대국들로 둘러싸인 지정학적 위치를 가진 국가가 대외적으로 생존과 발전을 해나가는 데 있어 국제법만큼 유용한 수단이 없다고 봅니다. 따라서 우리 국민들 모두가 국제사회의 보편 규범이자 행위 준칙인 국제법의 필요성을 깊이 인식하고 이를 잘 연구하고 실천해 나가야 합니다.

이런 차원에서 연구자와 공직의 길을 걷고 있는 두 젊은이가 국제법 기본서를 출간한다는 것은 국제법을 일반에 널리 보급함에 있어 바람직한 일이라고 생각합니다. 이 책의 발행을 통해 보다 많은 사람들이 국제법을 손쉽게 접할 수 있기를 바랍니다. 글로벌화 시대의 요구에 부응하여 국제법을 일부 전문가나 학자의 전유물로만 여기지 말고 '우리 모두가 외교관'이라는 시대적 각오로 국제법을 다시 이해하고 접할 수 있는 한 계기가 되기를 기대합니다.

2013년 1월

**이 춘 선**

前 주스페인대사

국립외교원 명예교수

국제법을 연구하는 일은 필연적으로 '애국자적 소명'과 '세계인의 사명'과의 대면으로 귀결됩니다. 총성 없는 전쟁터인 국제사회에서 국익을 위해 치열한 논리싸움을 전개하자면 국제법을 무기삼아 싸우는 '애국자의 소명'과 마주하게 됩니다. 또한 지구촌이라는 국제공동체에서 인류 보편적 가치로서의 국제법의 기본 정신인 국제 협력과 평화의 유지와 같은 이상과 원칙을 추구하기 위해서는 '세계인으로서의 사명'과 직면하게 됩니다.

우리나라는 20세기로부터의 유산인 불법적인 일제강점에 따른 강제징용과 일본군 '위안부' 문제 같은 이슈를 국가의 명예와 국민의 권익보호라는 국가적 차원뿐만 아니라 인권이라는 인류 보편적 가치를 위해서도 반드시 해결해 나가야 합니다. 또한 지구상 유일한 분단 상황에서 국가 안보라는 중차대한 국가적 과제를 수행함과 동시에 평화 통일을 추구하며 국제사회의 평화와 안전에도 기여해 나가야 하는 국제적 과제 역시 안고 있습니다.

이처럼 우리나라가 직면하고 있는 현실적 과제로서의 중차대한 역사적 요구에 부응하기 위해 우리는 국제사회 공동체의 규범적 언어로서의 국제법을 더욱 심도 있게 연구하고, 나아가 이를 통해 국제사회와 대화하고 소통하며 21세기를 헤쳐 나가야 할 것입니다. 그러한 전제에서 국제법 마니아로서 고민을 공유해온 두 젊은 국제법학도의 노작에 주목하게 됩니다.

두 사람 모두 학부 시절 국제법 강의와 학술 연구를 통해 만났던 후학들로서 성실과 열정으로 학구에 임했던 기억에 더해 교학상장의 오랜 인연을 맺어오고 있습니다. 이들의 공동 작업인 '국제법의 이해'는 개략적이면서도 체계적인 구성으로 독자들이 '국제법'이라는 학문의 기본구조를 이해하고 나아가 유기적인 체제를 파악할 수 있도록 해주는 길잡이가 되리라 생각합니다. 아무쪼록 이 책이 청운의 꿈을 품은 젊은이들이나 국제법 관련 종사자들에게 많은 도움이 되기를 기원합니다.

2013년 1월

**도 시 환**

국제법박사·동북아역사재단 연구위원

세계국제법협회(ILA) 한국본부 기획이사

국제법은 대한민국의 미래에 많은 영향을 줄 수 있는 중요한 분야입니다. 지난 세기뿐만 아니라 우리가 앞으로 살아갈 대한민국도 시시각각 변하는 국제사회의 질서 속에서 많은 도전과 응전을 치러야 할 것입니다. 국제 분쟁 해결, 영토 및 해양경계, 인권, 기후변화, 무역협상, 나아가 통일문제까지 어느 것 하나 만만한 과제가 없을 것입니다. 국제법은 앞으로 이 과제를 풀어나가는 데 기준이 되고 나침반 역할을 해주리라고 생각합니다.

공직과 연구자의 길을 걷고 있는 저희는 이러한 인식하에 비록 부족한 경륜과 학식이지만 동시대를 살아가는 선후배, 동료들에게 국제법의 중요성을 알리고 기본적인 이해를 제고하고자 본서를 집필하게 되었습니다.

기존의 훌륭한 국제법 교과서들이 많지만 방대한 분량과 전문적인 구성으로 인해 처음 국제법을 접하는 사람들이 부담감을 가지는 것도 사실입니다. 저희 역시 국제법을 처음 공부하던 시절부터 좀 더 간단한 구성과 기본 내용, 조문, 판례들이 충분히 혼합되어 국제법의 전반적인 이해를 도와주는 책이 있었으면 좋겠다고 생각했습니다.

이 책은 그 바람을 실천으로 옮긴 결과물입니다. 국제법의 새로운 학설과 이론을 소개하거나 제시하기보다는 독자들이 기본적인 내용을 보다 간단한 구성으로 심도 있게 이해할 수 있도록 국제법의 기본을 공부하던 그 시절을 반추하며 정리했습니다.

대학에서 국제법을 처음 공부하는 학생, 청운의 꿈을 품은 수험생 혹은 국제법에 관련된 실무 종사자가 국제법을 이해하기 위해 본서를 활용하면 좋을 것입니다. 국제법을 심도 있게 학습한 독자라도 기본적인 흐름과 핵심 내용을 정리하기 위해 본서를 읽어봐도 무방하리라 생각합니다. 특히 수험생이 방대한 양의 교과서 대신 본서를 기본서로 활용하여 공부해도 문제가 없을 만큼 내용의 충실함, 정리와 요약, 가독성에 중점을 두었음을 강조합니다. 이로 인해 본서는 총 8장의 간략한 구성으로 국제법의 모든 분야를 다루고 있으며, 수험생의 편의를 위해 조문을 최대한 적시하고 부록으로 주요 판례를 선정하여 실은 것이 특징이라 할 수 있습니다. 또한 각 장 앞머리에 'Navigator'라는 이름으로 국제법의 전체 흐름 속에서 해당 장이 가지고 있는 의미를 밝혀 길잡이 역할을 할 수 있도록 해두었습니다.

각자 공직 생활과 연구 활동을 하며 틈틈이 본서를 집필하다 보니 예상보다 적지 않은 시간이 걸렸습니다. 처음 작업을 시작한 후, 해를 넘겨서야 집필을 마쳤습니다. 그 사이에 포기하지 않도록 격려해준 가족들에게 지면을 빌어 감사의 말씀을 전합니다. 특히 집필 기간 중 지병을 이기지 못하고 돌아가신, 최원엽의 아버님 영전에 이 책을 올려드립니다.

이 책에 미비한 점이 있다면 그건 전적으로 부족한 저희 탓입니다. 언제나 큰 가르침이 되어주시는 인생의 스승님과 선배들께 누가 되지 않기를 바랄 뿐입니다.

2013년 1월

**최원엽 · 정대진**

## 제4장　국제법 주체론 1 : 국가

# 제5장　국제법 주체론 2 : 국제기구와 개인

## 제6장 국제법 객체론 : 국가 영역과 관련 문제

## 부록   국제법 주요 판례

- 노테봄 사건
- 니카라과 사건
- 동부 그린란드 사건
- 라그란트 사건
- 로터스호(號) 사건
- 망끼에-에끄레오군도 사건
- 바르셀로나 전력회사 사건
- 북해 대륙붕 사건
- 비호 사건
- 서남아프리카 사건
- 서부 사하라 사건
- 스쿠너 익스체인지호 사건
- 알라바마호 사건
- 어업 관할권 사건
- UN 특정 경비 사건
- UN의 공무수행 중 입은 손해배상 사건
- 인터한델 사건
- 제노사이드 협약의 유보 사건에 대한 권고적 의견
- 캐롤라인호 사건
- 코르푸해협 사건
- 테헤란 미대사관 인질사건
- 튀니지-모로코 국적포고령 사건
- 티노코 양허 중재 사건
- 팔마스섬 사건
- 프레아 비헤아 사건
- 호르조공장 사건
- 핵실험 사건

# 국제법의 의의와 역사



## 제1장

**Navigator**

이 장은 국제법을 처음 접하는 단계에서 명확한 이해가 필요한 부분이다. 우선 '국제사회의 법'으로서 주로 '국가 간'의 관계를 규율하는 법인 '국제법'의 개념을 철저히 인식할 필요가 있다. 이는 앞으로 살펴보게 될 국제법의 주체와 객체, 법원 및 전반적 규율체계를 이해하는 기초가 된다. 예전에는 법적 강제가 취약하다는 측면에서 국제법의 법적 성질을 부인하는 견해가 있었으나, 오늘날 이러한 견해는 일반적으로 인정되지 않는다는 점도 인식해야 한다. 근대 국제법의 효시로 불리는 1648년 웨스트팔리아 조약을 중심으로 한 국제법의 발전 과정과 현대 국제법의 경향을 이해하는 것이 중요하다.

# 국제법의 개념

국제법이란 국제사회의 법으로서 주로 국가 간의 관계를 규율하는 법이다. 여기서 중요한 개념은 '국제사회'와 '국가 간'이다. 국제사회란 국가와 국제기구 등 수많은 국제 행위자들의 활동 공간을 의미한다. 국내사회에서도 수많은 개인과 법인의 관계를 규율할 법질서가 필요하듯이 이 국제사회에서도 수많은 국가와 국제기구 등의 관계를 규율할 법질서가 필요하다.

국제법은 바로 이 규율 기준으로서 역할을 한다. 그런데 특기할 점은 국제법이 주로 '국가 간'의 관계를 규율하는 역할을 한다는 점이다. 현대 국제사회에는 국가 외에도 국제기구와 개인 등 다양한 행위자가 존재한다. 이들의 등장 이전에 국제법은 '국가 간의 법'으로 인식되었다. 하지만 국제기구와 개인의 등장으로 이들 간의 관계도 규율할 필요성이 대두되었고 국제법의 개념 역시 국제사회의 법 내지는 국제공동체의 법으로 변화하기 시작했다. 하지만 이런 변화에도 불구하고 국가만이 여전히 포괄적인 국제법 주체성을 가진다는 점을 유의해야 한다.

현대 국제사회에서 국가 이상의 기능을 하는 국제기구도 등장하고 있다. 그러나 국제기구는 조약의 인정 범위 안에서만 국제법 주체성을 가진다는 한계가 있다. 그리고 조약의 주요 체결권자는 여전히 국가이다. 이 점을 고려하여 국제법을 주로 '국가 간'의 관계를 규율하는 법이라고 표현한다. 즉, 국제법은 국가와 국제기구 등 다양한 행위자들이 존재하는 '국제사회'의 법으로서 포괄적이고 가장 중요한 행위자인 '국가 간'의 관계를 주로 규율한다.

# 국제법의 법적 성질

독일의 법학자 예링(Rudolf von Jhering, 1918~1982)은 "타지 않는 불꽃이 불이 아닌 것처럼 강제력이 없는 법은 법이 아니다"는 명제로 법의 성질을 명료하게 정리했다. 다시 말해서 법의 가장 근본적인 속성은 강제력에 있다는 것이다.

오늘날 국제법의 법적 성질을 논할 때 이 강제력 여부가 가장 주요한 논란이 된다. 혹자는 강제력의 측면에서 국제법은 대단히 취약하며 따라서 국제법은 진정한 의미의 법이 아니라고 주장하기도 한다. 일찍이 홉스(Hobbes, 1642)와 오스틴(Austin, 1863)도 "법은 주권자의 명령이며 의무와 제재를 불가분으로 포함해야 한다"는 입장에서 국제법의 법적 성질을 부인했다. 이들은 국제법이 국가 간 합의와 여론의 소산일 뿐이며 주권자의 명령이나 강제성이 없다는 점에서 국제법을 부인한 것이다.

현대 국제사회에서도 국제법은 범세계적인 강제관할권이 성립되어 있지 않다. 이에 따라 국제법 위반국에 대해 즉각적인 제재나 대응이 쉽지 않다. 이런 점들을 이유로 국제법을 법으로 여기지 않는 의견도 존재한다. 하지만 다음과 같은 점에서 국제법의 법적 성질은 인정된다고 할 수 있다.

첫째, 국제사회와 국내사회의 본질적 차이를 고려해야 한다. 수직적이고 계층적인 법질서 구조와 규율 관계를 가진 국내사회에 비해 국제사회는 기본적으로 수평적이고 대등한 주체들 간의 규율 관계로 형성되어 있다. 따라서 국내법 수준의 강제성을 국제법의 법적 성질을 파악하는 기준으로 활용하는 것은 범주가 다른 대상을 같은 기준으로 재단하는 오류라고 할 수 있다. 통일적인 입법기관이나 사법·행정기관이 없다며 국제법을 비판하는 주장도 국제사회의 수평적인 존재 본질을 망각한 주장이다.

둘째, 국제사회의 현실을 고려해야 한다. 현실적으로 국제사회에서는 각종 분쟁과 국제법 주체의 책임을 물어야 할 일이 빈번히 발생하고 있다. 이를 해결하기 위해 국제법의 존재는 반드시 필요하다. 각종 분쟁과 충돌을 실질적인 법규가 아닌 도덕규범 등의 문제로 풀 수는 없다. 물론 국제법으로 실질적인 분쟁 해결 규정이나 예방 조치를 해두어도 위반이 종종 발생한다. 하지만 법규의 위반은 국제법 체계뿐만 아니라 국내법 체계에서도 빈번히 발생한다. 오히려 주요 국제 관심사만 여론의 조명을 받으므로 일반적으로 준수되는 국제법의 질서는 제대로 평가되지 못하는 현실도 고려해야 한다.

셋째, 국제법 주체들의 법의식을 고려해야 한다. 경험적으로 고찰했을 때 국가들은 국제사회의 문제를 통상 조약과 기구 결성 등의 법제도적인 정비를 통해 해결해왔다. 단순한 도덕이나 예양의 문제로만 국제 관계를 처리하지 않았다. 자국 주재 외교관의 신변 문제나 무역 분쟁, 영토 분쟁 등이 발생했을 때 세계 각국은 그동안 축적된 국제법의 테두리에서 협의하고 법률 문제로 치환하여 대처하지, 단순한 교섭과 극한 대립으로만 일관하지 않는다. 또한 우리나라를 포함하여 세계 각국은 국제법을 '법'으로 수용하고 있다. 대한민국 헌법 제6조

1항은 "헌법에 의하여 체결 · 공포된 조약과 일반적으로 승인된 국제 법규는 국내법과 같은 효력을 지닌다"라고 규정하고 있다. 유럽 국가들 중에는 국제법의 국내법에 대한 우위를 명문으로 인정한 경우도 있다(네덜란드 등).

이와 같은 점에서 국제법은 국제사회의 규범으로서 그 존재 의의를 가진다고 할 수 있다. 고도로 발달한 현대의 국제사회에서 효력이 미미하다 혹은 법위반이 많다는 이유 등으로 국제법의 법적 성질을 부인하는 것은 시대착오적인 발상이다. 국제법이 제도적으로 정비되고 규범력을 강화해야 하는 과제가 있으나, 이는 국내법 체계에서도 발생하는 과제로 볼 수 있으며, 따라서 오늘날 국제법의 규범성은 부인할 수 없는 것이 현실이다.

제3절
# 국제법의 역사

## Ⅰ. 국제법의 기원

국제법의 원시적 형태를 서양에서는 도시국가 간의 관계에서, 동양에서는 중국의 제후 관계에서 찾아볼 수 있다. 기원전 3천 년 경의 메소포타미아 도시국가 사이의 조약이나 고대 그리스 도시국가 간의 조약에서 국제법의 원시적 형태를 발견할 수 있다. 고대 중국에서도 제후 간의 관계를 규율하는 관습과 법이 집적되어 있었다. 하지만 다음과 같은 점에서 오늘날의 국제법과는 차이를 보인다.

첫째, 엄밀한 의미에서 고대 도시국가 관계나 제후 관계는 오늘날의 국제 관계와 다르다. 고대 도시국가나 제후 관계는 국제 관계라기보다는 동일하거나 유사한 민족의 내부적 관계에 가까웠다.

둘째, 고대의 국제 관계는 수평적인 오늘날의 국제사회 질서와 본질적으로 달랐다. 고대 도시국가나 제후 관계는 힘의 관계가 바탕이었기 때문에 수평적인 질서를 유지하는 경우가 드물었다. 동등한 지위를 가진 국제 행위자들이 수평적인 관계를 형성하는 오늘날의 국제 관계와는 판이하다.

셋째, 고대의 도시국가 간 조약과 제후 간 관계 규정은 단편적인 법규의 집적에 불과했다. 관습의 정리와 힘의 관계를 바탕으로 한, 계약

관계를 확인하는 성격이 강했다. 오늘날의 국제법과 같이 체계적으로 정리되어 보편적으로 적용되는 일반화된 법의 양식으로 발전하지는 못했다.

따라서 고대의 국제 관계 규율은 국제법의 원시적 형태를 보이고 있다고 할 수 있으나 그 자체가 국제법의 직접적 기원이 되었다고 단언할 수는 없다. 오늘날 사용하는 국제법이라는 용어의 직접적 기원은 로마 시대에서 발견할 수 있다.

로마법의 'jus gentium(만민법)'은 로마인에게만 적용되던 'jus civile(시민법)'에 대비되어 로마인과 이민족, 이민족과 이민족 상호 간의 관계를 규율하는 법을 지칭하는 것이었다. 문자 그대로의 해석은 '여러 민족 간의 법'이다. 이민족과의 관계를 규율한다는 점에서 국제법적인 요소가 상대적으로 부각되어 있다.

하지만 이것도 어디까지나 로마 제국 내의 로마인과 이민족, 이민족 상호 간의 관계를 규율하는 법이었다. 동등한 국제사회의 주체끼리의 관계를 규율하는 오늘날의 국제법과는 거리가 있었다. 그럼에도 불구하고 그 형식과 내용이 서로 다른 민족끼리의 관계를 규율한다는 점에서 근대 국제법과 유사한 면이 존재했다.

중세 시대에 들어서도 동서양 모두 교황이나 황제 중심의 사회질서를 유지했다. 국가 주권 자체가 독립적으로 발달하지 않았고 국제 관계도 봉건질서 내에서의 권력 관계 형태로 지속되었다. 하지만 토마스 아퀴나스(Thomas Aquinas, 1225~1274)는 13세기에 자연적 질서 위에서 이민족의 상호의존을 강조하고 고립을 지양하면서 국제법적인 관계의 개념을 확장하려 했다. 또한 서양에서는 중세 말엽, 상업의 발달과 시민계급의 등장으로 정치질서에 변동이 시작되었고 수직적이고 단편적이던 국제 관계도 변화했다.

14세기에 집대성된 《콘솔라토 델 마레(Consolato del Mare)》는 중세 지중해의 해상관례를 법전화하여 국제 관계 및 질서의 체계화를 시도했다. 또한 15세기에 들어 이탈리아 도시국가들은 스페인·독일·프랑스 등에 상주하는 사절을 파견하는 등 근대적 양식의 국제 관계를 선보이기도 했다.


## Ⅱ. 근대의 국제법

근대의 국제법은 중세 시대의 보편적 권위가 차차 붕괴되면서 출현한다. 로마제국 시대부터 이어진 'jus gentium(만민법)'법에 대한 문제제기도 이루어졌다. 'Spanish School'이라고 불리는 스페인 신학자들을 중심으로, 사람 간의 법인 'jus gentium(만민법)'을 국가 간의 법인 'jus inter gentes'와 구별할 필요성이 있다는 주장이 제기되었다.

이 국가 '간(inter)'의 관계를 파악하는 데에는 주권론의 발달이 기초를 이루었다. 각 지역 국가의 국왕들은 교황 권력과의 투쟁을 통해 지배 지역에서 최고 권력을 확립했다. 그리고 이 권력은 교황에게서 부여된 것이 아닌 본원적 권력이라는 이론화 작업이 진행되었다. 보댕(J. Bodin, 1530~1596)을 중심으로 한 주권론의 사상은 전 유럽으로 확산되어 독립 주권국가들의 탄생에 기여했다. 근대 국제법은 이들 주권국가들의 관계를 규율하기 위해 출현했다.

특히 독일 지역에서 국왕이 교황의 지원을 얻어 신교와 벌인 전쟁인 30년 전쟁(1618~1648)이 끝난 후 체결된 '웨스트팔리아 조약'은 근대 국제법 질서의 효시로 널리 인정되고 있다. 프로테스탄트 전권대표와 가톨릭 전권대표가 상호 동등한 입장에서 조약을 체결함으로써 유럽의 국제 질서는 과거 보편적 권위를 바탕으로 한 상위 권력복종 체제에서 동등관계 체제로 전환되었다.

이 전환은 당시 유럽의 학문적 배경의 변화에서도 상당 부분 기인한다. 16~17세기 스페인 학자들이 제시한 'jus inter gentes'라는 용어를 영국의 즈우치(R. Zouche, 1590~1660)도 받아들여, 사용할 것을 주장했고 18세기에 벤담(J. Bentham, 1748~1832)이 이를 'international law'라는 용어로 번역하여 본격적으로 소개했다. 이로써 국가 간의 법이라는 의미로 'international law'가 보편적으로 사용되기 시작했고 근대적 의미에서 다른 국가와 국민 '간(inter)'의 관계를 규율하는 국제법 질서가 대두되었다. 그리고 국제법의 아버지라 불리는 네덜란드의 그로티우스(Hugo Grotius, 1583~1645)는 1625년《전쟁과 평화의 법》을 출간하며 정당한 전쟁의 존재 여부, 정당한 전쟁의 원인, 정당한 전쟁 중에 행할 수 있는 행위와 이를 종결시키는 조약에 대해 논했다. 그로티우스는 국가 평등과 영토 주권의 존중을 역설했고, 그의 이 원칙들은 '웨스트팔리아 조약' 이후 국제법 질서의 기본 원칙으로 자리 잡았다.

근대 초기의 국제법 학자들은 전쟁의 정당성과 국가 주권의 원리 등을 탐구하며 주로 자연법주의적인 입장에서 이론을 전개해 나갔다. 자연법주의자들은 법은 정의의 원칙에서 나오고 영원불멸한 정의의 가치를 실현하기 위해 법이 존재한다고 보았다. 이에 입각하여 국제법도 자연법의 일부라고 파악하였다. 따라서 국가 간의 실행과 관습을 단순히 법화한 것은 국제법의 영역으로 간주하지 않았다. 나아가 자연법의 원칙에 어긋나는 국제법은 진정한 법이 아니라고 생각했다.

이에 반해 법실증주의자들은 법은 자연법에 있는 원칙의 발견 내지 발현에 그치는 것이 아닌 입법자가 의지를 가지고 창조할 수 있는 것이라고 보았다. 여기에 입각하여 국제법도 결국 국가의 의사에 따라 제정되는 규율 관계로 파악했다. 개별 주권국가들은 자신들의 의사에 따라 합의를 통해 국제법을 형성해 나간다고 보았다.

이 두 주장의 대립 속에서 근대 유럽의 국제법 질서는 발전해 나갔다. 그리고 이것은 유럽의 세계 진출과 더불어 비유럽 지역으로도 전파되었다. 그러나 함포외교를 기반으로 한 유럽의 세계 진출은 비유럽 지역 국가들에게 동등한 국제법 질서의 적용을 가져다주지는 못했다. 유럽의 국제법은 그들 상호 간에만 대등할 뿐이었고, 비유럽 지역은 단지 국제법의 객체에 지나지 않았다.

국제법은 유럽 제국의 식민지 쟁탈을 합리화하는 이론적 도구였던 셈이다. 자연법적인 정의의 원칙에 기반을 두기보다 법실증주의적 태도로 각 국가의 실행과 관습을 선점과 승인 등의 국제법 원칙으로 수용한 점이 이를 대변한다. 전 지구적 공유 재산이 각 국가의 의사를 대변하여 형성된 국제법 원칙과 이론에 의해 분할되고 아시아와 남미 국가들은 불평등 조약을 체결하기도 했다.


## Ⅲ. 현대의 국제법

현대의 국제법은 국제법 주체의 확대와 규율 대상의 다양화라는 구조 변화의 특징을 보인다. 먼저 국제법 주체의 확대는 20세기 국제법

질서의 변동과 밀접한 관련이 있다. 서세동점의 제국주의 시대는 20세기에 들어 두 차례의 세계대전을 겪으면서 새로운 양상으로 변화했다. 비유럽 지역에서 독립국가들이 증가했고 국제사회에서 이들의 동등한 주체성 보장 및 조약의 확대가 비약적으로 일어났다. 이 밖에 전쟁의 처리와 평화에 대한 방안을 강구하기 위해 국제연맹(LN)과 국제연합(UN) 같은 보편 국제기구부터 각종 기술 문제와 지역 문제를 다루기 위한 국제기구들도 다수 등장했다. 따라서 국제법의 주체 범위도 국가뿐만 아니라 국제기구로 점차 확대되었다. 최근에는 국제 인권법의 발달 등으로 개인에 대해서도 부분적으로 국제법 주체성을 인정하는 경향을 보이고 있다. 이 밖에 NGO의 발달과 역할 증대로 인해 비국가 행위자의 영역은 점차 확대되고 있다.

한편 국제법 규율 대상의 다양화도 이루어지고 있다. 근대 식민지 국가의 영토처리 문제 외에도 인류의 공동 유산 관리라는 차원에서 현대 국제법은 해양과 자원, 환경을 주요한 대상으로 다루고 있다. 또한 과학기술의 발달로 우주와 항공 분야도 국제법의 새로운 규율 분야로 등장했다. 두 차례의 세계대전으로 군축과 비확산 같은 평화 의제가 국제법의 주요 논의 대상이 된지 오래되었으며 날로 증가하는 국제 무역 및 금융, 경제 관계도 국제법의 주요 규율 대상으로 등장하고 있다.

# 국제법과 국내법의 관계



제2장

국제법과 국내법의 관계는 이론적으로는 법의 인식 자체에 관한 법학의 기본 문제이지만 동시에 현실적이며 실천적인 문제이다. 따라서 이론은 논리적으로 이해하는 데 중점을 두고, 우리나라를 비롯한 각국의 실행 및 관련 판례를 주의 깊게 살펴볼 필요가 있다.

국제법과 국내법의 관계를 논할 때 핵심 쟁점은 양자 간의 충돌 문제이다. 즉, 국제법과 국내법이 서로 다른 내용을 규정하여 발생하는 적극적인 충돌과 개별 국가가 국제법의 내용을 국내법으로 반영하지 않아 생기는 소극적 충돌의 문제가 국제법과 국내법 관계 논의의 핵심이다.

# 국제법과 국내법 관계에 관한 이론

## I. 의의

국제법과 국내법의 관계를 설명하는 논의는 전통적으로 일원론(monism)과 이원론(dualism)이 있다. 일원론은 국제법과 국내법이 '공동의 평면(a common field of operation)' 위에서 하나의 통합된 질서를 이루고 있다고 가정한다. 이는 다시 국내법 우위의 일원론과 국제법 우위의 일원론으로 구별해볼 수 있다. 이원론은 국내법과 국제법의 서로 다른 기초 위에서 작용한다고 보는 이론으로써 국제법의 독자성을 강조하는 주장이다.

정리하면, 국제법과 국내법의 관계는 일원론과 이원론으로 대별되지만 세부적으로는 국내법 우위의 일원론, 국제법 우위의 일원론, 이원론으로 나누어볼 수 있다. 양자 간의 충돌 시 각각의 이론에 따라 어떤 법을 우위로 보느냐가 달라질 수 있다.

## II. 일원론

국내법 우위의 일원론은 18~19세기에 독일의 관념철학론자들에 의해 제기되었다. 소른(A. Zorn), 모저(Moser), 마르텐스(Martens) 등이 대표적인 논자이다. 이들은 국제법의 타당기초를 국내법에서 추론하거나 국제법을 국가의 대외공법으로 본다. 즉, 국제법의 독자성을 부인하는 것이다.

하지만 이는 경험적으로나 역사적으로 근대 국제사회의 본질을 반영하지 못하며 오늘날 국제법이 독자적으로 존속하는 현상을 설명하지 못한다. 국내적 상황의 변경이 조약의 변경이나 국제관습법의 변경에 직접 영향을 주지 않는 국제사회의 속성을 대변하지 못한다.

한편 국제법 우위의 일원론은 켈젠(Kelsen), 라우터파하트(Lauterpacht), 쿤츠(Kunz) 등의 학자가 주장한 이론으로 국제법의 독자성과 우위성을 강조한다. 이들은 국제법의 법적 성질을 자연법에서 유추하여 이 보편타당한 자연법에 근거한 국제법이 국내법보다 상위 규범이라고 주장했다. 또한 켈젠의 경우에는 국제법이 가설적 최고규범인 근본규범(Grundnorm)으로써 국내법을 이루는 타당한 근거가 된다고 주장했다. 하지만 이는 조약이나 국제관습법이 성립된다고 해서 즉시 모든 국가의 국내적 효력으로 이어지지 않는 국제사회의 관행 및 현실과는 다소 동떨어진 이론이다.

국제법 우위론은 보편적 가치의 존중을 주장하는 데에는 기여할 수 있으나 국제사회의 현실을 설명하는 데에는 한계가 있다. 국가의 의사가 여전히 현실적으로 국제법의 연원을 이룬다는 점, 국제법을 위반하는 국내법을 강제로 무효화시키는 국제적 제도가 현재 미비하다는 점, 국제법을 국내법보다 우위에 두는 근거가 다소 비과학적이라는 이유 등으로 국제법 우위론에 대한 비판이 제기되고 있다.

# Ⅲ. 이원론

이원론은 국제법의 독자성을 강조하며 국제법과 국내법은 별개의 체계에서 독립적으로 존재하는 법 영역이라고 본다. 트리펠(Triepel), 오펜하임(Oppenheim), 빈딩(Binding) 등이 대표적인 논자이다. 이들의 논의를 종합하면 국제법과 국내법이 타당기초, 적용 범위, 법적 성질, 규율 대상 등에서 상이한 점을 보이므로 서로 다른 별개의 법체계라고 주장한다. 즉, 국내법이 국가의 단독의사(타당기초)에 근거하면서 하나의 국가 내(적용 범위)에서 강제력(법적 성질)을 가지고 국민들의 법적 관계(규율 내상)를 규율하는 반면, 국제법은 국가들의 공동의사(타당기초)에 근거하고 국제사회(적용 범위)에서 강제력보다는 합의(법적 성질)를 통해 국가들 간의 관계(규율 대상)를 규율한다는 점에서 차이를 보인다.

이에 따르면 국가가 국제법을 국내에서 적용하기 위해서는 별도의 입법 조치가 필요하다. 그렇지 않을 경우, 별개의 법체계인 조약과 국제법은 이론적으로 법적 충돌이 아닌 사실상 충돌만 일으키는 것이며 국가는 이에 대해 국제 책임만 지면 된다.

하지만 현실적으로 국제사회에서 외교적 고립을 택하지 않는 이상 국가들은 보편적 조약이나 국제관습법을 준수하려 하므로 이와 같은 문제가 일어날 가능성은 적다. 또한 국제사회가 복잡해지면서 개인 간의 관계에 대해서도 국제법이 직접 적용되는 경우가 생기고 있으며, 한국을 비롯한 많은 국가들이 헌법을 통해 조약 등 국제법의 국내 직접 적용을 규정하는 현실을 고려할 때 이원론만으로는 설명할 수 없는 국제법과 국내법의 관계가 전개되고 있다.

## Ⅳ. 등위이론

등위이론은 국제법과 국내법이 상호작용하는 공동의 평면 위에 있는 법이 아니라 서로 다른 평면에서 작동하는 각 체제 내에서의 최고법을 말한다. 피츠모리스(Fitzmaurice), 루소(Rousseau) 등이 대표적인 논자이다. 등위이론은 각기 다른 국제법 평면과 국내법 평면에 존재하는 국제법과 국내법은 상호 충돌할 일이 없다는 가정을 기본으로 한다. 다만 의무의 충돌로서 어느 국가가 국내법 평면에서 국제법이 요구하는 행동을 못하는 경우, 국내법이 무효화되는 것이 아니라 국제법 평면에서 국제 책임을 지게 된다. 이원론도 이와 비슷한 논리를 주장하나 등위이론은 '의무'의 적용에서 발생하는 충돌만을 언급한다는 점에서 차이가 있다. 등위이론은 일원론과 이원론이 모두 실제 관행을 제대로 반영하지 못한다고 비판한다.


## Ⅴ. 실행과 사례의 중요성

국제법과 국내법의 관계에 대한 이론대립은 규범적인 논의에 중점을 둔 면이 많다. 그러므로 국제법과 국내법의 관계를 파악하기 위해서는 규범적인 이론 외에도 각국의 실행과 사례를 실증적으로 파악하는 것이 중요하다.

# 국제법과 국내법 관계의 실제

## Ⅰ. 국제법 질서에서의 국내법 지위

국제사회에서는 일관되게 국제법 우위가 인정되고 있다. '조약법에 관한 비엔나 협약' 제26조는 체약 당사국의 성실한 조약 의무 이행의 원칙을 밝히고 있다. 국가가 국제법 질서에 조약 체결 등으로 편입될 때, 이를 성실히 따르는 것이 국제사회의 기본 질서이다.

국내법은 국제법이 적용되는 국제사회에 있어서는 '사실'에 불과하며 국내법의 내용이 국제법과 충돌하는 경우에는 국제법을 우선시한다. 하지만 문제가 되는 국내법이 국제법 위반이라 하더라도 직접적으로 국내법이 무효로 된다고 간주할 수는 없다. 다만 문제가 되는

**국제법과 국내법이 충돌하는 경우, 국내법 원용 금지 원칙을 적용한 판례**

- 국내법의 불완비를 이유로 국제법 위반을 정당화할 수 없다(1872년 〈알라바마호 사건(The Alabama Claim Arbitration case)〉.
- 국내 법원의 판결이 국제 법원의 판결을 무효화할 수 없다(1926, 1928년 PCIJ 〈폴란드 호르조공장 사건〉).
- 국가는 자신의 국제 의무 범위를 제한하기 위해 국내법을 원용할 수 없다(1932년 PCIJ 〈상부사보이 및 젝스 자유 지역 사건, 일명 자유지대(Free Zone) 사건〉).
- 국가의 행위가 국내법 규정에 부합하더라도 국제법 위반 행위가 될 수 있다(1923년 PCIJ의 〈윔블던호 사건(The Wimbledon case)〉).

내용에 대해 국가책임의 추궁은 가능하다(1932년 PCIJ 〈메멜 기본법 해석 사건〉, 1970년 ICJ 〈바르셀로나 전력회사 사건〉). 또한 국가는 국제 의무의 불이행 또는 위반을 정당화하기 위해 국내법 규정의 부재나 불완비를 원용할 수 없다.

## Ⅱ. 국내법 질서에서의 국제법 지위

### 1. 국제법의 국내법 도입에 관한 이론

#### (1) 변형이론

이원론을 바탕으로 한 이론이다. 국제법이 국내법으로 규범 성격의 변화를 가져야 국내에서 국제법 내용이 효력을 발할 수 있다는 주장이다. 여기서 변형이란 국제법 차원에서 국내적 차원으로의 단순한 이전이 아닌 본질적인 규범 성격의 전환을 의미하는 것이다.

#### (2) 수용이론

수용이론은 일원론에 기반을 둔 이론으로 편입이론이라고도 한다. 국제법이 그대로의 형식과 성질을 가지고 그 자체로서 국내적으로 효력을 발휘한다. 따라서 국제법 규범은 국내법 질서에 수용된 후에도 그 효력, 해석, 소멸에 있어서 계속 국제법으로 존속한다. 국제법 규범이 특별한 변형 없이 국가 간 관계 혹은 국제 영역 전 분야에서 직접 효력을 가진다고 본다. 국제관습법이 그 자체로 국내적 효력을 가지는 경우가 대표적인 사례이다.

## (3) 집행이론

변형이론과 수용이론의 절충적 성격을 가진 주장이다. 국제법이 국내적으로 집행되기 위해서는 항상 국가 행위가 필요한데 이 국가 행위는 국제법의 효력 근거와 체계 관련성을 변경하지 않고, 국제법의 국내적 적용을 개시하기 위한 집행명령의 의미만을 가진다고 본다. 국제법이 당연히 국내적 효력을 가지는 것은 아니지만 국제법을 그 자체로서 적용하라는 국가 기관의 집행명령을 통해 용이하게 국내적 효력이 확보된다는 이론이다.

| | 법의 본질 변화 | 별도의 국내 입법 조치 | 비고 |
| --- | --- | --- | --- |
| 변형이론 | 필요 | 필요 | 이원론 기초 |
| 수용이론 | 불필요 | 불필요 | 편입이론이라고도 함 |
| 집행이론 | 불필요 | 필요 | 절충론적 성격 |

## 2. 조약의 국내 도입에 관한 주요 국가 관행

### (1) 한국

대한민국 헌법 제6조 제1항은 "헌법에 의하여 체결·공포된 조약과 일반적으로 승인된 국제법규는 국내법과 동일한 효력을 가진다"고 명시하고 있다. 이것은 별도의 국내 입법 조치 없이도 조약 내용에 대한 직접 수용이나 집행이 가능함을 의미한다.

상기 헌법 조문은 조약의 국내법상 효력 순위에 대해 명시적으로 밝히고 있지 않아 조약의 국내법 체계 내 효력은 해석에 달려 있다. 보통 국회의 동의를 받아 체결된 조약(상호원조 또는 안전보장에 관한 조약, 중요한 국제조직에 관한 조약, 우호 통상 항해 조약, 주권의 제약에 관한 조약, 강화 조약, 국가나 국민에게 중대한 재정적 부담을 지우는 조약, 입법 사항에 관한 조약)은 법률과 동일한 효력을 가진 것으로 보고 국회의 동의를 받지 않는 조약에 대해서는 명령과 동일하게 보는 견해가 다수이다.

하지만 국회의 동의를 받지 않는 조약의 경우에도 정부가 실무적으로 법안 발의를 하거나 의원 입법을 유도하여 조약 내용과 국내법의 불일치를 해소한 후 조약에 가입하기도 한다(세계저작권협회 가입 등). 조약 내용에 대해 국회의 동의가 유추된다고 해석하는 것이다. 이런 관행을 근거로 국회 동의를 받지 않는 조약도 국내 법률과 동일한 효력을 가진 것으로 보는 견해도 있다.

### (2) 영국

영국은 조약에 대해서는 영국의회를 통한 국내 입법화가 실시되어야 국내법으로 인정한다. 왕권에 대한 의회주권의 원칙에 입각하여 '수권법률(Enabling Act of Parliament)'이라는 형식으로 국내 입법 조치가 필요하다. 이는 변형이론에 해당하는 국가 관행이다. 그러나 국내법의 변경을 의도하지 않는 범위 내에서 국왕의 비준을 요하지 않는 행정 협정 등은 예외적으로 수용된다. 캐나다, 호주도 영국의 예를 따르고 있다.

### (3) 미국

미국 연방헌법 제6조 제2항은 "조약은 미국의 최고법의 지위를 가지며 주의 헌법과 법률을 구속한다"고 규정하고 있다. 미국은 조약을 최고법의 지위에 상정해두었으나 그 국내적 효력은 미국 법원이 결정하는 자기집행 조약(self-executing treaty)과 비자기집행 조약(non self-executing treaty)에 따라 다르게 나타난다.

자기집행 조약은 조약이 의회의 별도 입법 조치 없이도 직접 국내적 효력을 가지는 조약이다. 이와 달리 비자기집행 조약은 의회의 별도 입법 조치가 있어야만 국내적 효력을 가지는 조약이다.

양자의 구별 기준은 미국의 판례를 통하여 발전해왔다. 그 기준은 주관적 기준과 객관적 기준으로 살펴볼 수 있다. 주관적 기준은 체약국 당사자를 비롯한 미국의 의도를 가장 중요하게 본다. 조약의 자기집행성을 처음 인정한 1829년 〈포스터 대 닐슨(Foster v. Neilson) 사건〉에서부터 이 기준은 확립되어왔다. 이 사건에서 미국 연방대법원은 조약 당사국들이 입법 조치 없이도 조약이 국내적으로 집행이 가능한지를 의도했는가 여부가 조약의 자기집행성 판단 기준이라고 판시했다. 의도성 여부는 조약에 명시적으로 표현되기도 하지만 묵시적으로 표현될 수도 있다(〈Frolora v. USSR 사건〉). 객관적 기준은 조약의 자기집행성을 판단할 때 구체적인 주변 상황을 중요하게 고려한다. 조약문이 모호하거나 사법적 집행을 판단하기 어려운 경우, 조약 내용이 의회의 입법권에 전적으로 속하는 경우 등은 미국 법원이 비자기집행 조약으로 판단해왔다.

한편 조약은 미국 판례상 헌법보다는 하위이지만 연방법과 동일한 효력을 지닌 것으로 재확인되어왔으며 연방법과 조약 간의 효력 다툼에 있어서는 신법 우선의 원칙이 적용된다.


### (4) 기타 국가

독일은 기본법 제59조 제2항에 따라 '연방의 정치적 관계를 규율하거나 연방의 입법 사항에 관계되는 조약"은 연방 법률의 형식으로 의회가 동의해야 한다. 이런 법률을 변형 법률, 조약 법률이라고 하며 이런 변형 방식을 완화된 이원론으로 보는 견해도 있다. 독일식 변형 방식은 조약 체결 이전의 사전 동의 절차이며 동의 내용을 담은 법률에 따라 체결된 조약은 사후적인 국내 절차 없이 즉시 국내 법질서에 편입된다. 변형이론과 수용이론의 독특한 조합이라고 할 수 있다.

베네룩스 3국(벨기에, 네덜란드, 룩셈부르크)은 국내법과의 선후를 불문하고 조약의 우위를 인정하는 조약 우위의 전통을 확립하고 있다. 그 중에서도 네덜란드는 헌법 제93조에서 조약이 구속력이 있는 한, 공포된 후 구속력을 가지며 그 조약 규정은 현재 시행 중인 네덜란드 법령에 우선하다고 규정하고 있다.

프랑스는 헌법 제55조에서 적법하게 비준 또는 승인된 조약은 다른 당사국의 적용을 조건으로 공포된 때로부터 법률에 우선하다고 함으로써 조약의 우위를 인정하고 있다.

일본의 헌법 제98조 제2항은 조약의 수용에 대해 명확하게 규정하고 있지 않지만 조약의 성실한 준수를 강조하고 있다.


## 3. 국제관습법의 국내 도입에 관한 주요 관행

### (1) 한국

대한민국헌법 제6조 제1항 중 "일반적으로 승인된 국제법규는 국내법과 같은 효력이 있다"는 규정을 근거로 국제관습법이 국내법의 일부로 인정한다고 보는 견해가 다수이다. 다만 실제에 있어서 국제관습법의 확인이 중요한 관건이 된다.

**(2) 영국**

국제관습법은 'Common Law(영국에서 법원이 다루는 일반 국내법 또는 관습법을 지칭)'의 일부이며 바로 국내법으로서의 효력을 지닌다. 수용이론의 전형적인 예로 볼 수 있다. 하지만 국제관습법과 의회의 제정법이 충돌하는 경우, 'Common Law' 내부에서의 의회 우위의 원칙에 따라 의회의 제정법이 항상 우선하다. 또한 선례 구속의 원칙에 따라 국제관습법과 판례법이 충돌하면 판례법이 우선한다. 그러나 현실적으로 국제관습법의 확인과 적용이 어렵다 보니 영국 판사들이 국제관습법의 증거를 영국법에 이미 구현된 내용 속에서 찾는 경향을 보이고 있다. 이런 경향을 전통적인 수용이론에서 변형이론으로 사실상 전이된 것으로 평가하기도 한다.

**(3) 미국**

미국 연방헌법은 국제관습법의 지위와 효력에 관해 명문 규정을 갖고 있지 않으나 판례를 통해 국제관습법이 국내법의 일부임을 확인하고 있다. 1900년의 〈하바나(The Paquete Habana)호 사건〉 이후 이 원칙은 확립되어 이어져 오고 있다. 이 사건에서 미국 연방대법원은 미국-스페인 전쟁 당시 몰수된 스페인 민간 선박을 국제관습법상의 '적국 선박이라도 민간 어선은 전시 몰수 대상에서 제외된다'는 원칙을 들어 몰수 대상에서 제외한 바 있다. 하지만 국제관습법을 수용하는 경우는 조약이 없거나 입법부나 행정부의 행위가 없는 경우에 한한다.

**(4) 기타 국가**

독일기본법 제25조는 일반적 국제법규는 연방법의 구성 부분이라고 보고 있으며 여기서 '일반적 국제법규'는 국제관습법이 포함되어 있다고 본다. 일본 헌법 제98조 제2항의 국제관습법을 포함하는 의미의 '확립된 국제법규'도 성실한 준수의 대상이 된다. 러시아도 헌법 제15조 제4항에서 "일반적으로 인정된 국제법의 원칙이나 규범"도 러시아 연방법 체계의 일부로 인정하고 있다.

## 4. 유럽연합(EU) 법질서의 특수성

EU법은 국제법과 국내법의 관계를 고려할 때 특수한 영역으로 인식되고 있다. EU법은 초국가법(supernational law)의 성격을 가지고 회원국에 대한 직접성과 우위성을 그 특징으로 한다.

직접성 원칙은 1963년의 〈Van Gend en Loss 사건〉에서 확인되었다. 당시 유럽사법재판소는 "EEC 조약 제12조는 회원국의 국내법체계상 직접적 효력을 가지며, 이러한 규칙들은 사적 당사자들에게도 직접 적용된다"고 판시했다.

우위성 원칙은 1964년의 〈Costa v. ENEL 사건〉에서 확인되었으며, 이 판결에서 EU법은 회원국의 헌법보다 우월하다는 원칙이 선언되었다.

EU의 공식 출범 이전부터 유럽공동체는 이미 이 직접성과 우위성의 원칙을 확립해왔으며 EU의 법질서는 전통적인 국제법과 국내법의 관계와는 다른 특수한 법질서로 인정되고 있다.

# 국제법의 법원(연원)



## 제3장

Navigator

이번 장에서는 국제법의 연원, 즉 법원(source of law)에 대해 살펴본다. 이는 국제법이라고 하는 규범이 어떠한 형태로 존재하는가를 살펴보는 것을 의미한다. 국제사법재판소(ICJ) 규정 제38조 1항에서 재판의 기준으로 적시되어 있는 조약, 국제관습법, 법의 일반 원칙, 학설 및 판례 등이 흔히 국제법의 형식적 연원으로 이해된다. 이번 장은 동 규정의 순서에 따라 형식적 연원들을 학습한다. 이 중 조약과 관습법은 국제법의 대표적인 연원이다. 조약은 1969년 '조약법에 관한 비엔나 협약'의 내용을 중심으로 살펴보고, 관습법은 국가 간의 일반 관행이 법적 확신을 수반하여 형성되는 과정의 논의를 주로 하게 될 것이다. 이와 더불어 문명국에서 일반적으로 인정되는 법의 일반 원칙과 학설의 지위, 형평과 선의 기능 등도 법원론의 주요 과제 중 하나가 된다.

# 국제법 법원의 의의 및 분류

국제법의 법원은 국내법과 마찬가지로 형식적 법원(formal sources)과 실질적 법원(material sources)으로 구별된다. 형식적 법원이란 법을 제정하는 절차 또는 방식(law-creating sources)을, 실질적 법원이란 법이 존재하는 것을 입증해주는 증거(evidentiary or law-finding sources)를 의미한다.

국제법에서 형식적 법원과 실질적 법원을 구분하는 것은 어렵다. 또한 국제법은 국내법과 같은 입법기제가 존재하지 않으므로, 형식적 법원은 국제법에 존재하지 않는다고 보는 견해도 있다. 따라서 이 견해는 국제법의 실질적 법원을 중시한다. 즉, 특정 규칙이나 관행에 대한 국가 간 합의(consensus), 국제 법원의 판결, UN 총회의 결의와 같은 국제법의 존재를 입증해주는 실질적 법원의 존재가 매우 중요하다고 보는 것이다.

비준되지 않은 조약이나, UN 총회보고서 등은 국제법 영역에서 구속력은 없으나, 국제사회에서 승인되거나 거부되면서 각국의 입장을 보여주는 것으로 이해되기에 실질적 법원으로 간주된다. 이러한 실질적 증거들은 국가 간 합의의 출발점이 되어 실정 국제법의 흠결을 보충하는 해석의 수단이 되거나, 향후 법 정립의 방향을 제시하는 근거로 원용되고 있다.

# 국제법 법원의 종류

국제법 법원의 종류를 파악하는 데에는 일반적으로 국제사법재판소(ICJ) 규정 제38조 제1항이 인용된다. 동 규정은 ICJ의 재판 규범을 적시하고 있는 것이지만, 실제로는 국제법의 법원을 열거하고 있는 것으로 간주되기도 한다.

### ICJ 규정 제38조 제1항

1. 재판소는 재판소에 회부된 분쟁을 국제법에 따라 재판하는 것을 임무로 하며, 다음을 적용한다.
   a. 분쟁국에 의하여 명백히 인정된 규칙을 확립하고 있는 일반적 또는 특별한 국제조약
   b. 법으로 수락된 일반적 관행의 증거로서의 국제관습
   c. 문명국에 의하여 인정된 법의 일반 원칙
   d. 법규 결정의 보조수단으로서의 사법판결 및 여러 나라의 가장 우수한 국제법 학자의 학설

위 규정에 따르면, 우선적 재판 기준으로 열거하고 있는 것은 조약, 국제관습법, 그리고 법의 일반 원칙 등 세 가지이다. 그리고 법규 결정의 '보조 수단'으로 들고 있는 것이 판결과 학설이다. 여기서 판결과 학설은 실정 국제법의 흠결이 발생한 경우에 사용되는 것으로서, 국제법의 존재를 발견하고 인식하기 위한 증거, 즉 실질적 법원의 예로 볼 수 있다.

하지만 ICJ 규정 제38조 제1항은 ICJ의 재판 기준에 불과하므로 엄밀히 말해 국제법의 법원을 나열한 것은 아니라고 보는 견해도 있다. 예컨대, '법의 일반 원칙'이 독립된 법원인지의 여부를 둘러싸고 ①문명국가들의 양심에 의하여 승인된 객관적 정의(자연법)의 규범을 국제법의 법원으로 인정하는 것으로서 이에 저촉되는 실정 국제법을 무효로 만들 수 있다는 학설과 ②독립된 법원은 아니며 국제법으로서 적용되는 것은 조약 또는 국제관습법에 의해 수용된 경우에 한정된다는 학설이 대립되고 있다. 따라서 여기서 언급된 요소가 당연히 법원성을 갖는다고 확정지을 수 없으며, 이 규정만으로 법원 상호 간의 위계구조를 설정하고 있다고 보기도 어렵다. ICJ 규정 초안 작성자들은 법원 간에 우선순위를 부여하려 했고, 어떤 초안에서는 '연속해서'라는 단어를 쓰기도 했으나, 제38조는 실제로 법원 간 위계구조를 설정한 것은 아니라고 보는 것이 일반적이다.

위 ICJ 규정상의 재판 기준에 대해 일부에서는 1921년 상설국제사법재판소(PCIJ)의 규정과 과거 중재법원의 관행을 그대로 답습한 것이므로, 오늘날 국제 공동체의 발전 양상을 제대로 반영하지 못하고 있다고 비판하기도 한다. 즉 이들은 국제기구 결의나 EU와 같은 지역 공동체의 규칙, 결정, 국가의 일방 행위 등이 경우에 따라 조약이나 관습법보다 더 중요한 법원이 되는 경우가 있다고 주장한다.

# 조약 : '조약법에 관한 비엔나 협약(1969)'을 중심으로

조약법의 가장 중요한 법원은 1969년 체결된 '조약법에 관한 비엔나 협약'이다. 동 협약은 상당수 규정이 오랫동안 관습법으로 적용되어 오던 것을 성문화한 것으로 조약에 관한 모든 규정을 망라하고 있다. 1986년에도 '조약법에 관한 비엔나 협약'이 체결되었는데, 이는 국제기구가 참여한 조약에 관하여 규율하고 있다. 1986년 협약은 적용 대상이 국제기구라는 점을 제외하고는 1969년 협약과 내용이 거의 동일하다. 이하에서는 1969년 '조약법에 관한 비엔나 협약(이하 '조약법 협약' 또는 '협약')'을 중심으로 논의를 진행하기로 한다.

## Ⅰ. 조약의 의의

### 1. 조약의 개념

조약(treaty)이란 국제법 주체 간에 국제적 법률관계를 규율하기 위한 문서에 의한 합의를 말한다. 'Treaty'라는 용어는 프랑스어인 'traité(교섭·협상)'에서 비롯되며, 17세기 말엽부터 라틴어인 'conventio publica(공공 협약)' 및 'foedus(동맹)'과 함께 외교 용어로 사용된 'tractus'에 그 어원을 두고 있다.

위 규정을 분석하여 정리하면, 조약이란 ①국가 간에 ②서면 형식으로 체결되고 ③국제법에 의하여 규율되는 국제적 합의이다. 또한 ④단일문서 또는 2개 이상의 관련 문서로 구성되는가와 ⑤그 명칭(예컨대 조약, 협약, 헌장, 의정서 등)을 어떻게 하는가는 조약을 정의하는 데 있어 문제가 되지 않는다는 것을 알 수 있다. 따라서 이들 명칭의 차이가 합의의 내용이나 효력의 차이를 의미하지는 않는다.



## 2. 조약의 분류

### (1) 당사자 수에 따른 분류

조약은 당사국의 수에 따라 다자 조약(multilateral treaty)과 양자 조약

(bilateral treaty)으로 분류되고, 제3국의 가입이 허용되는가에 따라 폐쇄 조약·개방 조약·반개방 조약으로 구별된다.

다자 조약은 대부분의 국제법 주체를 당사자로 하는 조약으로 UN 헌장, 1949년 제네바 협약 등이 있다. 양자 조약은 두 당사자 간에 체결되는 조약으로 자유무역협정(FTA)이 대표적인 예라 할 수 있다.

### (2) 성질에 따른 분류

조약은 성질에 따라 입법 조약(law-making treaty)과 계약 조약(contractual treaty)으로 구분한다. 입법 조약은 UN 헌장, 1928년의 부전 조약 등과 같이 당사국들의 이해관계가 같은 방향을 나타내는 조약인데 반해, 계약 조약은 영토 할양 조약이나 강화 조약과 같이 당사국들의 이해관계가 다른 방향을 지향하는 조약을 말한다. 국제법학자 트리펠(Triepel)은 조약을 위 두 종류의 조약으로 구분하면서, 오직 입법 조약만이 국제법의 법원이라고 주장하였으나, 오늘날 국제법에서는 양자 모두 국제법의 법원이라고 보는 것이 일반적이다.

### (3) 직접 적용 여부에 따른 분류

국내적으로 조약은 직접 적용되느냐의 여부에 따라 자기집행 조약(self-executing treaty)와 비자기집행 조약(non-self-executing treaty)으로 구분하기도 한다. 전자는 조약이 국내적으로 적용되기 위해 특별한 입법이 필요 없이 직접 국내 법규와 같이 적용되는 것을 의미하며, 후자는 국내 적용을 위해 별도의 입법 조치가 있어야 하는 조약을 말한다.

### (4) 조약 체결 절차에 따른 분류

조약문 채택과 인증, 조약의 구속을 받겠다는 동의 표시 등 모든 조약 체결 절차를 거치는 정식 조약이 있는 반면, 위 절차를 '서명'이라는 하나의 절차만으로 체결하는 약식 조약이 존재한다. 약식 조약의 대표적인 예는 휴전 협정이나 미국에서 체결하는 행정 협정 등이 있다. 약식 조약의 경우에도 조약의 효력은 동일하다는 점을 주의할 필요가 있다.

### (5) 기타

그 밖에 제3낭사자의 가입이 허용되느냐에 따라 개방 조약과 폐쇄 조약으로 나누기도 하고, 조약 내용의 이행이 일시적인가 계속적인가에 따라 처분적 조약과 영속적 조약으로 나누기도 한다. 여기서 처분적 조약이란 국경획정 조약처럼 한 번의 이행으로 그 목적이 달성되는 조약을 의미하며, 영속적 조약이란 동맹 조약과 같이 계속적 이행을 요하는 조약을 의미한다.


## Ⅱ. 조약의 성립

### 1. 조약의 성립 요건

조약이 유효하게 성립하기 위해서는 조약 당사국 간의 진정한 의사의 합치가 필요하다. 이러한 의사의 합치에는 ①조약 당사자가 조약 체결 능력을 가질 것, ②조약 체결의 권한이 있는 자(조약 체결권자)가 조약을 체결할 것, ③조약 체결권자가 조약 체결을 위해 임명한 대표자(전권대표) 간에 하자 없는 합의가 성립할 것, ④조약의 객체가 가능하며 적법할 것, ⑤조약 체결 절차를 완료할 것 등의 조건이 필요하다.

## 2. 조약 당사자와 조약 체결권자

1969년 '조약법에 관한 비엔나 협약' 제6조는 "모든 국가는 조약을 체결하는 능력을 가진다"라고 규정하고 있다. 따라서 보호국이나 주권국이 아닌 경우, 조약 체결권을 갖지 못한다. 그렇다고 국가만 조약을 체결할 수 있는 것은 아니고, 국제기구도 성립의 기초가 되는 기본조약에 따라 인정되는 범위 내에서 조약 체결 능력을 가진다. 개인은 아직까지 국제법의 수동적 주체에 불과하므로 조약 체결 능력이 없다.

조약 체결권자를 규정하는 것은 각국의 헌법상의 문제이다. 우리나라의 경우 헌법 제73조에 따라 대통령이 조약 체결권자로 규정되어 있다.

**전권위임장(Full Powers)**

전권위임장은 권한 있는 국가 기관이 조약 본문의 교섭 및 채택이나 인증, 또는 구속의 동의표시를 위해 어떤 이로 하여금 국가를 대표하도록 임명하는 문서로 교통통신이 발달하지 못했던 시대에 주권자의 대리인에게 협상의 전권을 위임했던 관행에서 비롯된 것이다. 오늘날은 대체로 형식적, 의전적 의미를 갖는 것에 불과하다.

## 3. 조약 체결 절차

조약의 일반적 체결 절차는 크게 '조약 본문의 작성·채택'과 '조약의 구속을 받겠다는 동의 표시(서명 등)'라는 두 단계로 이루어진다.

### (1) 조약 본문의 채택과 인증

조약문의 채택은 작성에 참가한 모든 국가의 동의에 의해 이루어지는 것이 원칙이다. 다만, 국제회의에서는 다른 특별한 규정이 없는 한 출석하여 투표하는 국가의 3분의 2 이상이 찬성하는 다수결에 의해 채택된다(협약 제9조).

### (2) 조약의 구속을 받겠다는 동의 표시

교섭국이 소약 내용에 관한 합의의 성립을 최종적으로 확인하는 행위이다. 즉 조약문에 법적 구속력을 부여하는 행위로 그 구체적인 방식은 각국의 헌법 규정의 문제이나 일반적으로 서명, 비준, 조약의 의미를 갖는 문서의 교환, 승인, 가입 등이 대표적이다. 약식 조약의 경우, '서명'만으로도 동의 표시 방법이 되고 있다.

민주적 헌법을 채택한 오늘날 대다수 국가들은 국가원수의 비준에 있어 의회의 동의를 전제로 하고 있다. 우리나라의 경우 헌법 제73조에서 대통령의 조약 체결 비준권을 규정하고 있으나, 헌법 제60조에 따라 ①상호 원조 또는 안전보장에 관한 조약, ②중요한 국제 조직에 관한 조약, ③우호 통상 항해 조약, ④주권의 제약에 관한 조약, ⑤강화 조약, ⑥국가나 국민에 중대한 재정적 부담을 지우는 조약, ⑦입법

**동의 표시 기관**

대통령제 국가인 미국은 대통령이 조약 체결권을 가지나, 효력 발생을 위해 상원의 동의(출석 2/3)가 필요하다. 이러한 연유로 미국에서는 국회 동의가 필요 없는 약식 조약의 개념이 발달하였는데, 각종 행정 협정이 그 예이다.

사항에 관한 조약의 체결 및 비준에 대해서는 국회의 동의를 받아야
한다.


### (3) 비준서의 교환 및 기탁(조약의 효력 발생 시기)

특별한 규정이 없는 한 비준서의 교환 또는 모든 협상국의 비준서
기탁이 이루어지면 조약은 효력이 발생한다. 약식 조약은 보통 서명
시 효력이 발생한다. 조약에 서명했거나, 구속적 효력에 동의한 국가
는 조약의 발효 이전에도 해당 조약의 대상과 목적을 훼손하는 행위
를 해서는 아니 된다(협약 제18조).


### (4) 조약의 등록 및 공고

조약법 협약 제80조에 따르면, 조약은 그 발효 후에 등록 또는 기록
등을 위해 UN사무국에 송부된다. UN 헌장 제102조는 회원국이 체결
한 일체의 조약을 사무국에 등록하고 사무국은 이를 공표할 것과 미
등록 조약의 당사국은 이를 UN기관에 대해 원용할 수 없다는 규정을
두고 있다. 이러한 등록 제도는 제1차 세계대전 전의 비밀외교를 지양
할 목적으로 미국의 윌슨 대통령이 주장한 '평화 14원칙'에서 비롯된
것이다.

# Ⅲ. 조약의 효력

## 1. 조약의 준수

조약은 효력의 발생과 더불어 당사국을 구속하며, 당사국은 그 조약을 성실하게 이행해야 한다(협약 제26조). 어느 당사국도 조약 불이행을 정당화하기 위해 자국의 국내법 규정을 원용할 수 없다(협약 제27조). 1932년 상설국제사법재판소(PCIJ)의 〈상부사보이 및 젝스 자유무역지대 사건〉에서 이와 같은 원칙을 확인한 바 있다.

## 2. 조약의 효력 범위

### (1) 조약의 상대성 원칙

조약은 제3국에 대해 그 동의 없이는 의무 또는 권리를 창설하지 못하며, 조약의 당사국만 구속한다(협약 제34조). 이는 합의의 원칙과 국가주권 평등 원칙의 논리적 귀결이다. 다만, 기존 국제관습법을 성문화한 조약 또는 조약 체결 후 국제관습법이 된 경우에는 제3국에 효력을 미칠 수 있다(협약 제38조).

### (2) 조약의 제3국에 대한 효력

가. 제3국에 '의무'를 설정하는 조약

조약 당사국들이 제3국에 대하여 의무를 창설할 것을 합의하고, 제3국이 '서면으로 명시적'으로 수락하는 경우, 그 조약 규정은 제3국에 대해 의무를 발생시킨다(협약 제35조). 또한 조약 당사국과 제3국의 동의가 있는 경우에만 조약상 의무가 취소 또는 변경될 수 있다.

### 나. 제3국에 '권리'를 부여하는 조약

조약이 제3국에 권리를 부여하고자 하는 경우에도 원칙적으로 제3 국의 동의가 필요하지만, 의무를 설정하는 경우와 달리 반대 의사가 표명되지 않는 한, 제3국의 동의는 존재하는 것으로 추정된다(협약 제36조). 즉, 이 경우에는 제3국의 서면에 의한 명시적 동의가 필요하지 않다. 취소나 변경의 경우는 원칙적으로 가능하다. 제3국의 동의 없이 취소 또는 변경할 수 없도록 합의된 경우에 한하여 당사국이 취소 또는 변경할 수 없도록 규정하고 있기 때문에 원칙적으로 취소 또는 변경이 가능하다고 할 수 있다.

## 3. 조약의 적용 범위

### (1) 시간적 범위

조약의 시간적 적용은 당사국 간 합의에 따르나, 별도의 합의가 없으면 원칙적으로 소급되지 않는다(협약 제28조). 즉, 조약은 당사국에게 발효일 이전에 발생한 행위 및 사실 또는 소멸한 사태에 대해서 구속하지 않는다는 의미로, 1952년 ICJ 〈암바티엘로스 사건〉 판시에서 조약 불소급 원칙을 확인한 바 있다.

### (2) 공간적 범위

조약은 별도의 합의 또는 규정이 없는 한, 당사국의 영역 전체에 적용되며(협약 제29조), 국제기구는 회원국 전체에 적용된다.

### (3) 동일사항에 대한 신·구조약의 적용 범위

조약법 협약 제30조는 신·구조약을 원칙적으로 모두 유효한 것으로 보고 각각 적용 범위를 정함으로써, 당사국의 합의를 존중한 조정 원칙을 제시하고 있다.

첫째, UN 헌장 제103조에 따라 UN 회원국이 체결한 신조약과 UN 헌장이 상충하는 경우, 헌장상 의무가 우선한다. 둘째, 조약 자체에서 특별 규정을 두는 경우 그에 따른다. 셋째, 신·구조약 당사자가 동일하다면 '신법 우선의 원칙'이 타당하며, 구조약은 신조약과 양립하는 한도 내에서만 적용된다. 넷째, 신·구조약의 당사자가 일부 다른 경우에는 신조약만의 당사국 간에는 신조약이, 구조약만의 당사국 간에는 구조약이, 두 조약 모두의 당사국 간에는 신조약이 적용된다. 다섯째, 두 조약 모두의 당사국과 어느 한 조약 당사국 간에는 양쪽 모두가 당사국인 조약이 적용된다.


## Ⅳ. 조약의 무효

### 1. 의의

조약이 유효하기 위해서는 그것이 국가들의 진정한 동의에 기초하여 체결되었어야 한다. 조약의 무효라 함은 조약 체결의 기초가 되는 국가의 동의에 있어 형식 절차·의사 표시·적법성에 중대한 하자가 있는 경우, 그 법적 효력이 부인됨을 의미한다.

## 2. 인정 기준

조약의 무효를 인정하는 기준으로서 각국의 국내법과 국제법을 생각해볼 수 있다. 적어도 국제적인 차원에서는 조약에 법적 구속력을 부여하는 것이 국가 간 합의이지 한 국가의 일방적 의사가 아니므로 조약의 법적 효력도 그에 관한 국제법에 의해 부인되어야 타당할 것이다.

조약법 협약 제 42조 1항은 "조약의 유효성 또는 조약의 구속을 받겠다는 국가의 동의는 본 협약의 적용을 통해서만 부정될 수 있다"고 규정하고 있다. 즉, 동 협약은 협약상의 무효 원인을 '한정적으로' 열거함으로써 이 사유 이외의 조약에 대한 무효 주장을 하지 못하게 하였다.

## 3. 무효 사유

### (1) 분류

조약법 협약은 제46조부터 제53조까지 조약의 무효 원인으로 8가지 사유를 한정적으로 열거하고 있으며, 무효 사유를 상대적 무효 사유와 절대적 무효(당연무효) 사유로 구분하고 있다.

가. 상대적 무효 사유

이것은 조약을 무효화할 수 있는(voidable) 국가동의상의 하자를 일컫는다. 협약에서는 ①조약 체결권에 관한 국내법 규정의 위반, ②국가의 동의 표시 권한에 관한 특별 제한의 위반, ③착오, ④사기, ⑤국가 대표의 부패 등 5가지를 들고 있다.


### 나. 절대적 무효 사유

이것은 조약을 당연무효(null and void)로 만드는 국가동의상의 중대한 하자를 말하며, 협약에서 열거하고 있는 것으로는 ①국가 대표에 대한 강박, ②국가에 대한 강박, ③강행규범의 위반 등 3가지가 있다.


### (2) 형식적 절차의 하자

#### 가. 조약 체결 권한에 관한 국내법 규정의 위반(협약 제46조)

협약 제46조는 "조약의 구속을 받겠다는 국가의 동의가 조약 체결권에 관한 국내법 규정을 위반하여 표시되었다는 사실은 이러한 위반이 분명하였고, 또 근본적으로 중요한 국내법 규정에 관한 것이 아니면 그 국가의 동의를 무효화하기 위하여 원용(invoke)될 수 없다"고 규정하고 있다.

여기서 주의할 점은 두 가지이다. 첫째, 위반이 명백하다는 의미는 통상의 관행에 따라, 또한 성실하게 행동하는 모든 국가에 있어서 그 위반이 객관적으로 명백한 경우를 말한다(제46조 2항). 둘째, 위헌 조약은 그 위헌의 명백성과 조약의 실체적인 내용이 아닌 체결 절차가 위헌인 경우에만 무효로 될 수 있다(제27조와 비교).


#### 나. 국가동의의 표시 권한에 대한 제한(즉, 훈령) 위반(협약 제47조)

협약 제47조에 의하면 동의를 표시할 대표의 권한이 특별히 제한을 받는 경우, 제한적 훈령을 타방 교섭국에 미리 통고해주지 않는 한 그러한 훈령 위반을 조약의 무효 사유로 원용할 수 없다.

### (3) 의사 표시의 하자

#### 가. 착오(협약 제48조)

착오가 조약 체결 당시에 존재한 '사실 또는 사태'에 관한 것으로서 조약의 구속을 받겠다는 동의의 본질적인 기초를 형성하였으면 이를 조약의 무효 사유로 원용할 수 있다.

다만, 자신의 행위를 통해 착오에 기여하였거나, 착오의 발생가능성을 사전에 알 수 있는 상황에 있었던 국가는 조약을 무효화시키기 위해 이를 원용할 수 없다. 이와 같은 단서로 인해 착오가 인정되지 않은 대표적인 판례로는 1962년 ICJ의 〈프레아 비헤아(Preah Vihear) 사건〉이 있다.

#### 나. 사기(협약 제49조)

타방 교섭국의 기만적 행위에 의하여 조약을 체결하도록 유인된 국가는 이를 무효 사유로 원용할 수 있다. 사기는 상호신뢰를 저버리고 고의로 착오를 유도하였기 때문에 착오보다 그 제재가 더욱 강하다.

#### 다. 국가 대표의 부패(협약 제50조)

타방 교섭국이 자국 대표를 직접 또는 간접으로 매수하여 조약을 체결한 국가는 이를 무효 사유로 원용할 수 있다. 뇌물은 대표를 좌우할 정도의 큰 규모여야 하지, 단순한 선물 등은 문제가 되지 않는다.

#### 라. 국가 대표에 대한 강박(협약 제51조)

조약의 구속을 받겠다는 국가의 동의가 국가 대표에 대한 위협 등의 강박에 의하여 표시된 경우에는 당연무효이다. 여기에서의 강박의 개념은 넓게 해석되어야 한다. 대표 개인에 대한 물리적 폭력이나 위협뿐만 아니라 사생활 폭로 혹은 그 가족에 대한 협박 등도 강박에 포함한다. 한국과 일본의 1905년 '을사보호 조약'은 국가 대표인 자연인에 대한 강박으로 체결된 조약이며 이는 동 협약에 의해 법전화(codification)된 그 이전부터의 국제관습법에 의해서도 절대적으로 무효이다.

### 마. 국가에 대한 강박(협약 제52조)

조약은 그 체결이 UN 헌장에 구현되어 있는 국제법의 원칙(제2조 4항)에 위반되는 무력의 위협이나 사용(threat or use of force)에 의하여 이루어진 경우에는 당연무효이다. 여기서 말하는 무력(force)이란 군사적인 힘(armed or military force)만을 의미하는 것으로 좁게 해석하는 견해와 경제적·정치적 강박까지 포함하는 것으로 넓게 해석하는 견해가 대립된다. 하지만 법적 안정성을 위해 소극적으로 해석되는 것이 일반적이다.

따라서 무력의 위협·행사에 이르지 않는 정도의 정치적·경제적 압력은 국내 문제 불간섭 의무의 위반은 될지라도 조약의 무효 원인으로서의 강박에는 해당하지 않는다.

### (4) 강행규범(jus cogens : 협약 53조)의 위반

#### 가. 의의

협약 제53조에 의하면 일반국제법의 강행규범(peremptory norm)이란 그로부터 어떠한 일탈도 허용되지 않으며 그 후에 확립되는 동일한 성질의 일반 국제법규에 의해서만 수정될 수 있는 규범으로서, 국가들로 구성되는 국제공동체 전체에 의해서 수락되고 승인된 규범을 말한다.

### 나. 연혁

전통 국제법에서는 국내법과 달리 강행규범(jus cogens)을 인정하지 않았으며 이는 국제법이 국가주권 평등 원칙의 본질상 당사국 간 합의에 의해 법규를 배제 또는 수정할 수 있는 임의 규범(jus dispositivum)이라고 여긴 인식에서 비롯되었다고 할 수 있다. 주권국가들이 새로운 합의를 통해 새로운 국제법을 만들어서 기존의 규범을 얼마든지 배제 또는 변경할 수 있다고 보았기 때문에 강행규범이 국제법상 확실하게 인정을 받은 것은 현대에 이르러서였다. 조약법 협약은 국제공동체의 헌법적 가치를 수호하기 위해 강행규범을 도입하였다.

### 다. 조약의 무효 사유로서의 강행규범

강행규범은 임의 법규인 조약의 상위 규범이므로 이에 위배되는 조약은 당연히 무효이다.

## 4. 무효의 효과

### (1) 절대적 무효와 상대적 무효

상대적 무효 사유는 조약의 무효를 주장할 권리를 발생시키며, 절대적 무효 사유는 당연히(무효 주장이 필요 없이) 조약을 무효화하는 효과를 발생한다.

절대적 무효 사유는 상대적 무효 사유에 비교하여 다음과 같은 차

이점이 있다. 첫째, 절대적 무효는 국제 공동체 전체의 질서보호가 그 법익이므로 침해를 받는 당사자뿐만 아니라 다른 어떤 당사자도 조약의 무효를 주장할 수 있다. 둘째, 문제의 조약은 유효한 조항과 무효 조항으로 분리될 수 없으며 언제나 조약 전체가 무효로 된다. 셋째, 피해국가가 사후에 명시적 동의 또는 묵인을 했다고 해서 무효가 유효로 전환되지 않는다. 상대적 무효의 경우에는 금반언(estoppel)이 적용되어 일단 유효가 된 조약을 다시 무효화시키기 위해 무효 사유를 원용할 수 없다.

### (2) 소급효 원칙(협약 제69조)

절대적 무효 또는 상대적 무효 사유를 불문하고 협약상의 무효 절차를 거친 조약은 그 무효 원인이 발생한 당시부터, 즉 처음부터(ab initio) 무효가 된다. 하지만, 다음과 같은 예외 조항이 있다.

첫째, 무효가 원용되기 전에 선의로 성실히 실행한 행위는 그 조약이 무효라는 이유로 위법화되지 않는다(제69조 2항). 다만 이러한 예외도 사기, 국가 대표의 부패, 강박의 경우에 귀책 사유가 있는 당사자에게는 인정되지 않는다. 둘째, 새로운 강행 법규가 출현하는 경우, 조약은 새로운 강행 법규와 충돌하여 그때부터 효력이 종료된다. 즉, 이 경우 무효로 되는 조약은 소급효가 인정되지 아니하며, 새로운 강행 법규의 출현시기부터 조약은 종료하게 된다(제71조 2항).

### (3) 조약의 가분성 문제(협약 제44조)

조약이 무효가 되면 절대적 무효나 상대적 무효를 불문하고 '원칙적으로 조약 전체가 무효'가 된다. 그러나 조약법 협약은 당해 규정이 내용적으로 독립되어 있는 경우를 고려하여 의무적 분리와 임의적 분리를 구분하여 인정하고 있다.

의무적 분리는 ①당해 조항이 그 적용에 관련하여 그 조약의 잔여 부분으로 분리될 수 있으며, ②당해 조항이 다른 당사자가 조약 전체를 수락한 동의의 본질적 기초가 되지 않고, ③조약의 나머지 조항만을 이행하는 것이 부당하지 않을 경우에 당해 조항을 의무적으로 분리하여 처리하는 것을 뜻한다. 하지만, 무효 원인으로 사기나 대표자의 부패를 주장하는 경우에는 당해 조항만을 임의적으로 분리하여 무효를 주장할 수 있다. 다만 이 경우에도 절대적 무효 사유의 경우에는 조약의 가분성을 인정하지 않는다.

### (4) 다자 조약의 경우

일정한 당사자에게만 국가동의의 하자가 있으면 무효는 문제의 당사자에게만 적용된다. 그러나 강행규범 위반이 발생하면 그 조약(내용)이 객관적으로 무효이므로 모든 당사자들에 대해 무효의 효과가 발생한다.


## V. 조약의 종료


### 1. 의의

조약의 종료(termination)란 유효하게 성립한 조약이 그 후 특별한 사정의 개입으로 효력을 상실하는 것을 의미한다. 따라서 조약의 종료는 무효와 달리 장래를 향해 그 실시력과 구속력을 상실하는 것이며, 소급효가 논의될 여지가 없다. 즉 효력 요건을 결하여 처음부터 효력을 발행하지 않는 무효와는 구별되는 개념인 것이다.

## 2. 조약 종료의 사유

### (1) 조약의 규정 및 당사국의 동의에 의한 종료

대다수의 조약은 종료 또는 정지를 위한 명시적 규정을 두고 있으며, 국제 공동체의 분권적 특성상 모든 당사국 간 동의에 의한 조약의 종료 또는 정시 권한은 당연히 도출된다.

### (2) 폐기 · 탈퇴권의 행사로 인한 종료

조약의 폐기 · 탈퇴의 규정이 있으면 그에 따르면 된다. 그러나 폐기 · 탈퇴에 관한 규정이 없는 경우에는 다음의 경우가 아니면 폐기 · 탈퇴할 수 없다.

조약법 협약은 ①당사국들이 폐기 · 탈퇴의 가능성을 인정할 의도를 가지고 있었다는 것이 증명되는 경우, ②폐기 또는 탈퇴의 권리가 조약의 성질로 보아 추론될 수 있는 경우에는 폐기 · 탈퇴를 인정하고 있다.

당사국은 조약의 폐기 · 탈퇴 의사를 적어도 12개월 전에 통고해야 한다. 다자 조약의 경우, 이러한 일방적(폐기 · 탈퇴) 행위에 의해 당사국의 수가 조약 발효에 필요한 수 이하로 감소하더라도 조약은 종료되지 않는다(협약 제55조).

### (3) 신(新) 조약을 체결한 경우

조약의 '모든' 당사국이 '동일한 사항' 에 대하여 신조약을 체결하고, ①당사국들이 동 사항을 신조약에 의해 규율하려는 의도가 조약상 또는 다른 방법으로 입증되는 경우, 또는 ②신조약과 구조약이 양립 불가능하여 양 조약이 동시에 적용될 수 없는 경우, 구조약은 종료된다.


### (4) 조약의 중대한 위반

조약법 협약은 동 협약에 의해 인정되지 않는 조약의 부인 또는 조약의 객체 및 목적 수행에 필수적인 조항을 위반한 경우, 조약의 중대한 위반이 된다고 본다. 다만, '필수적인' 조항의 '중대한' 위반만이 조약의 종료 사유가 된다.

양자 조약의 경우, 일방 당사국이 조약의 중대한 위반을 범했을 경우 타방 당사국은 조약의 종료 또는 정지 사유로 동 위반을 원용할 수 있다. 다자 조약의 경우, 위반국을 제외한 모든 당사국의 전원합의로 그들과 위반국 간 또는 전 당사국 간 조약의 전부 또는 일부를 종료시킬 수 있다. 그러나 위반에 의해 특별히 영향을 받는 국가는 위반국과의 관계에서 조약의 정지를 위해 그 위반을 원용할 수 있다.

또한 군축 조약의 위반처럼 모든 당사국의 지위를 근본적으로 변경시키는 경우에는 위반국을 제외한 모든 당사국은 개별적으로 조약의 정지를 원용할 수 있다. 1971년 ICJ는 〈나미비아(Namibia) 사건〉에 관한 권고적 의견에서 남아공이 조약의 중대한 위반을 하여 나미비아에 대한 위임 통치가 종료되었다고 판시하여 조약의 중대한 위반이 조약 종료 사유가 될 수 있음을 확인한 바 있다.

### (5) 후발적 이행 불능

조약 체결 후, 어느 당사국에게도 책임지울 수 없는 사건의 발생으로 조약이 이행 불능의 상태에 빠졌을 경우, 이를 근거로 조약의 정지를 주장할 수 있다. 단, 자국의 위법 행위로 인하여 이행 불능을 초래한 당사국은 동 사유를 정지 사유로 원용할 수 없다.

### (6) 사정의 근본적 변경

사정 변경의 원칙이란 조약 체결의 배경이 된 상황이 근본적으로 변화하면 '일정 요건하에서' 조약의 종료를 원용할 수 있다는 원칙을 말한다. 사정 변경을 원용하기 위해서는 ①조약 체결 당시의 사정일 것, ②예견되지 못한 사정의 변경일 것, ③그 변경이 근본적일 것, ④동 사정의 존재가 당사국의 기속적 동의 표명의 본질적 기초일 것, ⑤변경의 효과가 향후 이행해야 할 조약상 의무의 범위를 근본적으로 변경시키는 경우일 것 등의 요건을 모두 충족시켜야 한다(협약 제62조).

이 조건이 갖추어진 경우에도 처분적 성격을 갖는 국경선 획정 조약의 경우와 사정 변경 원용 당사국의 국제 의무 위반의 결과로 인한 사정의 변경일 경우에는 조약의 정지·종료 사유로 원용할 수 없다. 다시 말해, 조약의 종료 또는 정지 사유로서 사정 변경의 원칙은 매우 엄격하게 적용되고 있다.

### (7) 신(新) 강행규범의 출현

새로 출현하는 일반 국제법의 강행규범과 충돌하는 기존의 모든 조약은 무효가 되어 종료한다. 다만 이 경우 새로운 강행규범의 출현은 후발적 원인이므로 조약의 무효 사유가 아니라 종료 사유라는 점이 특징이다.


## VI. 무효와 종료 등의 절차

무효, 종료, 정지 등의 협약상 절차는 동일하므로 이곳에서 함께 논의하기로 한다.


### 1. 무효 등의 통보·선언(협약 제65조)

무효 등을 주장하기 위해서는 타방 당사국에 당해 조약에 대해 취할 조치의 제안 및 그 이유를 제시하여 통보하여야 한다. 통고 후 3개월 내에 상대국이 이의를 제기하지 아니하면 통고국은 무효 등을 선언하고 제안 조치를 시행할 수 있다.


### 2. 분쟁의 해결(협약 제66조)

이의가 제기된 경우에 당사국은 UN 헌장 제33조에 열거된 모든 수단에 의해 분쟁의 평화적 해결을 추구해야 하며, 이의 제기일로부터

**UN 헌장 제33조 1항**

1. 분쟁이 국제 평화와 안전의 유지를 위태롭게 할 우려가 있는 경우, 분쟁 당사자는 우선 교섭, 심사, 중개, 조정, 중재재판, 사법적 해결, 지역 기관 또는 지역적 약정의 이용 또는 당사자가 선택하는 다른 평화적 수단에 의한 해결을 구한다.

12개월 내에 분쟁이 해결되지 않을 경우에는 다음과 같은 방법에 의해 분쟁을 해결한다.

### (1) 강행규범에 관한 분쟁

강행규범의 적용 또는 해석에 관한 분쟁은 일방 당사국의 제소에 의해 ICJ의 관할권이 성립한다. 즉, ICJ의 강제관할권(compulsory jurisdiction)이 인정되는 것이다. 다만 당사국들이 합의하여 중재재판(arbitration)에 회부할 수도 있다.

### (2) 기타 원인에 의한 분쟁

기타 원인에 대해서는 협약의 부속서, 즉 강제적(의무적) 조정 절차(compulsory conciliation)를 이용한다. 다만 조정위원회는 권고를 할 수 있을 뿐이다.

## VII. 조약의 유보

### 1. 의의 및 연혁

조약법 협약상 유보(reservation)란 "자구 또는 명칭에 관계없이 조약의 서명, 비준, 수락, 승인 또는 가입 시에 국가가 그 조약의 일부 규정을 자국에 적용함에 있어 그 일부 규정의 법적 효과를 배제하거나 변경시키고자 행하는 일방적 선언"이라 정의된다(제2조 1항의 (d)). 이는 조약의 보편성(법 공동체의 확장)을 위해 통일성을 다소 훼손하는 것을 허용하는 제도로서 다자 조약에 적용되는 제도이다.

유보의 관행은 19세기 후반에 시작되었으며, 오늘날 다자 조약이 발달하고 국제 관계가 복잡해짐에 따라 널리 행해지게 되었다. 최초로 유보가 인정된 대표적 조약은 1890년 '노예제도 폐지에 관한 브뤼셀 조약'으로 보는 견해가 일반적이다. 유보는 조약 적용 대상국을 확장하기 위한 노력의 일환으로 행해지고 있는데, 이로 인해 당해 조약의 통일성을 저해하는 부정적인 측면도 나타나기도 한다.


## 2. 유보의 종류

### (1) 조항의 유보

조항의 유보는 조약 규정 중 특정 조항의 법적 효과를 배제 또는 변경하기 위한 것이다. 유보의 가장 전형적인 형태이며, 이를 협의의 유보라 하기도 한다.

우리나라는 1990년에 '시민적 · 정치적 권리에 관한 국제규약(일명 B규약)' 가입 시, 제14조 5항(형사재심권), 제14조 7항(일사부재리), 제22조(노조결성권) 및 제23조 4항(혼인해소 시 배우자 평등조치) 등 네 개 조항에 유보를 하였다가 제23조 제4항 및 제14조 제7항에 대해 유보 철회를 한 바가 있다.


### (2) 적용 지역의 유보

당사국 또는 체약국이 자신의 영토 중 일정 부분에 조약의 효력이 적용되는 것을 배제하기 위해 행하는 유보를 말한다.

### (3) 해석의 유보

조약 가입 시 자국이 제시한 해석을 조건으로 문제의 조약 규정을 수락하는 방식의 유보를 말하는 것으로, 법적 효과의 배제 또는 변경을 의도하지 않는 단순한 해석 선언(interpretative declaration)과는 구별된다. UN 국제법위원회(ILC) 지침은 해석 유보를 인정하지 않으며, 그와 같은 일방적 선언을 '조건부 해석 선언'으로 취급하고 있다. 그러나 이는 다수의 학설과 판례에 배치된다.

프랑스는 1958년 '대륙붕 협약'에 가입 시 특별한 사정이 존재한다고 판단되는 지역에서는 협약 제6조상의 등거리 원칙을 수락하지 않겠다고 하였고, 영국은 이러한 프랑스의 선언이 이미 협약 제6조의 내용에 포함된 것인 만큼 단순한 해석 선언에 불과한 것이라고 간주하였다. 1977년 양국 간 대륙붕 경계 획정 분쟁이 일어나자 재판을 맡은 중재법정은 프랑스의 선언이 해석의 요소를 포함하고 있으나 협약 제6조의 수락을 위한 조건을 제시하고 있는 만큼 유보로 보아야 한다고 판단하였다. 1982년 〈Temeltash case〉에서 유럽 인권위원회도 유럽 인권 협약에 대한 스위스의 해석 선언이 협약의 일부 규정을 배제·수정할 것을 의도한 만큼 그 명칭과 무관하게 유보로 보아야 한다고 결정한 바 있다.


### (4) 이행 방법의 유보

조약상 의무를 수락하면서 그 이행에 있어서 조약에서 요구하는 방법에 '상응하는' 다른 방법의 선택을 선언하는 것은 조약 규정의 법적 효과를 '수정'하고자 하는 것으로서 비엔나 협약의 유보 정의에 부합한다. 이에 대한 예로 1971년 식량원조 협정에 대해 일본의 유보를 들 수 있다. 일본은 당시 조약 규정상 밀을 지원하는 방법 대신 쌀 또는 농기구로 지원하는 방법을 선택한 바 있다.

### (5) 전면적 유보와 일반적 유보

조약법 협약상 유보는 '일부 규정'의 법적 효과를 배제 또는 수정하는 것을 목적으로 하지만, ILC는 특정의 구체적 상황에서 조약 전체의 적용을 배제하고자 하는 소위 전면적 유보(across-the-board reservation)가 있어 왔음을 인정하였다. 그러나 ILC는 전면적 유보를 인정함과 동시에 일반적 유보(general reservation)와는 구별하고자 했다.

전자는 조약 전체에 관련되면서도 '특정 측면(specific aspect)'에 한하여 그 적용이 제한되는 것으로서 유보의 범위에 포함되나, 후자는 조약 효력의 배제가 지나치게 일반화·불명확해짐으로써 조약 자체의 구속력을 무효화시키는 만큼 진정한 유보로 볼 수 없다는 것이다. ILC 지침은 '특정 측면'의 예로서 특정 부류의 인물, 특정 대상, 특정의 상황, 특정 영토 등을 들고 있다.

### 3. 유보의 절차

유보, 유보에 관한 명시적 수락, 유보의 거절은 서면으로 표명되어야 하며, 체약국들과 조약의 당사자가 될 자격이 있는 기타 국가들에게 통지되어야 한다. 유보 반대의 의사는 다른 규정이 없는 한 유보의 통고를 받은 후 12개월의 기간이 끝나는 시점 또는 조약에 대한 유보 반대국의 기속적 동의 표명일 중에서 더 나중의 시기까지 표명하지 않을 경우, 그 국가에 대해 유보가 수락된 것으로 간주된다. 한편, 유보의 철회는 조약에서 달리 규정하지 않는 한 언제든지 서면으로 가능하며 이때 수락국의 동의는 요구되지 않는다.

## 4. 유보의 효과

### (1) 제한적 효과

유보는 유보국과 다른 당사국과의 관계에 있어서 유보국에 대해서 관련 조약 규정을 '유보의 범위 내'에서 변경한다.

### (2) 상대적 효과

유보는 일반적으로 유보국과 유보 수락국 사이에서만 효력을 갖는다. 다만, 유보의 내용은 유보 당사국뿐만 아니라 유보 수락국도 원용 가능하다. 반대로, 유보국은 유보에 의해 자신에게 면제된 조항의 이행을 타 국가에게 요구할 수 없다.

### (3) 유보 반대의 효과

조약법 협약 제21조 3항의 규정상 유보에 대해 이의를 제기하는 국가가 동 이의 제기국과 유보국 간 조약 발효에 반대하지 않는 경우, 관련 규정은 그 유보의 범위에서 양국 간에 적용되지 않는다. 즉, 유보 반대국이 유보를 진정으로 반대하기 위해서는 유보국과의 조약 발효 자체를 반대해야 한다는 것이다.

## 5. 유보의 제한

### (1) 조약 규정상 제한

당해 조약에 의해 유보가 금지된 경우, 유보는 허용되지 않는다. 조약 전체에 대하여 유보가 금지된 예로는 WTO 설립 협정을 들 수 있으며, 1951년 난민 협약의 경우, 협약 제33조상의 강제송환 금지(non-refoulement) 조항을 부분적으로 유보 금지 규정으로 명시하고 있다.

### (2) 조약의 대상 및 목적과의 양립성

조약법 협약은 〈제노사이드 협약 유보 사건(1951)〉에서 ICJ의 권고적 의견에 의해 수립된 양립성 원칙을 반영하여 제19조 1항 (c)에서 유보의 양립성에 관하여 규정하고 있다. 동 조항에 의하면, 조약상 제한 규정이 없을 시 당해 조약의 대상 및 목적과 양립하지 않는 경우 (incompatible with the object and purpose of the treaty)에 유보는 허용될 수 없다. 그러나 이 경우 '조약의 대상 및 목적과의 양립성을 누가 판단하는가?'라는 문제가 남는데 협약은 이에 대해 침묵하고 있다.

---

**〈제노사이드 협약의 유보 사건(Reservation on the Convention on Genocide)〉(ICJ, 1949)**

1948년 '집단살해(Genocide)의 방지 및 처벌에 관한 협약' 제9조(ICJ의 강제관할권) 및 제12조(협약의 비자치영토에의 적용)에 대해 일부 당사국이 붙인 유보에 대하여 타 당사국의 일부는 이를 수락하고 다른 일부는 이의를 제기하자 UN 총회가 이에 대해 ICJ의 권고적 의견을 요청한 사건이다.

일부 당사국이 유보에 반대할 때, 유보 선언국은 여전히 그 유보를 유지한 상태로 협약 당사국으로 간주될 수 있는지 여부가 쟁점이 되었던 사안으로, ICJ는 일부 국가가 반대하더라도 협약의 대상과 목적에 양립하는 유보라면 그 유보국은 당사국으로 간주될 수 있다고 보았다.

---

### (3) 성질상 제한

조약상 제한 규정이 없는 경우나 당해 조항이 강행규범이거나 기존의 국제관습법을 성문화한 것일 경우, 이에 대한 유보는 금지된다.


# Ⅷ. 조약의 해석

## 1. 의의

조약의 해석이란 조약 당사국의 의사에 적합하도록 조약 규정의 의미와 범위를 확정하는 것을 말한다. 성립한 조약에 어떠한 의미를 부여하는가에 따라 조약의 실질적 내용이 결정된다는 점에서 조약의 해석은 중요한 의의가 있다.

## 2. 해석의 주체

국제사회에서는 국가 상위의 중앙집권적인 법 적용기관이 존재하지 않아 해석에 대한 권한은 일차적으로 당사국에 맡겨져 있다. 따라서 조약 해석을 둘러싼 당사국 간 분쟁의 소지는 늘 있으며, 이를 해결하기 위해 조약문에 용어의 의미를 정해두는 입법 해석이 널리 이용되고 있다.

국제기구의 경우, WTO의 예에서 볼 수 있듯이 각료회의와 일반이사회가 해석기관이 되도록 국제기구 스스로가 정하고 있다. ICJ 등 국제재판소는 회부된 분쟁에 조약을 적용하면서 해석을 행하고 있으며,

UN 헌장 제96조(권고적 의견)는 조약의 해석에 관해 ICJ의 유권적 권한을 부여하고 있다.

### 3. 해석의 방법

#### (1) 일반 원칙

조약법 협약 제31조 내지 제33조는 해석의 규칙 및 방법에 관해 규정하고 있다. 해석은 원칙적으로 협약의 목적상 문언적 해석 방법을 택하고 있다. 즉, 조약문의 문맥 및 조약의 대상과 목적으로 보아 그 조약의 문맥에 부여되는 용어의 통상적 의미에 따라 성실하게 해석되어야 한다는 것이다.

용어의 통상적 의미에 따른 해석에 있어 조약의 문맥과 대상 및 목적을 고려해야 한다. 또한 문맥과 더불어 당사국 간 행해진 추후의 합의 및 관행, 당사국 간 적용될 수 있는 국제법 규칙도 함께 고려해야 한다. 당사국들이 특정의미를 특정용어에 부여하기로 의도한 것이 확인되면 통상의 의미를 배제하고 합의한 특정의미가 부여된다.

#### (2) 보충적 해석 수단

일반 원칙에 따라 조약을 해석하였음에도 의미가 애매하거나 불명확할 경우, 조약 체결 당시의 교섭기록(준비문서) 및 체결 시 사정을 해석의 보충 수단으로 이용할 수 있다.

## 4. 둘 또는 그 이상의 언어가 정본인 조약의 해석

조약의 용어는 각 정본상 동일한 의미를 갖는 것으로 추정된다. 정본 간 충돌이 있는 경우에 조약에서 별도로 규정하거나 달리 합의하지 않는 한, 각 정본은 동등한 효력을 갖는다.

제4절

# 국제관습법

## Ⅰ. 의의

국제사법재판소(ICJ) 규정 제38조 1항 (b)에 의하면, 국제관습이란 '법으로 수락된 일반 관행(evidence of a general practice accepted as law)'으로 정의된다. 국제관습은 조약과 함께 국제법의 가장 중요한 법원으로 간주되며, 조약과 대등한 법적 지위를 가진다.

## Ⅱ. 성립 요건

국제관습법이 성립되기 위해서는 객관적 요건으로 국가들의 일반적 관행과 주관적 요건으로 법적 확신이 요구된다. ICJ도 〈리비아-몰타(Libya-Malta) 대륙붕 사건〉에서 "국제관습법의 소재를 일반적으로 국가들의 실제 관행과 법적 확신에서 찾아야 한다는 것은 자명한 일"이라고 언급한 바 있다.

### 1. 일반적 관행 : 객관적 요건

일반적 관행이란 동일한 형태의 실행이 지속적으로 반복(constant

and uniform usage)되어 일반성을 갖게 된 것을 의미한다. 실행에는 국가적 실행과 국제 조직의 결의나 실행도 포함된다. 1871년 〈스코티아(Scotia)호 사건〉에서 미연방대법원은 영국의 국내법 원칙이라도 주요 해양국들에 의해 채택·수용된 경우에 국제관습법으로 성립됨을 인정하였다.

관행 형성의 기간과 관련하여, 1969년 ICJ의 〈북해 대륙붕 사건〉을 주목할 필요가 있다. 동 사건에서 ICJ는 ①국가 관행이 광범위하고 획일적일 것, ②그러한 관행 형성에 특별히 영향을 받는 국가들이 참여할 것 등 두 가지 요건을 충족하면 짧은 기간 내에도 관습법이 성립될 수 있음을 인정하였다(속성국제관습법). 그러나 관행 형성의 시간이 문제되지 않는다고 하였지 관행 자체가 불필요하다고 본 것은 아니었다.

관행의 일반성이 지역 내 일반 관행으로도 형성될 수 있는지에 대한 의문은 특별관습법(지역관습법)의 인정 여부와 관련된다. ICJ는 1960년 〈인도 통행권 사건〉에서 두 나라만의 관행으로는 특별관습법이 성립될 수 없다는 인도의 주장에 대해 국가의 수가 반드시 둘 이상일 필요는 없다고 판시하여 특별관습법의 존재를 인정하였다. 특별관습법을 인정한 기타 판례로 1950년 ICJ의 〈비호권(Asylum) 사건〉과 1951년 〈영국-노르웨이 어업 분쟁 사건〉을 들 수 있다. 결론적으로 그 내용이 강행규범에 반하지 않는 한, 특별관습 내지 지역관습은 일부 특정 지역 국가 간에 유효하게 성립될 수 있는 것이다.

## 2. 법적 확신(opinio juris) : 주관적 요건

법적 확신이란 어떤 실행이 국제법상 필요하다는 신념을 가지고 행동하는 것으로 관습 형성의 주관적 요건이다. 〈북해 대륙붕 사건〉에서 ICJ는 "법적 확신 없는 관행은 아직 법으로 변형되지 못한 단순한 관례, 국제 도덕 및 예양에 지나지 않는다"고 판시한 바 있다.

## Ⅲ. 입증의 문제

법적 확신은 주관적 요건이기 때문에 이와 관련해서는 입증 책임의 문제가 가장 핵심이다. 일반 관행이 입증되면 법적 확신은 추정된다. 따라서 일반 국제관습법은 이를 부정하는 측에 입증 책임이 있다고 본다. 반면 잘 알려지지 않은 특별관습법은 원용하는 측에서 입증 책임을 진다. ICJ도 〈인터한델 사건(1959)〉, 〈인도 통행권 사건(1960)〉 등에서 법적 확신의 존재 여부를 증명한다는 것은 매우 어려운 문제이므로 객관적 요건이 확실하며 심리적인 주관적 요건도 존재하는 것으로 추정해야 한다는 입장을 보이고 있다.

## Ⅳ. 효력 범위

조약이 제3국의 권리 의무를 창설하지 않으며 체약국에 한해서만 적용되는 것과 달리, 국제관습법은 일반적으로 모든 국가에 효력을 미친다. 다만, 관습법 형성기부터 명시적으로 일관되게 반대해온 국가에 대해서는 그 관습법 적용이 배제된다는 이른바 '집요한 불복이론(persistent objector)'이 있는데, ICJ는 1951년 〈영국－노르웨이 어업 분쟁 사건〉에서 동 이론을 인정한 바 있다.

## V. 관습법의 법전화

UN 헌장 제13조는 총회의 목적으로 "국제법의 법전화(codification)와 점신석 발전"을 언급하고 있다. 여기서 법전화란 국제관습법을 체계적으로 분류 및 정리하여 성문법전화시키는 것을 의미한다.

UN은 헌장 제13조 규정에 따라 1949년 총회의 보조 기관으로 '국제법위원회(ILC, International Law Commission)'를 설립하여 기존 판례가 누적되어 있는 영역에서 성문화 작업을 진행해왔다. ILC는 임기 5년의 34명의 위원으로 구성되며, ILC에서 작성된 협약안이 협약으로 채택되기 위해서는 ILC 내의 단순다수결과, 총회에서의 3분의 2 이상의 다수결을 요한다.

# 법의 일반 원칙

## I. 의의

ICJ 규정 제38조 1항 (c)는 '문명국에서 인정한 법의 일반 원칙 (general principle of law)'을 재판 준칙으로 규정하고 있다. 법의 일반 원칙은 국제법규의 흠결로 인한 재판 불능의 방지와 국제법 해석상 발생할 수 있는 국가 주권에 대한 유리한 추정의 남용을 방지하는 기능을 한다.

법의 일반 원칙은 후술하는 '형평의 선'과는 달리 당사자의 합의에 의한 청구가 없어도 ICJ 규정상 당연히 적용되는 것이나, 어디까지나 '보충적 법원'이기 때문에 적용 순서에 있어 조약과 관습 다음이 된다. 〈인도 통행권 사건〉(ICJ, 1960)에서 국제사법재판소도 동일한 취지의 판결을 내리고 있다.

## II. 구체적 적용례

현재까지 국제 판례를 통해 확인된 법의 일반 원칙은 기판력의 원칙, 선결적 항변의 원칙 등과 같은 절차적 규칙과 신의성실의 원칙(〈니카과라 사건〉(ICJ, 1986)), 권리 남용의 금지(〈영국-노르웨이 어업 분쟁 사건〉(ICJ,

1951)), 불법 행위에 대한 배상책임(〈호르조공장 사건〉(PCIJ, 1927)), 금반언
(estoppel)의 원칙(〈프레아 비헤아 사건〉(ICJ, 1962))과 같은 실체적 규칙에 관
한 원칙이 있다.

제6절

# 판례와 학설

ICJ 규정 제38조 1항 (d)는 '법규칙을 결정하는 보조수단'으로서 재판상의 판결 및 모든 국가의 가장 우수한 공법학자의 학설을 규정하고 있다. 보조수단이라는 명시적인 규정으로 보아 판례와 학설은 법원성이 없다는 것이 통설이다. 여기서 판례는 국내 판례, 국제 판례를 모두 포함하며, 특히 ICJ의 판결 및 권고적 의견과 유럽사법재판소의 판결이 중요하다. ICJ 규정 제59조는 기판력의 상대성 원칙을 규정하고 있으므로 ICJ 판결의 '선례 구속의 원칙'은 인정되지 않는다.

**ICJ 규정 제59조**

재판소의 결정은 당사자 사이와 그 특정 사건에 대해서만 구속력을 가진다.

학설은 국제법상 여러 문제에 대한 학자나 법률전문가의 견해를 말한다. 여기에는 국제법학회나 국제법협회 등 학회·조직의 의견이나 국제사법재판소 재판관의 개별 의견 등도 포함된다. 요컨대, 판례와 학설은 본래적 의미의 국제법 법원은 아니지만 국제법의 인식자로서의 실질적·제2차적 법원으로 볼 수 있다. 이는 불충분하고 불명확한 국제법 분야에서 판례와 학설이 실정 국제법의 존재를 확정하기 위한 증거를 제공하며, 국제법의 발전 방향을 제시하는 중요한 기능을 할 수 있음을 의미한다.

**제7절**

# 형평

ICJ 규정 제38조 2항은 "당사자가 합의하는 경우, 재판소는 형평과 선에 따라(ex aequo et bono) 재판할 권한을 갖는다"고 규정하고 있다. ICJ도 이에 따라 재판 시 형평의 원칙을 적용해오고 있는 바, 국제법 상 형평은 법 해석 수단 및 법 흠결 시 보완해주는 역할 등을 하고 있다. 그러나 형평에 의해 제시되는 원칙들은 해당 사건의 해결을 위해 인용되는 데 그치므로 독자적인 국제법의 법원이라고 할 수 없다.

PCIJ 및 ICJ가 형평과 선의 원칙에 의거하여 판결을 내린 경우는 한 건도 없으나, 해양경계 획정 관련 판례에서는 형평의 원칙을 분쟁 해결의 기준으로 제시하고 있다. 1969년 〈북해 대륙붕 사건〉에서 ICJ는 공유 대륙붕의 경계 획정은 형평한 원칙에 따라 모든 관련 사정을 고려하여 합의에 의해 이루어져야 한다고 판결하였다. 또한 ICJ는 1982년 〈튀니지−리비아 대륙붕 사건〉에서 형평한 결과를 산출하도록 대륙붕의 경계가 획정되어야 함을 언급하였고, 1984년 〈미국−캐나다 메인만 사건〉에서는 그 어떤 합의나 기타 상응하는 해결책도 형평한 기준을 수반하여야 한다는 점을 지적한 바 있다.

형평과 선의 원칙은 현실을 고려한 융통성 있는 개념으로서 국가 간 분쟁 해결 능력을 강화시킬 수 있는 반면, 그 내용이 모호하고 막연하며, ICJ 규정상 당사국 간 합의가 전제되어야 한다는 제약이 따른다.

# 국제법 주체론 1 : 국가

제4장

튀니지-모로코 국적법령 사건
티노코 정부 승계 사건
팔마스섬 사건
프레아 비헤아 사건
호르조브 공장 사건
애들립 사건

## Navigator

이번 장은 국제법의 주체 중 가장 중요한 '국가'와 관련된 국제법 전반의 내용을 다룬다. 국내와 달리 중앙정부가 없는 국제법 체제에서도 국가가 지켜야 할 기본적 행동 원칙이 있다. 오랜 기간 관습으로 정해진 원칙이 오늘날에는 UN 헌장에 규정되어 있는데, 이는 국제법을 이해하는 데 중요한 요소가 된다. 이 밖에 국가의 성립과 활동에 관련하여 국가 승인, 국가 승계, 국가관할권과 면제, 국가책임 등의 문제도 살펴보아야 한다. 국가 승인은 한 국가의 성립에 다른 국가의 승인이 필요한지와 관련한 쟁점을 다룬다. 국가 승계는 합병·독립·분할 등으로 국가의 형태가 변할 경우에 발생하는 국제법 문제를 논한다. 국가관할권과 면제 부분에서는 국가가 일정 범위의 사람이나 재산, 행위에 대해 국내법을 구체적으로 적용하는 권능(관할권)이 타국과 충돌했을 때 벌어지는 국제법 문제를 살펴본다. 마지막으로 국가가 국제법상 위법 행위를 했을 경우에 어떤 책임을 지느냐의 문제(국가책임론)도 국제법 질서를 공고히 하고 국제 평화와 안전을 유지하는 데 있어 중요한 문제라고 할 수 있다.

# 국제법 주체의 의의 및 분류

국제법 주체는 "국제적 권리와 의무를 보유할 능력이 있고, 국제 청구를 제기함으로써 자신의 권리를 주장할 능력이 있는 실체(capable of possessing international rights and duties … 중략 … and has capacity to maintain its rights by bringing international claims)"를 의미한다(⟨Reparation case⟩, ICJ, 1949).

국제법 주체는 기준에 따라 다음과 같이 분류가 가능하다. ①국제법 주체성의 향유 권원에 따라 시원적 주체(국가)와 파생적 주체(국제기구, 개인 등), ②국제사회에서의 필수불가결성에 따라 일차적 주체(국가)와 부차적 주체(국제기구, 개인, 반란 단체 등), ③제2차 세계대전을 기준으로 해 등장 시기에 따라 전통주체(국가)와 신주체(국제기구, 자결권 향유주체로서의 민족, 개인 등), ④국제 입법 과정에의 참여 자격, 즉 조약 체결권 향유 여부에 따라 능동적 주체(국가, 반란 단체, 국제기구, 민족)와 수동적 주체(개인), ⑤영토 주권 보유 여부에 따라 영토적 주체(국가)와 비영토적 주체(국제기구, 개인 등)로 나눌 수 있다.

# 국가의 국제법 주체성과 형태

국가는 국제법 주체성의 향유권원, 국제사회에서의 필수불가결성, 고유한 영토 주권의 보유를 특징으로 가장 전통적이고 기본적인 국제법 주체임을 부인할 수 없다. 현대 국제사회의 발전에 따라 국제기구와 개인 등 새로운 국제법 주체들이 등장한다고 해서 국가의 전통적 국제법 주체성이 부인될 수 없음은 주지의 사실이다.

1933년 '국가의 권리 의무에 관한 몬테비데오 협약'에 따르면 국가는 항구적 인민(a permanent population), 확정된 영토(a defined territory), 정부(government), 다른 국가들과의 관계 형성 능력(capacity to enter into relations with other States)을 주요 요건으로 한다. 이를 근거로 봐도 국가는 국제기구와 개인, 반란 단체 등과는 달리 일차적인 국제법 주체로서 고유한 특징을 가진다고 할 수 있다.

한편, 국가의 유형은 존속 근거에 따라 종속국과 피보호국, 결합 상태에 따라 단일국가와 복합국가로 나눌 수 있다.

종속국은 과거 유럽 열강의 아프리카·아시아 식민지가 대부분이며 그 존속 근거가 종주국의 국내법에 있다. 따라서 국제법상 주체로 인정받지 못한다. 피보호국은 조약에 의해 외교능력이 제한 또는 상실된 국가이다. 외교능력이 완전히 상실된 전형적인 보호국은 국제법상 국가로 인정되지 않는다.

단일국가는 복합국가와 달리 단일한 정부를 가지고 있거나, 법적 근거에 따라 형성되어 있는 국가를 의미한다. 이에 비해 복합국가는 국내법인 연방헌법에 법적 근거를 두고 결합한 연방국가(federal states)와 국제법인 결합 조약에 법적 근거를 두고 결합한 국가연합(confederation)이 대표적이다.

제3절

# 국가의 기본적 행동 원칙(국제법의 기본 원칙)

## Ⅰ. 의의

국가의 기본적 행동 원칙은 UN 헌장 제2조와 1970년 UN 총회에서 채택된 'UN 헌장에 따른 국가 간의 우호 관계 및 협력에 관한 국제법 원칙 선언(약칭 우호 관계 선언)'에 따른다. UN 헌장을 기본으로 했을 때 1970년 우호 관계 선언은 UN 비회원국의 헌장 의무 준수, 자결권의 원칙을 제외하고는 기본 내용이 동일하다고 할 수 있다. 양자를 비교하면 다음과 같다.

| UN 헌장 제2조 | 1970년 우호 관계 선언 | 비고 |
| --- | --- | --- |
| ①주권 평등의 원칙<br>②신의성실의 원칙<br>③분쟁의 평화적 해결 원칙<br>④무력 사용 금지의 원칙<br>⑤UN 활동에의 협력 의무<br>⑥UN 비회원국의 헌장 의무 준수<br>⑦국내 문제 불간섭 원칙 | ①주권 평등의 원칙(선언 제6원칙)<br>②신의성실의 원칙(선언 제7원칙)<br>③분쟁의 평화적 해결 원칙(선언 제2원칙)<br>④무력 사용 금지의 원칙(선언 제1원칙)<br>⑤국제 협력의 원칙(선언 제4원칙)<br>⑥국내 문제 불간섭 원칙(선언 제3원칙)<br>⑦자결권의 원칙(선언 제5원칙) | • 자결권의 원칙은 UN 헌장상 원칙으로 명시되지 않았음<br>• 인권존중의 원칙은 명시되지 않았으나, 오늘날 관행상 일반적인 원칙으로 자리 잡음 |

이 밖에도 국제사회의 발전에 따라 새롭게 해석적으로 인식되고 준

수되는 원칙들도 출현할 수 있다. 예컨대 인권존중의 원칙이 명시되지는 않았으나 오늘날 인권존중이 국제법상 국가의 기본적 행동 원칙에 속한다는 데에 이견은 없는 것처럼 말이다.

이하에서는 명시된 각 원칙의 내용 중 국제사회의 실행상 가장 많이 논의된 무력 사용 금지의 원칙, 국내 문제 불간섭의 원칙, 주권 평등의 원칙(우호 관계 선언 규정순서상)을 살펴본다. 분쟁의 평화적 해결 원칙은 논의 빈도가 가장 빈번한 경우에 속하며 이에 대해서는 제7장에서 자세히 살펴보기로 한다.

## II. 무력 사용 금지의 원칙과 자위권

### 1. 의의

무력 사용 금지의 원칙은 모든 국가가 다른 국가의 영토적 보전과 정치적 독립을 해치거나 국제 평화와 안전을 위협하는 방법으로 무력을 사용해서는 안 된다는 내용이다. 무력 사용 금지 원칙은 분쟁 해결에 있어서 평화적 방법을 추구한다는 의미도 담고 있어서 분쟁의 평화적 해결 원칙과 일맥상통한다.

### 2. 연혁

1841년 〈캐롤라인(Caroline)호 사건〉에서 미국 국무장관 다니엘 웹스터(Daniel Webster)는 처음으로 '자위(self-defense)' 행사 시 필요성과 비례성의 엄격한 적용을 주장함으로써 무력 사용에 가이드라인을 제시한다(웹스터Webster 공식). 그는 1841년 4월 24일 서한에서 "자위권은 그 필요성이 급박하고, 압도적이며 다른 수단을 선택하거나 숙고할 여지가 없을(a necessity of self-defence, instant, overwhelming, and leaving no choice of other means, no moment for deliberation)" 때에만 허용되며 "자위권은 그 필요성의 범위 내에서 엄격하게 제한되어야 한다(…the act…must be limited by that necessity, and kept clearly within it)"고 했다. 당시 영국 정부는 1842년 7월 28일, 미국 정부의 이 같은 주장에 동의했으며, 그 후 웹스터(Web ster)공식은 자위권과 관련하여 국제관습법의 일부로 수락되고 있다.

이후 국제연맹(League of Nations; LN)은 규약 제12조에서 국가 간 분쟁 발생 시 중재재판, 사법적 해결, 연맹 이사회 사실 심사 부탁과 중재재판 판결, 사법재판 판결, 연맹 이사회 보고 후 3개월을 경과할 때까지는 어떠한 경우에도 개별 국가가 전쟁에 호소하지 못하도록 했다.

전쟁을 포괄적으로 금지한 최초의 조약은 1928년 부전 조약, 이른바 '켈로그－브리앙 조약(Kellogg-Briand Pact)'이다. 그러나 훌륭한 도덕적 이념에도 불구하고, 이 조약은 조약 위반의 경우에 대처할 수 있는 구체적 방안을 제시하고 있지 않다. 이 때문에 '켈로그－브리앙 조약'의 가입국인 독일과 일본이 1940년대 세계대전의 주범으로 등장하였을 때, 이들 국가의 야만적 행위에 대해 서류상 규탄만 하였을 뿐 아무런 대처를 하지 못하였다. 또한 이 조약은 전쟁을 예외

**1841년 〈캐롤라인(Caroline)호 사건〉**

1837년 캐나다 내란 중 미국 선박 캐롤라인(Caroline)호는 캐나다 반군을 지원하던 선박이었다. 영국 군대가 이 배를 공격한 후, 나이아가라 폭포에 배를 던졌다. 이에 미국이 항의하자 영국은 자위권의 행사였다고 맞서며 전개된 사건이다.

적으로 허용하고 있다는 점, 전쟁에 이르지 않는 무력 사용은 허용된다는 해석가능성 등의 여러 가지 한계도 가지고 있다.

이런 한계를 넘어선 포괄적인 무력 사용의 금지는 UN 헌장 제2조 4항에서야 그 모습을 드러냈다. UN 헌장 제2조 4항은 "모든 회원국은 그 어떤 국가의 영토보존이나 정치적 독립에 대해서도 또는 UN의 목적들에 부합하지 않는 다른 어떤 방법에 의해서도 무력의 위협이나 그 사용을 삼가야 한다"고 규정했다. 초기에는 회원국에만 적용되는 조항으로 인식되었으나 1970년 우호 관계 선언에 이르러서는 UN 비회원국에 대해서도 적용되는 원칙으로 확인되었다.

## 3. UN 헌장 2조 4항상의 무력의 위협 및 사용 금지

### (1) 조문 : UN 헌장 제2조 4항

"국제 관계에 있어 모든 회원국은 그 어떤 국가의 영토보존이나 정치적 독립에 대해서도 또는 UN의 목적들에 부합하지 않는 다른 어떤 방법에 의해서도 무력의 위협이나 그 사용을 삼가야 한다(All Members shall refrain in their international relations from the threat or use of force against the territorial integrity or political independence of any state, or in any other manner inconsistent with the Purposes of the United Nations)."

### (2) 법적 성질 : 〈니카라과 사건〉(ICJ, 1986)에서 국제관습법화

1986년 〈니카라과 사건〉에서 ICJ는 〈캐롤라인(Caroline)호 사건〉에서 제시된 자위권의 필요성과 비례성 요건을 분명히 하였다. "국제관습법상 확립된 규칙에 의하면 무력 공격에 비례하고 그에 대응하는

데 필요한 조치들만이 자위권의 범위에 해당한다"고 판시했다.

또한 UN 헌장 제51조에 명시된 집단적 자위권이 국제관습법으로도 존재함을 주장하고 미국이 집단적 자위를 주장하기 위해서는 첫째, 엘살바도르, 온두라스, 코스타리카에 대한 니카라과의 무력 공격이 있어야 하고, 둘째, 이들 국가가 미국에 대해 지원을 요청해야 한다고 했다. 어느 한 국가가 일방적으로 집단적 자위권을 행사할 수 있다는 국제관습법은 성립되지 않았다고 판시했다.

> **〈니카라과 사건(Nicaragua case)〉(ICJ, 1986)**
>
> 1981년 미국은 니카라과의 산디니스타 혁명 정권이 엘살바도르 게릴라 활동을 군사적으로 지원한다며 니카라과 반정부 조직인 콘트라에 대한 군사 원조를 증강했다. 니카라과는 1984년 4월 미국의 이 행동의 위법성과 배상의 결정을 국제사법재판소에 의뢰하였다. 이에 대해 미국은 집단적 자위권의 행사임을 내세워 항변하였다.

### (3) 힘(Force)의 의미

UN 헌장 제2조 4항의 '힘(force)'은 일반적으로 군사적 무력(armed force)을 의미한다. 정규군이나 용병을 이용한 직접적 군사 활동이나 타국의 반란 단체 지원이나 훈련, 군사기지 편의 제공 같은 간접적 무력 사용도 금지된다. 헌장상 '힘(force)'의 의미에 대해 제3세계 및 사회주의 진영에서는 정치적·경제적 힘을 포함한 일체의 힘도 포함되어야 한다고 주장한 바 있다.

### (4) 무력행사 금지 원칙의 예외

오늘날 '국제관습법상 무력행사 금지의 원칙'도 UN 헌장 체제에서 다음과 같은 예외가 인정된다. ①UN 헌장 제7장(평화에 대한 위협, 평화의 파괴 및 침략 행위에 대한 조치)상의 강제 조치, ②필요성과 비례성에 입각한 자위권(제51조), ③안전보장이사회의 결정에 따른 지역적 기구의 강제 조치(제53조) 등이 그것이다.

## 4. 자위권(Right of Self-defense)

### (1) 의의

모든 국가는 고유한 권리로서 개별적 그리고 집단적 자위권(the inherent right of individual and collective self-defence)을 향유한다. 자위권이 '고유'하다는 의미는 모든 국가가 기본적으로 다른 국가의 승인을 받을 필요 없이 원시적으로 향유하는 권리라는 의미로 이해된다. 국제 분쟁의 발생 시 대부분의 국가들은 자국의 무력 사용이 자위권에 근거한 행위임을 항변하는 것이 현실이다. UN 헌장 제51조는 일반적으로 인정되던 개별적 자위권(right of individual self-defense) 외에 집단적 자위권(right of collective self-defense) 개념도 인정하였으며, 자위권 발동 요건을 명확히 하여 그 남용의 위험을 방지하고 있다.

**UN 헌장 제51조**

이 헌장의 어떤 규정도, UN 회원국에 대하여 무력 공격이 발생한 경우, 안전보장이사회가 국제 평화와 안전에 관한 필요한 조치를 취할 때까지 개별적 또는 집단적 자위의 고유의 권리를 침해하지 아니한다. 자위권을 행사함에 있어 회원국이 취한 조치는 즉시 안전보장이사회에 보고된다. 이 조치는 안전보장이사회가 국제 평화와 안전을 유지하거나 회복하기 위해 필요하다고 인정하는 조치를 취할 안전보장이사회의 권한과 책임에 어떠한 영향도 미치지 아니한다.

### (2) UN 헌장과 자위권

이 조항은 ①사유의 차원에서 "무력 공격이 발생한 경우"만을, ②
시기의 차원에서 "안전보장이사회가 필요한 조치를 취할 때까지", ③
사후 통제의 차원에서 "(자위권 행사는) 즉시 안전보장이사회에 보
고"되어야 한다는 규정으로 자위권 행사를 통제하고 있다.

### (3) UN 헌장상 자위권 행사의 요건

가. 무력 공격과 현존성

무력 공격은 군사적 무력(armed force)에 의한 공격을 일반적으로 의
미하며 그 공격이 현존하는 경우에만 자위권 행사가 허용된다. ICJ는
1986년 〈니카라과 사건〉에서 무력 공격을 "정규군에 의한 국경 침입
또는 정규군과 규모와 효과가 유사한 용병에 의한 국경 침입"으로 해
석하고 있다.

한편 대량 파괴 무기와 테러 위협에 대비한 예방적이고 선제적인
자위권 행사가 허용되어야 한다는 주장도 제기되고 있다. 하지만 자
위권의 남용에 따른 국제 평화와 안전의 위협을 방지하기 위해서 예

〈예방적 자위권 긍·부정설〉

| 긍정설 | 부정설 |
| --- | --- |
| · UN 헌장 제51조는 "무력 공격이 발생한 경우"를 규정할 뿐, "오로지 무력 공격만 발생한 경우"로 한정하지 않았음<br>· 현대전의 속성과 위협의 본질이 과거와는 판이하게 다름 | · UN 헌장 제51조를 "오로지 무력 공격만 발생한 경우"로 해석하는 것은 자의적인 해석의 남용임<br>· ICJ도 1986년 〈니카라과 사건〉에서 당사자들이 절박한 무력 공격의 위협에 대처하는 것이 합법인지는 판단하지 않았음<br>· 미국을 위시한 강대국의 자기보호와 힘의 논리일 뿐임 |

방적 자위권은 UN 헌장상 허용될 수 없다는 것이 일반적인 견해이다.

### 나. 보호법익

무력에 의한 국경침입이 이루어져 영토 주권 같은 중대한 국가 법익에 대한 침해가 발생한 경우, 자위권은 행사 가능하다.

### 다. 필요성과 비례성

자위권 행사는 정치적 · 외교적 방법 등 다른 수단으로 방위가 불가능한 경우(필요성)에, 침입에 대해 필요한 한도 내에서(비례성) 행사되어야 한다.

## Ⅲ. 국내 문제 불간섭

### 1. 의의

국내 문제 불간섭의 원칙은 주권 평등의 논리적 귀결이라고 할 수 있다. 각 국가는 인격과 같이 존중받아야 할 주권이 있고 국가나 국제기구 등 국제사회 행위자들은 개별 국가의 국내 문제에 부당하게 간섭해서는 안 된다.

국내 문제란 국제법의 관할로부터 자유로운 영역을 의미하며 국내법의 규율에 맡겨진 사항을 뜻한다. 한 국가가 주권국가로 존재하는 한 국내 문제는 지속적으로 존재한다.

## 2. 국내 문제의 상대성

국내 문제와 국제 문제가 어떻게 구별되는가의 문제 즉, 국내 문제와 국제 문제의 경계 설정은 본질적으로 상대적인 문제이다. 이는 국제 관계의 발전양상에 따라 가변적이다. 이러한 내용은 1923년 상설국제사법재판소(PCIJ)의 〈튀니지−모로코 국적법 사건〉에서 제시되었다.

---

**〈튀니지−모로코 국적법 사건(Nationality Decrees issued in Tunis and Moroco)〉(PCIJ, 1923)**

1921년 프랑스의 피보호국이었던 튀니지와 모로코에서 국적법이 공포됐다. 이 법은 튀니지와 모로코에서 출생한 자에게 프랑스 국적을 부여하고 병역의무를 부과한다는 내용이었다. 영국은 이 법이 동 지역의 영국 국민에게 적용되는 것에 반대하여 국제연맹이사회에 이 사건을 분쟁 의뢰했다. 이에 프랑스는 본 사건이 "국제법상 단지 당사국의 관할에 속하는 국내 사항"이라고 주장하였고 연맹이사회는 상설국제사법재판소(PCIJ)에 권고적 의견을 구하였다. 재판소는 이에 대해 어떤 사항이 국내 관할권에 속하는지 여부는 상대적인 문제로 국제 관계의 발전양상에 의존한다고 판시했다. 따라서 국적과 같이 원칙적으로 국제법에 의해 규율되지 않는 사항이라도 타국에 대해 의무와 관련하여 국제성을 갖는 경우가 있으며 그 경우 국내 관할권의 문제로만 항변하기 어렵다고 설명했다.

---

국내 문제는 국제사회가 발전하고 확대될수록 축소될 수밖에 없다. 국제 관계가 다양해지고 복잡해짐에 따라 전속적인 국내 관할 사항은 줄어든다. 전통적인 국내 관할 사항이던 인권, 관세, 국적 문제도 국제법인 조약에 의해 서로 규율되는 추세이다. 예를 들어 이중국적 문제나 외교적 보호권 행사를 위한 국적 문제의 충돌이 빈번하게 발생할 수 있는 것이 오늘날 국제사회의 특징이다. 현대 국제사회에서 국내 문제와 국제 문제가 명확하게 구분될 수 없는 것이다. 그럼에도 불구하고 개별 국가의 주권은 존중되어야 하며 타국에 대한 부당한 간섭

은 금지되어야 함이 국제법의 기본 원칙이다.

## 3. 불간섭 의무

### (1) 간섭의 의의

간섭(intervention)이란 국가 혹은 국제기구 등 국제사회의 행위자가 다른 국가의 국내 문제에 대해 일정한 상태 변경을 목적으로 부당하게 한 국가의 의사를 강제하는 것을 말한다.

### (2) 간섭의 유형 : 군사적, 비군사적, 과학기술에 의한 간섭(위성방송 등)

간섭은 크게 ①무력적 간섭과 ②비무력적 간섭으로 구분할 수 있다. 무력적 간섭은 간섭국이 고용한 용병에 의한 무력 사용과 타국의 반란 단체에 대한 군사 지원 등 간접적 무력 사용에 의한 간섭도 포함한다. 무력적 간섭은 국내 문제 불간섭 원칙의 위반이자 무력 사용 금지 원칙에도 위반되는 행위이다.

비무력적 간섭에는 직간접적인 무력 사용뿐만 아니라 정치적 · 경제적 간섭 및 모든 위형의 간섭 또는 위협의 시도가 포함된다. 여기에는 위성방송 등 첨단과학기술에 의한 실력행사와 간섭도 포함된다.

비무력적 간섭이 국제법상 간섭의 유형으로 포함된 데에는 강대국의 유무형 압력으로부터 자유롭고자 한 제3세계 진영의 입장이 반영된 측면이 크다. 더불어 자결권을 향유하는 민족도 일체의 강제 간섭으로부터 자유로울 권리를 향유하는 것으로 본다. 민족자결의 문제도 더 이상 강대국인 식민당국의 국내 문제로 간주되지 않는 것이다. 하지만 비무력적 간섭의 금지는 그 범위와 내용이 모호하여 상황에 따라 해석과 주장이 부딪힐 수 있는 소지가 있다.

## 4. 적법한 간섭

정당한 권원이 있는 개입은 불법적인 간섭이 아니라 적법한 간섭이라고 할 수 있다. 여기에는 ①조약에 의한 간섭, ②권리 남용에 대한 간섭, ③국제법 위반에 대한 간섭, ④정통 정부의 요청에 의한 간섭, ⑤자위권에 의한 간섭, ⑥UN 헌장 제7장상의 강제 조치에 의한 간섭이 포함된다.

한편 인도적 간섭은 그 적부 여부에 대한 논란이 많으나, 1986년 ICJ가 판시한 〈니카라과 사건〉에 따르면 힘의 사용은 인권 확보를 위한 적절한 방법으로 간주되지 않으므로 한 국가의 일방적인 인도적 간섭은 적법하지 않다. 한 국가나 국제기구 등이 UN안전보장이사회의 승인을 받지 않고 일방적으로 인도적 간섭의 명분하에 '힘(force)'을 사용하는 것은 적법한 간섭도 아니며 무력 사용 금지 원칙에 위반되는 행위이기도 하다.

## Ⅳ. 주권 평등의 원칙

UN 헌장은 제2조 1항에서 "기구는 모든 회원국의 주권 평등 원칙에 기초한다"고 선언하고 있다. 주권 평등 원칙은 국제 관계에서 모든 국가가 독립하여 상호대등하게 관계를 형성해나가는 기본 질서의 기초를 이룬다.

스위스의 법학자 바텔(Vattel)은 "거인이나 난쟁이나 사람이기는 마찬가지이듯, 소국도 거대한 왕국과 마찬가지로 주권국가"라고 이 원칙을 설명한 바 있다. 주권 평등의 원칙은 1648년 웨스트팔리아 체제 이래로 국제 관계의 전통적이고도 기본적인 기초 질서를 형성하는 원칙이다.

# 국가 승인과 국가 승계

## Ⅰ. 국가의 성립과 승인

### 1. 국가의 성립 요건

국가는 여러 가지 방식과 형태로 성립이 가능하다. 일정한 영토 안에서 긴 시간 동안 자연스럽게 형성된 국가도 있으며, 다른 나라의 식민지였다가 독립국으로 성립된 국가도 있다. 한 국가였다가 분리를 통해 새로운 국가가 출현하기도 하고 반대로 통합과정을 통해 단일국가로 새롭게 출범하는 경우도 가능하다. 이런 다양한 경우에도 불구하고 공통적으로 국가로 인정받기 위해서는 1933년 '국가의 권리 의무에 관한 몬테비데오 협약'에서 제시된 ①항구적 인민(a permanent population), ②확정된 영토(a defined territory), ③정부(government), ④다른 국가들과 관계를 맺을 수 있는 능력(capacity to enter into relations with other States)의 요건을 갖추어야 한다.

### 2. 국가 승인

#### (1) 개념

국가 승인은 다양한 방식으로 성립되는 국가의 존재를 인정하는 제도로, 한 국가가 일정한 요건을 갖추어 국제사회의 일원으로 인정받을 수 있는 과정이다. 그런데 이 승인은 법적 요건을 갖추었다고 무조건 이루어지는 것이 아니라 보통 국제정치적 영향도 많이 받는지라 그 성격이 복잡하다. 각국마다 새로 성립된 국가에 대한 입장과 정책에 따라 다양한 반응을 보일 수 있으며 새로운 정치 상황에 따라 동일 국가가 다른 입장과 정책을 보이기도 한다.

### (2) 연혁

승인은 1648년 '웨스트팔리아 조약' 체제의 탄생과 그 궤를 같이 한다. 유럽의 '30년 전생' 후 웨스트팔리아 체제는 여러 신생국의 성립을 인정했고, 이 합의의 틀에서 벗어난 신생국의 등장은 기존 국가들의 동의를 받지 못하는 한 위법하다고 보았다.

이후 18세기 미국의 독립운동에 대해 영국은 혁명이나 전쟁을 통한 신생국의 성립은 인정할 수 없다고 하였으나 프랑스는 미국이 국가로서 실효적인 요건을 갖추면 독립국가로 인정해야 한다며 미국의 독립을 승인하였다.

국가 승인 제도는 19세기 중남미 국가들이 스페인으로부터 독립할 때 미국이나 영국으로부터 승인을 받는지 여부가 독립 결정의 중요한 변수로 등장하면서 더욱 발달했다. 신생 독립국이 국제사회의 주요 국가와 이웃 나라들로부터 신속하게 승인을 받는 것이 독립을 쟁취하고 안정을 이루는 데 중요한 과정으로 대두되었다.

이는 승인 제도가 태생적으로 기존 강대국을 중심으로 한 국제사회의 정치 질서에 영향을 많이 받으면서 탄생한 제도임을 암시한다.

## (3) 법적 성질

승인은 국가가 객관적 요건을 갖추어 신생국의 탄생이라는 사실에 대해 법적 의미를 부여해주는 행위이다. 승인 행위는 국가의 일방적 재량 행위로서 의사 표시만으로 완전한 효과가 발생한다. 승인은 사실상 존재를 법적 존재로 확인해주는 제도이며 이의 법적 성질로는 창설적 효과설과 선언적 효과설이 대립된다.

창설적 효과설은 승인이 국가의 법인격을 새로이 창설해주는 법률 행위라고 주장한다. 사실상 국가의 형태와 요건을 갖추고 있다 할지라도 기존 국가들의 그 법인격을 창설적으로 승인해주지 않으면 독립된 법인격을 갖춘 국제법 주체로 신생국이 인정되지 않는다는 것이다. 켈젠(Kelsen), 라우터파하트(Lauterpacht) 등이 대표적인 주창자이다.

선언적 효과설은 신생국으로 성립하면 타 국가의 승인을 받을 필요 없이 국제사회의 일원으로서 법인격이 인정된다는 것이다. 이 견해는 신생국에 대한 타국의 승인은 그 신생국의 법인격을 선언하거나 확인하는 효과에 불과하다고 본다. 이것은 20세기 들어 국가 수가 증가하면서 대세를 이루고 있는 주장이다. 1933년 '몬테비데오 협약' 제3조도 국가의 정치적 존재는 타국의 승인과 무관하다고 하여 선언적 효과설을 지지하고 있다. 툰킨(Tunkin)이 대표적인 주창자이다.


## (4) 요건과 제한

국가 승인 행위를 위해서는 ①객관적 요건과 ②주관적 요건이 갖추어져야 한다. 먼저 객관적 요건으로는 승인의 대상이 되는 국가의 성립이 이루어져야 한다. 주관적 요건으로 그 국가의 국제법 준수 의사와 능력이 갖추어져야 한다.

이 문제를 판단하고 승인을 하는 것은 한 국가의 일방적 재량 행위이다. 이 일방적 재량 행위를 통제하기 위한 시도들로 시기상조의 승인 금지, 불승인 의무를 표방한 '스팀슨주의' 등이 제시되었다.

시기상조의 승인은 승인을 받을 수 있는 객관적 요건이 갖추어지지 않았음에도 한 국가가 다른 국가를 승인해주는 행위이다. 시기상조의 승인은 객관적으로 국가 실체를 갖추지 못한 존재에 대해 승인을 해주는 행위이므로 이론적으로 무효라는 것이 일반적인 견해이다.

하지만 많은 국가들은 역사상 실제로 자국의 이익을 위해 시기상조의 승인을 감행했다. 1903년 미국이 파나마를 사주하여 콜롬비아로부터 독립을 선언하도록 하고 시기상조의 승인을 한 것과 1988년 11월 팔레스타인해방기구(PLO)가 독립국을 선포하자 32개국이 즉각 이를 승인한 것이 대표적인 사례이다.

스팀슨주의는 2차 세계대전 발발 직전, 일본의 괴뢰국인 만주국에 대한 미 국무장관 스팀슨(Stimson)의 견해에서 비롯된 원칙이다. 스팀슨 장관은 "중국·일본·미국이 당사자인 1928년 파리 규약의 약속과 의무에 위배되는 수단에 의해 초래될 그 어떤 사태, 조약, 합의도 승인할 의사가 없음을 일본제국 정부와 중화민국 정부 양자 모두에게 통고함이 의무"라는 견해를 표명했다. 무력에 의해 설립된 만주국의 승인에 대해 아무리 승인제도가 한 국가의 재량 행위라 할지라도 국제 질서에 위배되는 사실에 대해서는 불승인 의무를 가져야 한다는 원칙을 천명한 것이다.

오늘날 스팀슨주의는 무력 사용 금지 원칙의 위배되는 행위로 이루어진 무력 정복이나 병합 등의 결과를 승인해서는 안 된다는 국제법 의무로 발전·확립되었다고 볼 수 있다.

**(5) 승인의 방식**

승인은 법률적 승인과 사실상 승인, 명시적 승인과 묵시적 승인, 집단적 승인과 개별적 승인의 방식으로 구분하는 것이 일반적이다.


### 가. 법률적 승인과 사실상 승인

승인의 대상이 되는 실체의 실효성을 기준으로 구분한 방식이다. 사실상 승인은 신생국에 대해 그 존속이나 실효적 통치력이 의심되는 경우에 잠정적으로 행할 수 있는 승인이다. 사실상 승인은 잠정 행위이므로 철회가 가능하다. 주의할 점은 사실상 승인이 객관적 요건을 갖춘 국가에 대해 승인을 해준다는 점에서 객관적 요건을 충족하지 못한 실체에 대해 승인을 해주는 '시기상조의 승인'과는 구별해야 한다는 점이다.

사실상의 승인은 상황 전개에 따라 법률상의 승인으로 이어져서 외교관계 수립과 양자 조약 체결이 가능할 수 있다. 사실상 승인으로만 그칠 경우, 무역 관계 수립이나 행정적인 교류에 머무르는 것이 일반적이다. 따라서 법률상 승인은 대부분 국가 승인의 일반적 결과이고 사실상 승인은 정부 승인 수준에 그치는 경우가 많다.


### 나. 명시적 승인과 묵시적 승인

의사 표시 방식에 따라 명시적 승인과 묵시적 승인으로 나눌 수 있다. 명시적 승인은 선언, 통고, 조약 규정, 국제회의 결의 등을 통하여 승인 의사를 표시하는 것이다. 묵시적 승인은 국가의 행위로부터 승인의 의사 표시를 확인하는 승인 방식이다.

묵시적 승인의 가부 여부는 전적으로 해당국의 의도에 달려 있다.

외견상 묵시적 승인의 형태를 띤다 하더라도 해당국이 승인 의사를 명시적으로 유보할 경우, 승인으로 인정되지 않는다. 그러나 외교관계 수립과 같은 법률상 승인까지 행할 때는 불승인 의사를 표시하더라도 국가 승인 자체는 부정되지 않는다.

일반적으로 포괄적 양자 조약 체결, 미승인국 국가원수의 국빈방문 또는 초청, 외교관계 수립 요청 등의 행위는 묵시적 승인으로 인정된다. 하지만 다자 조약이나 국제기구에 함께 가입해 있는 상태, 임시 외교사절의 파견 및 접수, 영사의 파견 및 접수, 범죄인 인도 정도로는 묵시적 승인을 했다고 보지 않는다.

### 다. 개별적 승인과 집단적 승인

승인은 일반적으로 각 국가들이 개별적으로 행한다. 하지만 관련 국가들이 공동으로 국가를 승인하는 경우도 있다. 집단적 승인의 문제는 다자 조약이나 국제기구에 함께 가입해 있는 것이 승인의 효력을 발생하느냐 여부이다. 일반적 견해는 다자 조약이나 국제기구의 공동 당사자가 된다고 해서 묵시적 승인이 이루어졌다고 보지는 않는다. 다자 조약·국제기구 가입 여부와 회원국 간의 승인은 별개의 문제이다.

### (6) 승인의 효과

승인의 효과에는 ①국제법상 효과와 ②국내법상 효과가 있다. 먼저 국제법상 효과로는 외교관계의 수립이 가능하다. 신생국 혹은 미수교 국가와 외교관계를 맺기 위해서는 명시적이든, 묵시적이든 국가 승인이 필요하다. 하지만 국가 승인은 일방적인 재량 행위임에 비해 외교관계 수립은 양자 간의 합의가 필요하므로 국가 승인이 반드시 외교관계 수립으로 이어지는 것은 아니라는 점도 주의해야 한다. 또한 외교관계의 단절이 국가 승인 자체의 철회를 의미하지 않는다는 점도 유의해야 한다.

승인의 국제법상 효과를 논할 때 미승인국의 법적 지위가 문제된다. 한 국가는 다자 조약이나 국제기구에서 미승인국과도 공동 당사자가 될 수 있으므로 미승인국과도 국제적인 법률관계를 형성할 수 있다.

승인의 국내법상 효과는 각 국가들이 자유롭게 결정할 수 있다. 국가들의 실행을 보면 창설적 효과를 취하는 국가도 있으며 선언적 효과를 취하는 국가도 있다. 미국과 영국은 국제적으로는 선언적 효과설을 취하고 국내적으로 국내법을 통한 창설적 효과를 취하는 방식을 취하고 있다. 이를 '불승인, 무존재의 원칙(no recognition, no existence doctrine)'이라고 한다. 이에 따라 미승인국가는 미국과 영국의 국내 법원에 제소권과 국가면제가 인정되지 않는다. 또한 미승인국가의 법령 또한 국내 법원에서 인정되지 않는 게 원칙이다. 다만 미국은 객관적인 입증이 가능한 경우, 국가면제와 미승인국 법령의 효력을 인정하고 있다.


## 3. 정부 승인

### (1) 의의

정부 승인은 국제법상 일국 정부가 혁명이나 쿠데타와 같은 비합법적인 방법에 의하여 변경되는 경우에 외국이 신(新)정부를 그 국가의 대외적 대표기관으로 인정하는 것과 관련하여 문제가 된다. 즉, 국가 승인은 국제법 주체성 자체의 인정과 관련한 문제이지만 정부 승인은 해당 국가의 대표성에 대한 인정 문제이다. 국가는 정부에 의해 대표되기는 하지만 정부는 국가 성립의 한 요소에 불과하며, 따라서 국가 자체의 권리 의무는 정부의 변경에 의해 영향을 받지 않는 것이 일반적이다.

### (2) 요건과 기준

정부 승인의 요건은 ①객관적 요건으로 실효적 통치력을 가진 정부의 존재와 ②주관적 요건으로 해당 정부의 국제법 준수 의사 및 능력이 있다. 정부 승인은 대체로 비합법적인 정권 교체나 한 국가 내에 두 개 이상의 정부가 있는 경우에 논의가 되며, 그 실행기준으로는 토바르주의(정통주의)와 에스트라다주의(사실주의)가 있다. 오늘날 국제사회는 기본 입장으로 에스트라다주의를 택하고 있다.

**토바르주의**

에콰도르의 토바르(Tobar) 외상은 1907년 합법적 정권 교체 시에만 정부 승인을 할 것을 주장했다.

**에스트라다주의**

멕시코의 에스트라다(Estrada) 외상이 주창한 입장으로, 한 정부가 실효적 정부로서 한 국가 내에서 확립되어 있으면 그 정부를 국가의 대표로 인정하겠다는 주의이다.

### (3) 방식 및 효과

에스트라다주의가 국제사회에서 대세를 이룬 후 명시적인 방식으로 정부 승인을 하는 경우는 일반적이지 않다. 하지만 정치적 이해관계에 따라 선언을 통해 정부 승인을 하기도 하고, 명시적으로 한 국가의 신정부를 승인하지 않는다고 압박하기도 한다. 에스트라다주의도 원칙적인 기준이기는 하지만 실행에서 그 일관된 적용을 기대하기 어려운 경우가 있다.

정부 승인은 일반적으로 선언적 효과를 가진다고 본다. 즉, 1923년 〈티노코(Tinoco) 사건〉에서 중재재판관들은 승인의 선언적 효과설에 입각하여 신정부는 구정부가 국가를 대표하여 수행한 행위로 인해 생긴 권리 의무 관계에 대해 책임이 없다는 것을 주장할 수 없다고 판시했다.

### 1923년 〈티노코(Tinoco) 양허 중재 사건〉

티노코(Tinoco)는 1917년 코스타리카에서 쿠데타로 집권한 후 2년의 집권 기간 동안 영국 회사들에게 특권을 부여했다. 그리고 은행지폐도 발행하여 영국회사가 이를 일부 보유했다. 티노코 실각 후 코스타리카 신정부는 영국회사들이 보유한 특권과 화폐를 인정할 수 없다고 주장했다. 이에 대해 영국 정부는 자국 회사들을 위해 이 사건을 중재재판에 부탁했다. 중재재판관은 선언적 효과설에 따라 티노코 구정부의 행위가 코스타리카를 대표한 구속력 있는 행위였고, 신정부는 이에 대해 정권 교체만을 이유로 책임 없음을 주장할 수 없다고 판시했다.

신정부가 승인을 받으면 승인을 한 국가와의 관계에 있어서 국제법상으로 그 국가를 대표할 자격이 인정된다. 그와 함께 외교사절을 교환하고 조약을 체결할 수도 있다. 그러나 이것은 정부 승인의 효과는 아니다. 정부 승인의 효과는 그와 같은 대외 활동을 할 수 있는 지위를 피승인 정부에게 부여하는 데 있다. 1948년 12월 12일 UN 총회는 제195호(Ⅲ)의 결의에 의하여 대한민국정부가 한반도에서의 유일한 합법정부임을 승인하였다. 이는 UN에 의한 대한민국 '정부의 승인'이며 '국가의 승인'이 아니다. 따라서 1910년의 한일병합조약은 무효이다. 왜냐하면 대한민국의 법인격은 대한제국의 법인격과 국제법상 동일하기 때문이다.


## 4. 교전단체 승인

### (1) 의의 및 취지

본국 정부 또는 제3국이 내란 중 교전단체가 중앙정부에 대항하여 일정한 지역 내에서 사실상의 정부를 수립한 경우에 이를 국제법상 전쟁의 주체로 승인하는 행위를 말한다. 교전단체 승인의 법적 성질은 창설적이며, 재량적인 것으로 보는 것이 일반적이다.

교전단체 승인을 할 경우, 본국 정부로서는 교전단체가 점령한 지역 내에서의 사태에 대해 대외적 책임을 면하고, 제3국 입장에서는 교전단체를 승인하고 교섭통로를 확보함으로써 해당 지역 내 자국민을 보호할 수 있다는 이점이 있다.


### (2) 요건 및 방식

교전단체가 일정한 지역을 점령하고 통치기관을 갖추고 있으며(객관적 요건), 다른 국가들과 국제 관계를 형성하고 유지할 의사(주관적 요소)를 갖추고 있어야 교전단체에 대한 승인이 가능하다. 교전단체에 대한 승인은 중앙정부에 의한 승인 그리고 제3국에 의한 승인이 가능하다. 본국 정부는 체포된 병사에 대한 포로 대우 등을 통해 묵시적으로 승인하는 것이 보통이며, 제3국은 중립선언의 형식으로 명시적 승인을 하는 것이 보통이다.

### (3) 승인의 효과

교전단체 승인으로 인한 효과는, 우선 본국 정부와 교전단체 사이에는 무력 충돌에 있어 국제법상 전쟁 법규가 적용되며, 반도는 반란죄로 처벌되지 않고 포로 대우를 받게 된다. 제3국은 양자에 대하여 중립국으로서의 권리·의무를 가진다. 중앙정부에 의한 승인은 교전단체 및 모든 외국에 미친다(절대적 효과). 반면, 제3국에 의한 승인은 승인국과 본국 정부 및 교전단체에만 효과가 발생하고 비승인국과는 관계가 없다(상대적 효과).

> **교전단체 승인의 사례**
>
> 현실적으로 교전단체에 대한 승인이 시행되는 사례는 극히 드물다. 니카라과 내전 시 산디니스타 민족해방전선을 볼리비아, 베네수엘라 등이 교전단체로 승인한 예가 있으나, 이는 매우 드문 예외적 사례이다.

# Ⅱ. 국가 승계

## 1. 의의

1978년 '조약 승계 협약' 제2조는 "일정한 영역에서의 국제 관계의 책임이 일국에서 타국으로 대체되는 것을 국가 승계"라고 규정하고 있다("succession of States" means that the replacement of one State by another in the responsibility for the international relations of territory).

국가 승계는 국내법상 상속과 달리 전임국가의 소멸을 전제로 하지 않는다. 국내법상 상속은 피상속인의 사망을 전제로 하지만 국제법상 국가 승계는 전임국가가 완전히 소멸하지 않아도 대두될 수 있는 문제이다.

## 2. 법원

국가 승계에 대한 국제법상 법원으로는 1978년 '조약에 관한 국가 승계 비엔나 협약(1996발효)', 1983년 '국가 재산, 문서 및 부채에 관한 국가 승계 비엔나 협약(2010년 7개 당사국)', UN 총회결의인 2000년 '국가 승계 관련 자연인의 국적 결의' 등이 있다.

## 3. 조약의 승계(1978년 조약 승계 협약)

### (1) 의의

조약의 승계는 처분적(물적) 조약(dispositive real treaties)과 비처분적(인적) 조약(non-dispositive or personal treatise)으로 대별된다. 일반적으로 처분적 조약은 자동적으로 승계되며, 비처분적(인적) 조약은 자동 승계 되지 않고 상황에 따라 다른 원칙이 적용된다.

### (2) 처분적(물적) 조약의 승계

처분적 조약은 영토에 종속된 사항을 관할하는 조약으로서 영토 주권의 변경에 의해 영향을 받지 않는다. 여기에는 국경선과 지역권에 관한 조약이 주 대상이다.

우선 국경선은 1978년 '조약 승계 협약' 제11조에 따라 영토 주권이 변경되어도 자동 승계된다. 제11조는 국경선은 당사국 간 합의가 없는 한 변경되지 않는다는 국제 관행을 확인하고 있다. 이는 사정의 근본적 변경이 국경선 수립 조약의 종료 또는 탈퇴를 위한 근거로 원용될 수 없다는 1969년 '조약에 관한 비엔나 협약' 제62조 2항과 같은 맥락이다.

이는 현상 유지(승인) 원칙(uti possidetis principle)에 근거한 것이다. 이 원칙은 19세기 남미에서 스페인 식민지들이 독립할 때 식민통치 당시의 경계선을 국경선으로 채택하면서 확립된 원칙이다. 이 원칙은 아프리카단결기구(OAU)에서도 1964년 결의를 통해 모든 회원국이 독립 당시의 국경선을 존중한다며 재차 확인된 바 있다.

한편, 지역권을 설정하는 조약 예컨대 비무장지대나 통과권을 보장하는 내용의 조약의 경우에도 자동 승계된다. 그러나 1978년 '조약 승계 협약' 제12조 3항에 따라 외국 군대의 주둔지 설정 조약은 승계되지 않는다.

### (3) 비처분적(인적) 조약의 승계

비처분적 조약의 경우는 승계 발생 상황에 따라 다른 원칙이 적용된다. 이 상황에 대해 1978년 '조약 승계 협약'은 ①영토 일부 이전, ②신생독립국, ③국가 분리, ④국가 통합(합병)을 규정해놓고 있다. 이 중 영토 일부 이전, '신생독립국에 관한 비처분 조약'은 불승계가 원칙이고, 국가 분리와 국가 통합의 경우 승계가 원칙이다.

### 가. 영토의 일부 이전 : 조약의 국경 이동 원칙

한 국가의 영토가 할양, 시효 등의 사유로 다른 국가의 영토로 일부 이전되는 경우 조약의 국경 이동 원칙(moving treaties rule)이 적용된다. 이에 따라 첫째, 승계 시에 발효 중인 전임국가의 조약들은 상실된 영토에서 적용되지 않는다(1978년 '조약 승계 협약' 제15조(a)), 둘째, 승계 시에 발효 중이던 승계국 조약들은 새로 취득한 영토까지 적용된다(상기 협약 제15조(b)). 이 원칙에 입각하여 1990년 8월31일 '독일통일 조약' 제11조도 서독의 조약이 동독 지역에 적용된다고 규정한 바 있다.

### 나. 신생독립국 : 백지 출발의 원칙

백지 출발의 원칙은 신생독립국이 전임 식민지배 국가가 체결한 그 어떤 조약으로부터도 자유로이 주권을 획득한다는 원칙이다. 1978년 '조약 승계 협약'은 이 원칙을 밝힌 뒤 신생독립국의 조약 승계를 다자 조약과 양자 조약의 두 경우로 나누어 규정하고 있다.

첫째, 다자 조약의 경우 신생독립국은 조약 승계 취지를 해당 조약의 기탁소(depositary)에 통고해서 전임 식민 지배 국가가 체결한 다자 조약을 승계할 수 있다. 단, 조약 승계가 조약의 객체 및 목적과 양립이 불가하거나, 승계로 인해 조약 운용 조건이 근본적으로 변경되는 경우, 조약 승계와 다자 조약 참여를 위해 모든 회원국의 동의를 얻어야 하는 경우에 신생독립국은 그 동의를 얻어야만 다자 조약을 승계할 수 있다.

둘째, 양자 조약의 경우 신생독립국은 해당 상대 국가와 합의를 통해 승계할 수 있다. 이 경우 반드시 명시적 합의를 요하지 않고 행동으로부터 추론할 수 있다(1978년 '조약 승계 협약' 제24조).

### 다. 분리 독립 : 국제 관행과 조약 승계 협약 규정의 불일치

국가의 영토 일부가 분리 독립하여 새로 국가가 탄생하는 경우, 신생독립국과 마찬가지로 백지 출발주의가 적용된다는 것이 통설과 국제 관행이다. 그러나 조약 승계 협약은 이 경우를 신생국과 구별하여 조약을 승계하도록 하고 있다.

즉, 분리 독립 시에 전임국가의 영토 전체에 대해 발효 중이던 조약은 신생국가에서 효력을 유지한다고 규정하고 있다. 또한 신생국가의 영토 부분에 대해서만 발효 중인 전임국가의 조약은 오직 신생국가에 대해서만 효력을 유지하도록 하고 있다(1978년 '조약 승계 협약' 제34조 1항). 이 협약 제34조의 규정은 국제관습법으로 인정되어온 백지 출발의 원칙과 충돌하는 것으로 보인다.

### 라. 합병 또는 국가 통합 : 법률계속성의 원칙

둘 또는 그 이상의 국가들이 합병하거나 통합하는 경우, 1978년 '조약 승계 협약' 제31조에 따라 법률계속성의 원칙이 적용된다. 즉, 전임국가들의 일체의 조약은 신국가로 승계되어 효력을 유지한다고 규정하고 있다. 단, 신국가에 대한 조약 적용이 조약의 객체·목적과 양립이 불가하거나 조약 운용의 조건을 근본적으로 변경한다는 것이 입증되는 경우에는 승계되지 아니한다.

**국제 인권 조약의 승계 문제**

UN인권위원회는 시민적·정치적 권리에 관한 국제규약과 같은 기본 인권 조약은 당사국의 해체에도 불구하고 계속 기존 주민에게 적용되며 한번 당사국이 되면 탈퇴할 수 없다고 보았다(General Comment 26, 1997).

## 4. 국가 재산·문서·부채의 승계('1983년 국가 재산, 문서 및 부채에 관한 국가 승계 협약', 이하 1983년 비엔나 협약)

### (1) 국가 재산

1983년 비엔나 협약에 따르면 국가 재산이란 국가 승계 당시 전임국가의 국내법에 따른 전임국가 소유의 재산, 권리 및 이익을 총칭한다. 1983년 비엔나 협약은 국가 승계 시 승계 유형별로 처리 기준을 규정하고 있다.

먼저 ①영토 일부 이전의 경우, 전임국에서 승계국으로의 국가 재산 이전은 상호합의에 의해 해결한다. 합의가 없을 시 이전된 영토 내에 있는 전임국의 국유부동산과 전임국 활동과 관련된 국유동산은 승계국으로 이전된다.

②신생독립국의 경우, 선임국의 국유재산을 승계하고, 본래 신생독립국에 속하는 신생국 외부의 부동산도 신생국 재산으로 된다. 이밖에 신생국이 재산형성에 기여한 해외 소재 부동산도 그 기여도에 따라 소유권이 이전된다.

③국가 통합의 경우, 선임국의 재산과 부채 모두가 승계국으로 이전한다(협약 제16조 및 제39조).

④국가 분리의 경우, 전임국과 신국가 사이의 합의가 없으면 분리 영토 내에 있는 국유부동산은 신국가로 이전되며, 또한 승계 영토에 대한 전임국의 활동과 관련된 국유동산도 신국가로 이전된다(협약 제17조). 국가 해체의 경우에는 국유 부동산은 소재지국에, 선임국 역외 부동산은 형평에 맞추어 승계국에 배분된다. 동산 역시 형평한 비율로 승계국에 배분된다(협약 제18조).

## (2) 국가 문서

1983년 비엔나 협약에 따르면 국가 문서란 국가 승계 당시 전임국의 국내법에 따라 전임국이 직접 또는 그 통제 아래 보존했던 문서로서, 전임국의 직무수행에 있어 작성 또는 수령한 모든 문서를 의미한다.



①영토 일부 이전의 경우, 전임국의 문서 승계는 승계국과 상호합의에 의한다. 합의가 없으면 이전되는 영토의 통상적 행정을 위한 문서는 승계국에 이전된다. 또 오로지 또는 일차적으로 승계 영토에만 관련된 국가 문서도 승계국에 이전된다.

②신생독립국의 경우, 원칙적으로 영토 일부 이전의 경우와 동일한 원칙이 적용되지만 식민지 독립국에 대해 다음과 같은 배려를 하고 있다. 식민지 독립국의 경우, 식민기간 중 전임국의 국가 문서가 된 문서는 신생독립국에 이전되며, 신생독립국에 이해관계가 있는 전임국의 국가 문서 이전 또는 복제가 합의에 의해 폭넓게 가능하다(협약 제28조).

③국가 통합의 경우, 전임국의 국가 문서는 신국가로 이전된다(협약 제29조).

④국가 분리의 경우, 별다른 합의가 없으면 분리된 영토의 통상적 행정을 위한 전임국의 국가 문서는 신국가로 이전되며, 분리영토와 직접 관련이 있는 전임국의 국가 문서도 신국가로 이전된다(협약 제30조). 국가 해체의 경우에도 신국가들 사이의 특별한 합의가 없으면 국가 분리의 경우와 동일한 원칙이 적용된다(협약 제31조).

## (3) 국가 부채

1983년 비엔나 협약 제33조에 따르면 국가 부채란 전임국이 국제법에 따라 타국가, 국제기구, 기타 국제법 주체에게 지고 있는 일체의 재정적 의무를 의미한다.

①영토 일부 이전의 경우, 전임국의 부채 승계 여부는 전임국과 승계국의 합의에 의한다. 합의가 없을 시 전임국의 국가 부채는 형평한 비율로 승계국에 이전되는 재산과 권리·이익을 고려하여 승계국에 이전된다(협약 제37조).

②신생독립국의 경우, 전임 식민지배 국가와 신생독립국 사이에 특별한 합의가 없는 한 전임국의 어떤 국가 부채도 이전되지 않는다. 단 식민영토에서의 전임국 활동과 관련된 국가 부채와 신생독립국에 이전되는 재산과 권리·이익 사이의 관련성을 고려하여 전임국과 신생독립국이 합의로 국가 부채를 승계할 수 있다(협약 제38조).

③국가 통합의 경우, 전임국의 국가 부채는 신생국으로 이전된다(협약 제39조).

④국가 분리의 경우, 전임국과 신생국의 합의가 없으면 형평한 비율로 신국가에게 이전되는 재산과 권리·이익을 고려하여 신국가에게 부채가 이전된다. 한 국가 영토가 분리되어 타국가와 통합되는 경우에도 이 규칙이 적용된다(협약 제40조). 국가 해체의 경우 신임국들이 서로 합의하지 않으면 국가 분리의 경우와 동일한 규칙이 적용된다(협약 제41조).

남북통일의 유형에 따라 국가 승계 문제는 다르게 전개될 것이다. 합의통일이나, 흡수통일 같은 통일방식 그리고 남북한 양자 간의 통일과정에서의 합의, 주변국의 개입 정도에 따라 국가 승계 문제는 다양하게 처리될 수 있다. 여기서는 자유민주주의와 시장경제질서를 근간으로 하는 남한 주도의 통일을 상정하여 국가 승계 문제를 정리한다.

①조약

기본적으로 처분적 조약은 승계되나 비처분적(인적)조약은 승계되지 않는 것이 원칙이다. 이에 따라 북한이 주변국과 맺은 처분적 조약인 국경획정 조약 등은 통일한국에도 그대로 승계된다(1978년 '조약 승계 협약' 제12조).

한편 비처분적(인적)조약의 경우 남한 주도의 통일을 영토의 일부 이전의 경우로 볼 것인지 국가 통합의 결과로 볼 것인지에 따라 전개양상이 달라질 수 있다.

영토 일부 이전의 경우로 본다면 소멸한 전임국인 북한이 체결한 조약은 승계되지 않는다. 그러나 조약의 국경 이동 원칙에 따라 승계국인 통일한국의 전임국인 대한민국이 체결한 조약은 북한 지역으로 확대 적용된다(1978년 '조약 승계 협약' 제15조 (a),(b)).

국가 통합의 경우로 본다면 법률계속성의 원칙에 입각하여 북한 지역의 기존 조약이 그대로 유지된다고 볼 수 있다(1978년 '조약 승계 협약' 제31조). 그러나 통일한국에 대한 조약 적용이 조약의 객체·목적과 양립이 불가하거나 조약 운용의 조건을 근본적으로 변경한다는 것이 입증되는 경우 승계되지 아니한다.

조약의 국경 이동 원칙과 법률계속성의 원칙에 따라 대한민국 중심으로 이루어지는 통일의 경우 처분적 조약 예컨대 북한의 국경 조약의 국경 이동 원칙에 따라 다자 조약을 포함한 기존의 조약을 북한 지역까지 확대 적용할 수 있다.

②기타 국가 재산, 문서, 부채 승계

조약 외에 국가 재산과 부채는 기본적으로 통일 과정에서 합의에 의해서 승계된다. 그러나 합의가 없을 시 신국가인 통일한국으로 이전되는 권리와 이익을 고려하여 형평한 비율로 국가 재산과 부채가 승계된다. 국가 문서의 경우에도 통일과정에서 합의가 있을 시 승계 범위를 정할 수 있지만 합의가 없어도 통상적 행정을 유지하기 위해 북한 지역의 국가 문서를 통일한국이 승계할 수 있다(1983년 비엔나 협약 참조).

## 5. 개인 권리의 승계

### (1) 의의

국가 승계가 개인의 권리에 영향을 미치는 경우는 외국인과 관련하여 발생한다. 국가 승계로 인해 승계국의 국민이 되는 원 거주민의 경우에는 영토 주권에 완전히 속한다. 그러나 외국인의 경우에는 국가 승계로 인해 발생할 수 있는 재산이나 인신 상의 권리 의무 변동이 문제가 될 수 있다.

### (2) 기득권 존중의 원칙

국가 승계 시 외국인의 권리는 이른바 기득권 존중의 원칙에 따라 국가 주권의 변동에 영향을 받지 않는다. 그러나 이 원칙이 외국인의 권리에 주권변동이 어떠한 영향도 미치지 않아야 한다는 것을 의미하는지, 아니면 가능한 한 영향을 미치지 않아야 한다는 것을 의미하는지에 대해서는 논쟁이 있다.

과거 식민지배에서 독립한 신생독립국들은 후자의 입장에서 식민지배에 이용된 외국인의 재산을 수용하기를 주장했으나 식민모국인 서구 열강은 전자의 입장에서 개인의 재산과 권리를 보호할 것을 주장했고 계약상의 권리도 인정해줄 것을 요구했다. 즉, 국가 승계 시 기득권 존중의 원칙은 국제 질서와 주변 환경에 따라 그 해석이 분분하다고 할 것이다.

## 6. 국적의 승계

2000년 UN 총회는 국가 승계 관련 자연인의 국적 결의를 채택했다. 이 결의는 국적이 국가 주권의 행사라는 전제 하에 국가 승계 시 무국적 사태를 방지하고, 개인의 선택권 존중을 기본 원칙으로 강조하며 다음과 같이 규정하고 있다.

①영토 일부 이전의 경우에는 영토 내 거주자에게 신국적이 부여되며 당사자가 전임국 국적을 선택하지 않는 한 기존 국적은 철회된다(제20조).

②국가 통합의 경우에는 전임국 국민에게 승계국의 새로운 국적이 부여된다(제21조).

③국가 해체의 경우에는 원칙적으로 개인의 선택권이 존중되어야 하고, 별도의 의사 표시가 없으면 상시 거주국의 국적이 부여된다(제22조 및 제23조).

④분리 독립의 경우에는 승계 지역 주민에게 국적 선택권이 부여되는 것을 전제로 신국적이 부여된다(제24조).

# 국가관할권과 면제

## I. 국가관할권의 이론적 기초

### 1. 개념 및 분류

국가관할권이란 국가가 일정 범위의 사람이나 재산 또는 행위(사실)에 대하여 국내법을 구체적으로 적용하거나 행사할 수 있는 권능을 말한다. 작용에 따라 입법, 사법, 행정관할권으로 분류할 수 있다.

①입법 관할권은 국내법령을 제정하여 일정한 사안 및 활동을 적용 대상으로 하는 관할권이며, ②사법 관할권은 사법기관이 재판 관할의 범위를 정하여 국내법령을 해석 적용해서 사안을 심리하고 판결하는 권한을 의미하고, ③행정관할권은 행정기관이 체포, 수사, 압수 등 물리적인 강제 조치를 통해 국내법을 집행하는 권한을 의미한다.

### 2. 국가관할권의 결정 준칙

#### (1) 속지주의

범법 행위의 발생지를 근거로 관할권 존재 여부를 결정하는 준칙이다. 가장 기본적인 관할권 결정 준칙이고 속지주의 이외의 원칙은 모두 관할권의 역외 적용이라고 할 수 있다. 자국적의 선박이나 항공기는 영역 외에 있어도 속지주의 원칙에 따라 자국 법령의 적용을 받는다. 또한 내국에서 개시되어 외국에서 완성된 범죄(주관적 속지주의)와 외국에서 개시되어 국내에서 완성된 범죄(객관적 속지주의)도 속지주의 원칙이 적용된다.

### (2) 속인주의

범죄실행지 여부를 불문하고 범죄실행자의 국적에 근거하여 관할권을 결정하는 원칙이다. 속인주의는 국적 국가가 행위의 장소와는 무관하게 '국적'에 기초하여 행사하는 '대인주권'으로부터 도출된다.

### (3) 수동적 속인주의

외국에서 발생한 사건으로 피해를 입은 자국민을 보호하기 위해 관할권을 행사하는 준칙이다. 1927년 PCIJ의 〈로터스 호 사건〉이 주로 원용되지만, 본 사건은 선박충돌이라는 특수한 사례에 불과하고 사고 발생 지점이 공해라는 점에서 수동적 속인주의의 보편적 적용을 위한 권위 있는 판례로 보기 힘들다는 것이 지배적이 견해이다.

### (4) 보호주의

대다수 국가들은 국가안보와 경제 범죄 처벌을 위해 외국인의 해외 활동을 처벌하기도 하는데, 보호주의가 이때 준칙이 된다. 국가전복 음모, 통화위조, 공해상의 밀입국 등이 여기에 해당한다.

보호주의는 국가의 이익을 추상적으로 보호한다는 점에서 개인의 이익을 보호하기 위한 수동적 속인주의와는 구별되며 영토 내에서 효과 내지는 결과 발생을 요하지 않는다는 점에서 효과주의 또는 객관적 속지주의와 구별된다.

이는 또한 외교적 보호와도 구별해야 한다. 외교적 보호는 타국에 대하여 외교적으로 개입할 수 있는 국가 권리 혹은 자국민 보호를 위해 타국에 청구를 하는 권리임에 비해 보호주의는 관할권 준칙으로서 국가 이익 보호를 위해 국내법을 직접 적용한다는 점에서 분명한 차이가 있다.

### (5) 보편주의

보편주의는 특정 범죄 행위가 국제사회나 인류 전체에 해악을 끼치는 경우, 그런 범죄자에 대해서는 모든 국가가 관할권을 갖는다는 준칙이다. 대표적인 범죄로는 해적 행위, 전쟁 범죄, 인도에 반하는 죄, 하이재킹, 마약 범죄, 테러 행위, 심각한 인권 침해 등이 있으나 학자와 국가, 판례마다 보편주의 대상 범죄 인적 범위가 달라 단일한 개념 규정이 어렵다고 할 수 있다. 한편 최근 각종 다자 협약에서 하이재킹, 테러, 마약 거래 등을 범죄 행위로 규율하

**UN 해양법 협약 제105조**

해적 행위를 인류공동의 적으로 간주하여 기국주의 적용에 의해 보호받을 수 없으며, 모든 국가는 해적선, 해적항공기를 나포·기소·처벌할 수 있다고 규정하고 있다.

**관할권 행사의 특수 문제 : 효과주의(독점금지법의 역외 적용)**

효과주의는 외국인이 외국에서 행한 행위라도 자국의 질서에 직접적이고 실질적이며 예견이 가능한 영향을 주는 때에는 자국법을 영역 외에 적용하여 외국에 대하여 관할권을 행사할 수 있다는 주장이다. 관할권의 역외 적용의 전형이라고 할 수 있다. 사실 속지주의를 제외한 모든 관할권 적용 준칙은 관할권의 역외 적용이라는 성질이 있으나 효과주의는 관할권 행사 대상에 대한 관할권 행사 국가의 법적 연결요소가 희박하다는 점에서 국제사회에서 논란의 여지가 많다. 독점금지법이 현안이 되는 경우가 많은데 국내법을 외국에 직접 적용하여 이를 해결하는 데 있어 분쟁이 발생할 소지가 큰 것이다.

는데 이는 조약 당사국에게만 적용되는 경우가 대부분이므로 이를 보편주의로 볼 수 있을지에 대해서도 의문이 제기된다.

## 3. 국가관할권의 경합과 조정

국가관할권은 좁은 의미의 속지주의(주·객관적 속지주의) 외에는 모두가 관할권의 역외 적용이 일어나므로 동일 사람이나 사안에 대해 복수의 국가가 관할권 경합을 벌이는 경우가 있다. 특히 효과주의와 보편주의의 경우 외교적 마찰이 일어날 가능성이 많다.

예컨대 자국법상 적법한 행위가 타국법에 의해서는 불법인 경우, 타국이 효과주의에 근거하여 관할권을 행사하려하면 외교 마찰이 벌어지기 쉽다. 예를 들어 '갑'국가의 국민이 '을'국가의 법령을 갑국가 내에서 위반하고 그 효과 내지는 결과가 을국가 내에서 발생한 경우, 을국가가 갑국가 국민에게 관할권을 적용하려 시도한다면 갈등이 빚어진다.

이럴 경우, 관할권의 과도한 행사를 자제하는 국내법상의 원리인 관할권의 합리성 원리에 따라 각 국가는 관할권의 무분별한 행사를 자제해야 한다. 한편 보편주의에 따른 범죄 행위의 경우에 관련 조약 등에서 거의 '소추 혹은 인도(prosecute or extradite) 원칙'을 규정하고 있어 관련국들이 형사 관할권을 이 원칙에 따라 행사하면 된다.

## Ⅱ. 국가면제와 국가행위이론

### 1. 국가면제

#### (1) 의의

국가면제란 자국 영역 내에서 외국 및 그 재산에 대해 주권 평등원칙에 입각하여 당해 외국을 당사자로 하는 소송에서 관할권을 면제하는 행위를 의미한다. 국가면제는 주권 면제라고도 하며, 이는 형사재판권의 면제가 주로 해당하며 입법 관할권까지 면제된다는 취지는 아니다. 국가면제는 절대적 주권 면제 이론과 제한적 주권 면제 이론으로 분류된다.

#### (2) 연혁

절대적 주권 면제 이론은 1812년 미국의 〈스쿠너 익스체인지호 사건〉 판례로부터 기원한다. 이는 외국 군함은 기항한 연안국의 형사재판관할권으로부터 면제된다는 원칙을 확립한 사건이다.

프랑스의 바라우호가 미국 필라델피아 항에 해난을 피해 기항을 했는데 필라델피아 주민이 바라우호가 자신이 소유했던 익스체인지호라고 주장하면서 〈스쿠너 익스체인지호 사건〉은 전개된다. 바라우호는 공해상에서 프랑스 해군에 나포되어 프랑스 해군에 편입되었는데 이 배가 필라델피아에 입항하면서 원소유자가 자신의 익스체인지호라고 주장하면서 반환을 청구하여 벌어진 사건이다. 미국 법원은 이에 대해 프랑스 해군의 익스체인지호에 대한 해군 편입은 불법이지만 이는 국가책임의 대상이며 프랑스의 주권행사 차원에서 벌어진 해군 편입은 미국의 관할권 면제 대상이라고 보았다. 그리고 군함의 지위에 비춰보았을 때 군함은 그 자체로 특권면제를 누리므로 바라우호가 된 익스체인지호에 대한 관할권은 면제된다고 판시하였다.

한편, 제한적 주권면제 이론은 20세기 중반에 등장하여 국가의 행위를 권력적 행위와 비권력적 행위로 분류하여 전자에 대해서만 관할권 면제를 부여해야 한다고 본 입장이며 현재의 통설이다. 비권력적 행위는 관리 행위라고도 하며 상업 행위 등이 여기에 주로 해당한다.


### (3) 법원

국가면제는 오랫동안 국제관습법으로 인정되었지만 특별히 법전화 작업도 국제적·국내적 차원으로 전개되었다. ①국제법전화는 '국유 선박 면제 규칙 통일 협약(1926)', '유럽 국가면제 협약(1972)', ILC가 1978년부터 준비하여 1991년 최종 초안을 마련한 '국가 및 그 재산에 대한 관할권 면제에 관한 협약' 등으로 가시화되었다. ②국내법전화의 대표적 사례는 1976년 미국의 '주권면제법(the Foreign Sovereign Immunities Act)'이 대표적이며 영국, 캐나다, 오스트리아 등도 제한적 주권 면제 이론에 입각한 주권면제법을 제정하였다.


### (4) 국가면제의 내용

가. 일반 원칙

국가면제는 민·형사상의 재판관할권 면제와 가압류, 가처분 등 집행관할권의 면제로 나누어볼 수 있는데 양자는 별개의 관할권으로써 재판관할권 면제를 포기했다 하더라도 집행관할권 면제는 주장할 수 있다. 국가면제를 주장하기 위해서는 반드시 소송 당사자가 되어 있을 필요는 없고 소송 절차의 목적이 국가를 법원관할권에 종속시키려 하는 경우에도 이를 주장할 수 있다.

### 나. 국가면제의 포기

국가면제를 주장할 수 있는 국가도 이를 포기하고 소송에 응할 수 있다. 일단 소송에 응하면 국가면제를 다시 주장할 수는 없다. 단순히 소송에 응하여 국가면제의 묵시적 포기도 가능하다. 한편 소를 제기한 국가는 상대방의 반소에 대해 관할권 면제를 주장할 수는 없다.

### 다. 권력 행위(acts jure imperii)와 비권력 행위(acts jure gestionis)의 구별 기준(제한적 주권 면제 이론 관련)

제한적 주권면제 이론과 관련하여 국가의 권력 행위와 비권력 행위를 구별할 때 행위목적설과 행위성질설이 주장되고 있다. 행위목적설은 국가의 행위가 공공 목적을 위한 것인지 비공공 목적, 예컨대 상업적 거래 목적을 위한 것인지를 기준으로 하는 것이고 행위성질설은 국가 행위가 사법적 혹은 상업적 성질을 가지는가를 판단기준으로 하는 것이다. 행위목적설은 국가면제의 남용 우려가 있어 행위성질설이 우세하다. 이에 따라 대부분의 판례와 입법례는 권력 행위와 비권력 행위의 구분 기준으로 행위의 '성질'을 선호하고 있다. 그러나 양자 모두 현실적인 문제 해결의 충분한 기준이 되지 못한다는 것이 다수 견해이다.

국가 실행상 많은 국가들은 일반적 면제 원칙, 예외 목록의 열거, 상업적 국가 재산의 집행 면제 불가 조항 등을 주권 면제법에 규정하여 면제 여부를 규정하고 있다. ILC 협약 초안도 이 중 예외 목록의 열거방식을 채택하여 상업적 거래, 고용계약, 불법 행위(사망, 신체상해 및 유체재산의 침해 및 재산에 대한 손상), 재산의 소유ㆍ점유ㆍ이용, 지적재산권 및 산업재산권, 회사 또는 기타 단체에의 참여, 국가가 소유하거나 운영하는 선박, 중재합의 등에 관련된 소송에서는 국가면제를 주장할 수 없다고 열거하고 있다.

### 라. 국가면제의 범위

국가면제의 범위는 물적 면제와 인적 면제로 분류할 수 있다. 물적 면제는 국가의 행위 자체에 대한 면제이다. 즉, 공무원이 직무상 행한 행위는 물적 면제의 대상이 된다. 물적 면제는 그 면제 행위를 행한 국가 기관(공무원)이 퇴직한 경우에도 계속 적용된다.

인적 면제는 일정한 신분에 근거하여 면제를 인정받는 것이며 사적 행위에 대해서도 면제가 인정된다. 인적 면제는 신분에 따른 면제이므로 그 신분 내지는 지위가 종료 또는 상실되면 면제를 향유할 수 없다. 인적 면제는 일반적으로 국가원수 및 정무직 고위인사에 해당된다.

## 2. 국가행위이론

### (1) 의의

국가행위이론이란 어느 국가가 적법한 권한을 가지고 관할 영역 내에서 효력을 발생시킬 목적으로 국제법에 반하지 않는 행위를 한 이상, 다른 국가의 법원이 그 공적 행위의 타당성이나 합법성 여부를 심리하거나 재판할 수 없다는 이론이다.

넓은 의미로 국가행위이론은 국가면제의 한 분파를 이루는 국가행위이론과 미국법상의 좁은 의미의 국가행위이론이 있다. 전자는 피고가 외국의 공무원인 경우이고 후자는 외국의 국가 수용 행위와 관련되어 있다. 전자는 외국 정부의 전·현직 관리가 행한 행위는 외국의 행위이므로 주권 면제 이론이 확장되어 적용되는 것이고, 후자는 외국 정부가 자국민의 외국 투자재산을 국유화한다 하더라도 국내 법원에서 외국 정부의 행위를 재판할 수 없다는 논리이다.

### (2) 연혁과 근거

국가행위이론은 미국에서 주로 발전한 이론으로 타국에 대한 불간섭 원칙과 국내법상 권력 분립 원칙에 근거한다. 타국의 국유화 조치 같은 공적 행위는 외교 정책적으로 대응해야 할 행정부의 고유 권한이므로 권력 분립의 원칙상 사법부가 직접 판단할 수 없다는 논리이다.

### (3) 이론의 변천과 적용 예외 : 번스타인 예외, 히컨루퍼 수정안 등

미국은 1897년 〈언더힐 대 헤르난데즈 사건〉 이후 국가행위이론을 고수해왔다. 하지만 1954년 〈번스타인 사건〉에서는 미 행정부가 사법부에게 오히려 심리를 자제하지 말고 사법권을 행사해줄 것을 요구하여 사법부가 심리를 진행하였다. 이를 '번스타인 예외(Bernstein Exception)'라고 한다.

한편, 1964년 미 연방대법원은 쿠바의 미국기업 자산에 대한 국유화 조치를 국가행위이론을 적용하여 그 유효성 내지는 적법성 판단을 자제하였다(이른바 〈사바티노 사건〉). 이 판결에 대한 비판이 고조되자 미 의회는 법원의 국가행위이론 적용을 제한하기 위해서 기존의 대외원조법(Foreign Assistance Act)을 개정하는 '히컨루퍼 수정안

(Hickelooper Amendment)'을 통과시
켰다(1964). 이후 미국의 판례에서
도 국가행위이론의 적용이 일관
되게 유지되지 않았으며 국가행
위이론의 적용이 거부되는 사례
가 있었다.

**국가면제와 국가행위이론의 비교**

국가면제와 국가행위이론은 국내 법원의 외국에 대
한 사법적 자제를 골격으로 한다는 점에서 유사하
다. 그러나 양자는 범주를 달리한다. 국가면제는 국
가라는 피고의 지위 자체에 의거하여 관할권을 면
제하는 것이고, 국가행위이론은 주로 외국의 국유
화에 대하여 소송 대상물의 성격상 본질적으로 국
내 법원의 관할 대상이 아니라는 점에 근거하는 것
에서 차이가 있다.

### (4) 국가 실행

미국에서 발달한 국가행위이
론과는 달리 많은 국가들은 자국법이나 국제법에 위반하는 외국행위
에 대해서는 유효성을 판단하여 개인의 권리를 구제하고 있다.


## Ⅲ. 국가의 대외기관과 면제


### 1. 외교면제

#### (1) 외교면제의 주체

외교면제의 주체가 되는 외교사절이란 외교교섭이나 기타 관련 직
무를 수행하기 위하여 외국에 파견되는 국가의 대표기관을 뜻한다.
근대적 의미의 외교사절 파견은 1648년 웨스트팔리아 회의 이후부터
시작되었고, 1815년 비엔나 회의에서 외교관의 석차에 관한 규칙이
제정되었다. 이 규칙은 1818년 '엑스라샤펠(Aix la chapelle) 회의'에서
보완되었고 1961년 외교관계에 관한 비엔나 협약에서 외교사절에 관

한 내용이 집대성되었다.

외교사절은 국가원수나 해당 국가의 외교기관 수장(외교부장관)과는 구별되어야 한다. 국가원수나 외교부장관은 모든 국제 관계에서 국가를 대표하나, 외교사절은 접수국에 대해서만 국가를 대표한다. 따라서 국가원수나 외교부장관은 외교 행위에 있어 신임장이나 전권위임장이 필요 없으나 외교사절은 이를 요한다.

외교사절은 상주외교사절과 임시외교사절로 구분되며, 대사, 공사, 대리공사(대사) 등의 계급으로 구성된다.

---

**'외교관계에 관한 비엔나 협약(제14조)'상의 외교사절 계급**

1. 국가원수에게 파견된 대사, 또는 로마교황청 대사(Nuntius) 및 이와 동등한 계급을 가진 기타의 공관장
2. 국가원수에게 파견되는 공사 및 로마교황청 공사(Internuncios)
3. 외교부장관에게 파견되는 대리공사(charge d' affaires)
＊본 협약문에서 '동등한 계급을 가진 기타의 공관장'이란 프랑스연합에 속하는 제국과 프랑스 간에 파견되는 고등대표(Hauts Représentauts), 영 연방에 속하는 제국 간에 파견되는 고등판무관(High Commissioner)을 의미한다.

---

### (2) 외교면제의 의의와 근거

외교사절은 종류와 계급에 상관없이 일반 외국인과 달리 특권 지위를 향유하는데 이를 외교면제(특권)라고 한다. 이 외교면제의 근거로는 치외법권설, 대표설, 기능설이 주장되어 왔다. 근대 초기에는 치외법권설에서 근거한다고 보기도 하였으나 '외교관계에 관한 비엔나 협약'은 전문에서 특권과 면제의 목적이 개인에게 이익을 부여하는 것이 아니라 '국가를 대표' 하는 외교사절단의 '직무를 효율적으로

수행'하도록 하는 데 있다고 하여 대표설과 기능설을 모두 수용하고 있다.

### (3) 법원

종래 국가 간의 외교관계는 국제관습법에 의해 규율되어 왔으나, 1961년 '외교관계에 관한 비엔나 협약(이하 외교 협약)'에 의해 최초로 성문화되었다. 1969년에는 외교 협약을 보완하여 '특별사절단 협정'이 체결되었다. 위 두 협약 밖의 문제는 여전히 국제관습법에 의하여 규율되고 있다.

### (4) 외교면제의 종류

가. 불가침권

불가침권에는 ①신체의 불가침, ②공관의 불가침, ③문서의 불가침 등이 있다. '신체의 불가침'은 외교사절에 대해서는 어떠한 경우에도 체포, 구금, 폭력을 사용할 수 없다는 원칙이다. 이를 위해 접수국은 필요한 모든 조치를 취할 의무가 있다(협약 제29조). 그러나 〈테헤란 주재 미국 외교영사 직원 사건(1980)〉에서 ICJ는 예외적으로 접수국의 질서나 안전을 위한 목적으로 외교사절의 일시적인 체포가 가능하다고 판시한 바 있다.

외교공관이란 사절단장의 주거를 포함하여 사절단의 목적을 위해 사용하는 건물과 부속 토지를 의미한다. 외교 협약 제22조에 규정된 '공관 불가침'의 핵심은 ①접수국은 외교사절단장(공관장)의 동의 없이 공관 내 출입이 금지되며, ②접수국은 외교공관 보호를 위해 적절한 조치를 취할 의무를 가진다는 것이다. 다만, 예외적으로 화재나 전

염병과 같은 긴급한 상황에서는 공관장의 동의 없이 공관에 진입할 수 있는지에 대해서는 학설과 국가 관행이 대립한다. 국제관습법상 긴급 상황 시 공관 불가침성의 예외가 인정된다고 보는 견해(상대적 불가침설)가 있는가 하면, 외교 협약에 명시되어 있지 않으므로 인정하지 않는 견해(절대적 불가침설)도 있다. 공관의 불가침은 접수국의 영토 주권과 파견 공관의 불가침권과의 대립에서 발생하는 문제로, 1980년 ICJ의 〈테헤란 주재 미국 외교영사 직원 사건〉 등의 국제 판례는 공관의 절대적 불가침성을 인정하고 있다.

한편, 중국의 시각장애 인권변호사인 천광청에 대한 중국 주재 미국대사관의 비호(2012. 4. 27)처럼 정치적 또는 인도적인 이유로 외교공관이 비호처가 되는 경우가 종종 발생하고 있다. 이와 관련하여 외교공관의 비호권 인정 문제가 논란이 되고 있는데, 외교 협약에는 이와 관련한 명시적 규정을 두고 있지는 않다. 1949년 〈콜롬비아—페루 간 비호권 사건(Asylum case)〉에서 ICJ는 외교공관의 비호권을 인정하는 남미의 특별관습법의 존재를 인정하기 어렵다고 하면서 외교공관의 비호권을 부정하였다. 즉, 외교공관의 비호권이 국제관습법상 확립된 원칙은 아니다. 그러나 외교 비호권이 법적 권리가 아니라 하더라도, 현실에서는 불법이라고 말하기도 어려운 인도적 관행의 문제로 간주되고 있다.

'문서의 불가침'은, 외교공관의 문서 및 서류는 어느 때나 그리고 어느 곳에서나 불가침임을 의미하는 특권이다. 외교공관의 문서는 압수 및 수색의 대상이 될 수 없고 소송에 있어서 증거자료로 제출하도록 강제할 수 없다.

나. 면제

외교사절은 사법(재판)관할권 및 행정관할권(강제집행)으로부터의 면제가 인정된다.

사법관할권의 면제는 접수국의 재판관할권으로부터 면제됨을 의미하는데 형사재판관할권으로부터는 절대적으로 면제되지만, 민사 및 행정재판관할권으로부터는 상대적으로 면제된다. 즉, 민사 및 행정재판 시 외교사절이 원고인 경우, 응소한 경우, 접수국 소유 부동산에 관한 소송인 경우, 접수국에서 종사하는 영업에 관한 경우, 접수국에서 개시되는 상속에 관계되는 소송의 경우에는 면제되지 않는다. 행정관할권의 면제는 경찰, 조세 및 관세 등의 강제집행으로부터 면제되는 특권을 의미한다.

면제를 포기할 수 있는 자는 외교관 개인이 아니라 파견국이다. 외교관 가족의 면제 포기에도 파견국의 포기 결정이 요구된다. 관습법상 국가면제의 '묵시적' 포기가 인정되는 것과 대조적으로 외교면제의 포기는 항상 '명시적'이어야 한다. 외교관이 재판관할권 면제를 포기하여 재판을 받은 경우라 하더라도, 판결의 집행을 위해서는 별도의 면제 포기가 필요하다.


다. 기타 특권

외교사절은 여행의 자유를 가진다(협약 제26조). 또한 통신의 자유와 외교행낭과 신서사(信書使 : 배달인courier)에 대하여 불가침권을 향유한다. 하지만 무선통신기의 설치 및 사용은 접수국의 동의를 얻어야 한다(협약 제27조).

### (5) 외교면제의 범위

외교사절은 ①시간적으로 접수국 영역에 입국했을 때부터 출국할 때까지 외교면제를 향유하고, ②공간적으로는 접수국 내에서만 외교면제를 누린다. ③인적 범위로는 외교사절 중 외교직원(외교관, diplomatic staff)이 외교면제를 전면적으로 향유하며 그 가족도 동일세대에 속하는 경우 접수국 국민이 아닌 한 동등한 특권을 누린다. 외교사절단 중 행정·기술직원(administrative and technical staff)은 접수국의 국민이나 영주권자가 아닌 한 동등한 특권을 누리지만, 민사 및 행정재판관할권 면제는 직무수행에 관련된 경우에만 보장된다. 노무직원(service staff)은 접수국의 국민이나 영주자가 아닌 한 직무수행에 관련된 경우에만 면제를 향유한다(협약 제37조).

### (6) 외교사절의 의무

외교사절은 접수국의 법령을 준수할 의무와 접수국의 국내 문제에 간섭하지 아니할 법적 의무를 부담한다(협약 제41조 1항). 참고로 외교사절의 행위로 인해 국가책임이 성립할 경우 외교면제로 인하여 국가책임 자체가 소멸하는 것은 아니다.

**국가면제와 외교면제의 비교**

| | 국가면제 | 외교면제 |
| --- | --- | --- |
| 인정 취지 | 주권 평등의 원칙 | 외교업무의 효율적 수행을 위한 기능적 필요 |
| 면제 부여의 기초 | 국가 행위의 성격 내지 목적 | 외교사절의 신분 |
| 주체 | 국가 | 외교관 |
| 면제 분야 | 민사 분야 | 민사, 형사, 행정 분야 |
| 포기 방식 | 명시적, 묵시적 포기 | 명시적 포기(파견국) |
| 외교관의 사적 행위 | 부인 | 인정 |

## 2. 영사면제

### (1) 영사면제의 주체

영사는 파견국의 통상 및 경제상 이익과 파견국의 국민을 보호하기 위하여 외국에 주재하는 국제법상의 국가 기관이다. 외교사절이 정치적 대표성을 가지는 데 비해 영사 관계는 행정, 호적, 사증발급 등 기능적이고 행정적인 성격만을 가진다. 또한 소재지에 있어서도 외교사절의 소재지인 대사관은 접수국에 한 곳이 설치되지만 영사관은 여러 개 설치될 수 있다. 외교사절은 원칙적으로 파견국 국적자가 임명되지만 영사는 외국인도 임명이 가능하다. 그리고 외교사절의 특권과 면제는 폭넓게 인정되지만 영사의 특권과 면제는 외교사절에 비해 좁게 인정된다.

### (2) 법원

영사면제의 대표적 법원은 1963년 '영사 관계에 관한 비엔나 협약(이하 영사 협약)'이다. ICJ는 〈테헤란 주재 미국 외교영사 직원 사건(1980)〉에서 영사 협약이 기존 국제관습법규를 성문화한 것으로 보고 있다.

### (3) 영사면제의 종류

영사는 대표적으로 불가침권, 사법관할권의 면제, 이전과 통신의 자유 같은 특권과 면제를 향유한다.

영사기관(consular office)은 원칙적으로 불가침의 대상이다. 영사기관장의 동의가 없는 한 접수국 관리는 영사관 구내에 진입할 수 없다.

하지만 화재나 신속한 보호 조치를 필요로 하는 기타 재난에 대해서는 영사기관장의 동의가 있는 것으로 '추정'할 수 있다. 그리고 접수국은 신속하고 적정하며 효과적인 보상이 지불되며 영사기능을 방해하지 않는 한 국방상 또는 공익상 목적을 위하여 영사기관의 재산을 수용할 수 있다는 점에서 외교사절과 차이가 있다.

영사 및 영사관 직원도 재판권으로부터 면제를 향유한다. 하지만 그 범위는 영사임무수행을 위한 행위로 한정되며 민사소송의 경우는 공무 중 행위라 할지라도 영사관원이 파견국을 위하여 계약한다는 의사 표시를 하지 않고 체결한 계약이나, 접수국 내에서 차량, 선박, 항공기 사고로 기인한 손해에 대해 제3자가 제기한 소에는 재판권 면제가 인정되지 않는다. 증언면제도 영사임무수행에 관한 사항으로만 한정된다.

영사도 원칙적으로 이전과 통신의 자유를 향유한다. 하지만 영사행낭은 외교행낭과 달리 행낭 속에 공문서가 아닌 것이 포함되어 있다고 추정할 만한 중대사유가 있을 시 접수국은 당국 입회하에 개봉을 요구할 수 있고, 거부 시 발송지로 반송할 수 있다.


## 3. 군대면제

### (1) 군대면제의 주체

군대는 국가의 독립과 안전을 위하여 존재하는 무력국가 기관이며 해외 파병 시 대외적 대표기관으로 활동할 수 있다. 군대의 국제법상 문제는 외국군이 특정한 국가 내에 주둔할 때 발생하는데 이를 전시와 평시로 나누어 살펴볼 수 있다.

전시에 점령국이 피점령국을 점령해서 주둔할 경우에는 전시국제법을 적용하면 별도로 군대의 지위나 면제(특권)을 논할 여지는 없다. 반면, 평시에 외국군이 특정 국가 내에 주둔하면서 그 지위와 특권면제에 대해 국제법상 문제가 발생할 수 있다.

### (2) 군대면제의 종류

**가. 당사국 간 협약이 있는 경우**

파견국과 접수국 간에 협약이 있는 경우 이에 따라 군대의 특권면제의 범위와 내용이 정해진다. 보통 '주둔군지위협정(SOFA, Status of Forces Agreements)'이라는 명칭으로 협약이 체결되며 1951년 NATO군 지위에 관한 런던협정, 1960년 주일미군지위협정, 1966년 주한미군지위협정 등이 대표적인 주둔군지위협정의 예이다.

**나. 당사국 간 협약이 없는 경우**

파견국과 접수국 간에 협약이 없는 경우 외국군의 지위는 다음과 같은 일반 원칙을 따른다.

①외국군은 접수국 법령을 준수하고 원칙적으로 국가면제를 전면적으로 향유하지 못한다. 외교관과 같은 특권은 인정되지 않는 것이

---

**한미주둔군지위협정상 면제의 쟁점**

일반적으로 외국군에 대해 민사관할권은 대체로 접수국에 있고 형사재판권도 접수국이 행사하는 것이 보통이다. 하지만 한미주둔군지위협정은 형사관할권에 있어 그 적용 범위가 광범위하고(미군 및 군속의 가족까지 포함), 미군 범죄자 신병인도 시점이 기소 이후로 한정되어 있다는 이유 등으로 비판의 대상이 되어 왔다. 기소 전 신병인도(2012.5 개정)가 가능하도록 한미주둔군지위협정 내용이 변화하는 한미 관계에 따라 변천하고 있으나 최초 체결 당시의 불평등성에 기인하여 문제제기가 지속되고 있다.

일반적이다. ②외국군은 관세법 적용을 받는 것이 일반적이다. 다만 출입국관리절차가 간소하고 군대사용재산에 대한 조세가 면제된다는 등의 특례는 통용된다.

제6절

# 국가책임론

## Ⅰ. 개관

### 1. 국가책임의 개념

국가책임(State responsibility)이란 국가의 위법 행위에 대한 법적 비난을 의미하는 것으로, UN 국제법위원회(ILC)가 2001년 제53차 회기에서 채택한 '국제 위법 행위에 대한 국가책임 초안(ILC 초안)' 제1조는 "국가의 모든 국제 위법 행위(internationally wrongful act)는 그 국가의 국제 책임을 수반한다"고 규정하고 있다.

### 2. 국가책임의 기본 원칙 : 개별 책임 추구, 민사 책임, 책임 능력

#### (1) 개별적 책임추구 원칙

전통국제법에서는 국제법 위반 시 직접적인 피해국만이 책임 추구권을 가진다고 인정되었다. PCIJ는 1923년 〈윔블던호 사건(The Wimbledon case)〉에서 베르사유 조약 당사자들의 제3자 소송 참가를 인정하면서도 직접적 피해국인 프랑스만이 배상금을 취득할 수 있다고 판시했다. 그러나 오늘날에는 강행규범의 존재가 보편화되고 국제공동체 전체가 함께 지는 의무개념도 확립되어 있어서 피해를 입지 않은 제3국이나 국제사회의 일원도 개별적으로 책임을 묻는 경우도 가능하다. 2001년 ILC 초안도 '국제공동체 전체에 의한 책임 추구'를 인정하고 있다.

### (2) 민사 책임의 원칙

국내법에서는 위법 행위가 민사상 불법 행위와 형사상 범죄로 명확하게 구분되지만, 국제법에서는 그러한 분화가 일반적이지 않다. 따라서 PCIJ의 〈호르조공장 사건(1927)〉 등에서 볼 수 있듯이, 국내사법상의 민사 책임의 원칙에 준해 원상회복이나 손해배상으로 책임이 해제되었다. 그리던 것이 2001년 ILC 조안이 마련되어 강행규범과 국제공동체 전체에 대한 의무개념이 확립되면서, 민사 책임 원칙의 유추에서 점차 벗어나고 있다.

### (3) 책임 능력의 원칙

국제 위법 행위의 주체가 책임 능력이 있어야 위법 행위에 대해서 책임을 물을 수 있다. 국가책임의 주체는 원칙적으로 국가이며 따라서 국가책임의 우선적인 주체는 국가이다. 하지만 국제법의 변천에 따라 개인과 국제기구도 국제법위법 행위의 주체가 될 수 있다. 그리고 그 주체는 책임 능력이 있음을 전제로 한다.

## Ⅱ. 국가책임의 성립 요건

국가책임이 발생하기 위해서는 문제가 되는 행위가 ①(객관적 요

건) '국제 의무 위반'에 해당함과 동시에 ②(주관적 요건) 해당 행위
가 '국가에 귀속' 되어야 한다(ILC 제3조). 전통적 견해에 따르면, 기
타 국가책임의 성립 요건으로 '과실'과 '손해 발생'이 필요하다고 보
았으나, ILC 초안은 이를 규정하고 있지 않다. 따라서 이하에서는 ILC
초안에서 규정한 두 요건을 중심으로 기술하기로 한다.


## 1. 행위의 국가귀속성 : 주관적 요건

국제법상 국가는 국민 전체와 동일시되는 것은 아니기 때문에 ILC
초안은 일정한 자의 행위만을 국가의 행위로 간주하기 위한 법적 기
준으로서 행위의 국가 귀속성 요건을 자세히 규정해놓고 있다.


### (1) 국가 기관에 의한 행위

**2001년 ILC 초안**(국가의 국제 위법 행위에 대한 국제 책임 규정 초안)

제4조 국가 기관의 행위
1. 여하의 국가 기관 행위도 국제법상 그 국가의 행위로 간주된다. 이는 기관이 입법·사
   법·행정 기타 모든 것을 불문하고 또한 그 기관이 중앙정부에 속하든 불문한다.
2. 기관은 그 국가의 국내법에 따라 그러한 지위를 가지는 모든 개인 및 단체를 포함한다.


입법·사법·행정, 기타 어떠한 것이든 불문하고 일체의 국가 기관
(any State organ)의 행위는 국가에 귀속된다. 행정부의 행위가 국가의 행
위로 귀속된다는 것은 자명하다. 국가책임을 구성하는 입법부의 행위
로는 국제법 위반의 국내법 제정(작위), 국제 의무 이행에 필요한 국
내입법 미이행(부작위)을 들 수 있으며, 사법부의 행위로서는 소송의
불수리, 심리의 부당한 지연, 판결의 부집행 등을 포함하는 재판의 거

부(denial of justice)를 들 수 있다.

국가 조직상 그 기관의 지위의 높고 낮음도 문제되지 않는다. 1927년 〈메세이(Massey) 사건〉에서 멕시코는 일개 간수의 행위로 인하여 책임을 질 수밖에 없었다. 중앙정부뿐 아니라 일국 내 영토적 단위(territorial unit)에 속하는 기관의 행위도 국가에 귀속된다. 영토적 단위란 일국 내의 지자체 또는 주(州)를 포함하는 개념이다.

### (2) 정부 권한을 행사하는 개인 또는 단체의 행위

위에서 언급된 국가 기관에는 해당하지 않으나 그 국가의 법에 의하여 정부 권한을 행사하도록 권한을 부여받은 개인 또는 단체의 행위로서, 그 개인 또는 단체가 그 구체적인 경우에 있어서 그러한 자격으로(in that capacity) 행동하고 있다면 국제법상 그 국가의 행위로 간주된다. 이에 해당하는 것으로 정부 투자기관 등을 생각해볼 수 있다.

### (3) 타국가의 처분하에 놓인 기관의 행위

국가에 의해 타국가의 처분하에 놓인 행위는, 통제국(타국)의 정부 권한을 행사하기 위한 것일 경우 그 통제국의 행위로 간주된다. 예를 들어, 피이익 보호국을 위하여 행동하는 이익 보호국의 국가 기관의 행위는 피이익 보호국에 귀속된다.

### (4) 월권행위(untra vires acts) 또는 지시 위반

국가 기관 또는 정부 권한을 행사하도록 권한을 위임받은 개인 또는는 단체의 행위는, 그들이 그러한 자격으로(in that capacity) 행동한다면 자신의 권한을 넘어서거나 지시를 위반한다 하더라도 국제법상 국가의 행위로 간주된다.

〈유맨(Youmans) 사건〉에서 미국·멕시코 일반 청구위원회는 지방 단체장의 지시를 어기고 오히려 폭동에 가담하여 미국인들을 살해한 군대의 행위에 대하여 멕시코 정부가 국제 책임을 져야 한다고 한 바 있다.


### (5) 사인(私人)의 행위

사인의 경우라도 사실상 국가의 행위(de facto State acts)로 볼 수 있는 경우, 동 행위는 국가에 귀속된다.


### 가. 국가에 의하여 지시 또는 통제되는 행위

사인 또는 사인집단이 그 행위를 수행함에 있어 사실상 국가의 지시(instruction)에 따라, 또는 그 지도(direction) 내지, 통제(control)하에서 행동하고 있을 경우 국제법상 그 국가의 행위로 간주된다.

〈테헤란 주재 미국 외교·영사 직원에 관한 사건〉에서 ICJ는 시위자들이 초기에 미국 대사관을 공격한 행위는 이란에 귀속시킬 수 없으나, 이후 대사관 점령 상태를 인정·유지키로 한 이란 국가 기관의 결정은 문제의 시위대들을 이란 국가의 대리인으로 전환시켜 국가책임이 성립되었다고 판결하였다.

한편, 〈니카라과 사건(Nicaragua case)〉에서 니카라과 정부는 미국의 지원을 받는 콘트라(Contra) 반군의 불법 행위가 미국에 귀속된다고 주장한 바 있다. 비록 ICJ는 미국이 콘트라에 대한 유효한 통제(effective control)를 행사하는 것이 아니라 하여 이 주장을 받아들이지는 않았으나, '유효한 통제'의 요건을 만족시킬 경우, 행위의 국가 귀속성 여부 판단에 국적은 필수적 요건이 아님을 알 수 있다.

### 나. 공권력 부재 또는 흠결(default)시에 수행된 행위

사인 또는 사인 집단이 공권력의 부재 또는 흠결 시에 정부 권한의 행사가 요구되는 상황에서 사실상 그러한 권한을 행사하는 경우, 그러한 자의 행위는 국제법상 그 국가의 행위로 간주된다.

### 다. 사실상 국가 행위 외의 사인의 행위

국가 기능 행사와 아무런 관련이 없는 사인의 행위는 국가에 귀속되지 않는 것이 원칙이다. 그러나 사인의 행위로 인한 외국인의 피해가 있을 경우, '상당한 주의(due diligence) 의무'를 다하지 않았거나 또는 국내구제(local remedy) 수단이 부여되지 않았을 경우, 국가책임이 성립할 수 있다. 이는 사인의 행위 자체로 국가가 책임을 지는 것이 아니라 국가 스스로의 부작위(omission)에 대한 책임을 지는 것이라 보아야 한다.

### (6) 반란 단체의 행위

정권 장악에 성공한 반란 단체(insurrectional movement)의 행위는 당해 국가로 귀속된다. 신국가 수립에 성공한 반란 단체의 행위는 그 신국가로 귀속된다.

### (7) 국가의 추인(subsequent conformation)

앞의 경우들에 있어서 국가로 귀속되지 않는 행위라 하더라도 국가가 문제의 행위를 자신의 행위로 인정하고 채택하는 경우, 국제법상 그 국가의 행위로 간주된다.


## 2. 국제법상 의무 위반 : 객관적 요건


### (1) 국제 의무 위반의 의미

국가책임을 논할 때 국제 의무 위반은 국가의 국제법상 의무 위반만을 의미한다. 국제예양이나 단순한 관습의 위반이 국제 의무 위반을 구성하지는 않는다. 국제법상 의무에 해당한다면 그 의무의 연원이나 성격이 무엇인가와는 관계없이 위반에 따른 국가책임이 성립한다.

국제 의무는 조약, 관습법, 기타 국제법의 연원으로부터 창설될 수 있다. 또한 1974년 ICJ가 〈핵실험 사건〉에서 언급한 바와 같이, 국가는 법적 구속력을 발생할 의도로 행한 일방적 약속(일방 행위)을 통해서도 국제법상 의무를 창설할 수 있다. ILC초안 제12조도 이러한 내용을 규정하고 있다.


### (2) 국제 위법 행위

과거에 ILC는 국제 위법 행위를 민사적인 국제 위법 행위와 형사적인 국제 범죄로 나누어 접근했으나 이제 국제 위법 행위라는 단일 개념을 사용하고 있다. 따라서 국가가 자신의 국제법상 의무를 위반하면 국제 위법 행위로 통칭할 수 있다. 여기에는 조약 의무 위반과 강행규범 및 국제공동체 전체에 대한 의무 위반도 해당한다고 볼 수 있다.

**ILC 초안 제12조(국제 의무 위반의 존재)**

국가의 행위가 국제 의무에 의하여 그에게 요구되는 것과 일치하지 않는 경우에 그 의무의 연원 또는 성질과 관계없이, 그 국가의 국제 의무 위반이 존재한다.

## 3. 고의 또는 과실의 문제

국가책임을 물을 때, 고의 또는 과실의 인정 여부는 학설의 대립이 존재한다. 여기에는 과실책임주의, 무과실책임주의, 절충론(작위에 대해서는 무과실책임주의, 부작위에 대해서는 과실책임주의를 적용)이 대립하고 있다. 판례는 〈코르푸해협 사건〉과 같이 과실책임주의를 원용한 사례도 있고, 〈트레일 제련소 사건〉에서처럼 무과실책임주의를 지지한 사례도 있다.

2001년 ILC 초안의 태도를 보면, 국가책임은 국제 의무 위반의 '의도와 관계없이' 행위 지체로 판단하여야 한다고 규정하고 있는 바, 오늘날에는 무과실책임주의를 주로 지지한다.

## 4. 손해의 발생

전통 국제법에서는 국가책임이 성립하기 위해서는 손해 발생이 필요하다는 주장이 많았다. 그러나 인권과 같은 대세적 의무의 위반에 대해서는 실제 손해를 입지 않은 국가도 국제 청구 내지 간섭이 가능하기 때문에 국제 위법 행위로 인한 손해 발생이 반드시 필요하다고는 할 수 없다.

# Ⅲ. 위법성 조각 사유

## 1. 의의

국가가 국제 의무를 위반한 경우에도, ①피해국의 유효한 동의 (consent), ②자위(self-defence), ③대항 조치(countermeasures), ④불가항력 (force majeure), ⑤조난(distress), ⑥긴급피난(state of necessity)에 해당하면 당해 행위의 위법성이 없어진다. ILC 초안은 아무런 제한적 수식어도 없이 이를 규정하고 있어 위법성 조각 사유는 이들 여섯 가지 상황에 국한되는 것으로 보인다.

## 2. ILC 초안상의 위법성 조각 사유

### (1) 피해국의 동의

위법한 행위가 당사국의 '동의'에 의해 이루어진 경우에는 위법성 이 조각될 수 있으나, 그 행위가 강행규범(jus cogens) 위반이거나 국제 공동체 전체에 대한 의무 위반, 심각한 법익 침해 행위에 해당한다면 상대 국가의 동의는 위법성을 조각시킬 수 없다.

### (2) 대항 조치

종래 복구(reprisal)로 불리던 것으로, 제2차 세계대전 이후 무력행사 금지의 원칙이 도입되어 대항 조치라는 이름으로 바뀌었다. 대항 조 치란 의무 위반국에 대해 부담하고 있던 자신의 의무를 이행하지 않 는 방법을 말하는 것으로, 이는 한편으로 의무 위반국의 국가책임을 해제하는 의미를 갖는다.

대항 조치를 위법성 조각 사유로 행사하기 위해서는 ①가해국이 국가책임을 해제하지 않고, ②보충성, 비례성 원칙에 따른 평화적인 분쟁 해결 의무를 사전에 이행해야 한다. ILC 초안 50조는 금지되는 대항 조치로서, ①UN 헌장에 위배되는 무력의 위협 또는 행사, ②의무 위반국의 영토 보전이나 정치적 독립에 위태로운 대항 조치, ③외교관, 영사 및 공관 등에 대한 침해, ④기본적 인권침해, ⑤강행규범 위반 등을 규정하고 있다.

### (3) 불가항력 또는 우발적 사태

불가항력이란 자신의 행동을 의도한 대로 할 수 없게 만드는 힘이나 상황을 의미하는 바, 이러한 상황에서 행해진 국제 위법 행위는 그 위법성이 면제된다. 그러나 이 경우에도 그러한 상황 조성에 책임이 있는 국가는 이를 주장할 수 없다.

### (4) 조난

국제 의무 위반이 조난의 상황에서, 즉 그 자신이나 사람들의 생명을 구하기 위한 다른 수단을 갖지 아니한 상황 하에서 행해진 경우에는 위법성이 조각된다. 그러나 그러한 상황 발생에 기여한 국가는 이를 원용할 수 없다.

### (5) 긴급피난 또는 필요 상황

국가가 중대하고도 급박한 위난에 처하여 국가의 본질적 이익(essential interest)의 보호를 위하여 국제 위법 행위를 하는 경우 위법성이 조각되는 바, 1967년 〈토래이 캐니언(Torrey Canyon)호 사건〉은 긴 급피난의 전형적인 사례로 인용되고 있다. 이러한 필요 상황은 의무 위반이 강행규범의 위반이거나, 상대국의 국가 이익을 본질적으로 침해하거나 그러한 상황의 발생에 기여한 경우에는 원용될 수 없다.

**〈토레이 캐니언(Torrey Canyon)호 사건〉**

1967년 라이베리아 유조선인 토레이 캐니언(Torrey Canyon)호가 영국 해협 공해상에서 좌초되어 수송 중이던 기름이 대규모로 유출되었다. 영국 정부는 몇 차례 해난 구조를 시도한 후 동 선박을 폭격하였는데, 라이베리아 정부도 아무런 항의를 제기하지 않았다.

### (6) 자위권의 발동

국제법상 무력행사 금지의 예외를 구성하는 자위는 상대방의 위반에 따른 주권을 보전하기 위한 행위로 이 경우 위법성이 조각된다. 그러나 자위는 예외적인 경우에만 인정되는 것으로 〈캐롤라인호 사건〉(1841)에서 웹스터(Webster) 장관이 언급한 "급박하고, 압도적이며, 다른 수단이 없고, 숙고할 여유가 없는 경우(instant, overwhelming, leaving no choice of other means, have no moment for deliberation)"에만 행사되어야 할 것이다.

## 3. 위법성 조각 사유의 원용 결과

위법성 조각 사유는 일시적으로 그 위반이 정당화될 뿐이지, 위반된 의무를 종료시키는 것은 아니다. 따라서 국제 의무 위반의 정당성이 소멸되면, 즉 위법성 조각 사유가 해제되면 그 위무를 준수해야 한다. 위법성 조각 사유를 원용하여 이루어진 행위들은 적법 행위에 해당하므로 피해가 발생하더라도 배상책임은 있을 수 없다. 다만, 이로 인해 선의의 상대방에게까지 손실이 발생한 경우에는 보상 문제가 발생할 수 있다.

위법성 조각은 예외적인 상황에서만 인정되는 것으로 국가들이 자신의 의무 위반을 정당화하기 위한 사유로 남용되어서는 안 되며, 그 요건 인정에 있어서도 '엄격한 해석'을 통해 제한적으로만 인정해야 할 것이다.


## Ⅳ. 국가책임의 해제

### 1. 국가책임 해제의 방법

ILC 초안 제30조에 의하면 국제 위법 행위를 한 국가는 우선 그 행위를 중지하고 재발방지에 관한 확보 및 보장을 해야 한다. 그리고 후술하는 원상회복(restitution), 금전배상(compensation), 만족(satisfaction) 중 하나 혹은 둘 이상을 적용하여 완전한 배상을 하여야 한다.

### 2. 원상회복

국제 위법 행위가 행해지기 이전의 상태로 돌려놓는 방법으로 불법 행위의 취소, 불법 몰수재산의 반환 등과 같은 방법이 이에 해당한다. 원상회복은 국가책임 해제의 가장 기본적인 방법이다. 〈호르조공장 사건〉(1927)에서 PCIJ도 '국제 의무 위반에 대한 손해배상의 원칙은 원상회복'임을 언급한 바 있다. 원상회복의 가능성이 존재하는 경우에는 우선 원상회복을 해야 하며, 그것이 법률상으로나 사실상 어려울 경우에는 금전배상을 해야 한다.

## 3. 금전배상

원상회복이 불가능한 경우 또는 원상회복을 해도 여전히 손해가 남는 경우에는 금전배상을 통해 국가책임을 해제할 수 있다. 배상은 불법 행위로 인해 발생한 직·간접 손해를 그 범위로 한다. 직접 손해는 논란의 여지가 없으나, 간접 손해의 경우 기대 이익의 배상에 대해서는 논란이 있다. 〈호르조공장 사건〉(1927)에서 PCIJ는 직접 손해는 물론, 기대이익의 상실 등도 입증할 수 있으면 배상받는 손해의 범위에 포함될 수 있다고 판시했다.

## 4. 만족 또는 사죄

만족 또는 사죄란 사과, 유감표명, 의무 위반의 인정 혹은 상징적 손해배상, 징벌적 손해배상, 관계자 처벌 등을 통해 국가책임을 이행하는 방법이다. 원상회복이나 손해배상에 의해 국가책임을 이행할 수 없는 경우에만 사죄의 의무가 있다. 1985년 프랑스 비밀공작원들이 국제 민간환경단체인 그린피스 소속의 레인보우오리어(Rainbow Warrior)호를 격침시킨 데 대하여 프랑스 정부가 희생자들에게 공식적으로 사과한 바 있다.

# V. 외교적 보호 : 간접 침해에 따른 국가책임

## 1. 외교적 보호권의 의의

직접 손해에 대해서는 피해국이 주관적 요건과 객관적 요건이 모두 갖추어지면 가해국에 대하여 책임을 추궁할 수 있다. 반면 간접 손해의 경우, 즉 국가가 직접 피해를 입은 것이 아니라 국가의 구성원이 손해를 입은 결과 국가가 간접적으로 손해를 본 경우에는 피해국은 가해국에 대하여 국가책임을 물을 수 있는데 이것이 외교적 보호권의 행사 형태로 나타난다.

즉, 외교적 보호권이란 일국 국민이 외국의 행위로 손해를 입은 경우, 국제법상 피해자 국적국에 대한 간접침해가 되어 피해자의 국적국이 가해국에 대해 국가책임의 이행을 청구할 수 있는 국제법상 '국가'의 권리를 말한다. 이러한 외교적 보호권은 ILC 초안이 마련되기 전부터 국제관습법상 확립된 제도이다.

## 2. 외교적 보호권의 법적 성질

외교적 보호권은 '국가 자체의 권리'이지 국가가 피해자인 재외국민의 권리를 대리하여 행사하는 것은 아니다. 외교적 보호권은 개인의 피해라도 국적국이 국제법상 피해자로 '의제'되는 것인데 이를 '바텔(Vattel)의 의제'라고 한다. 이는 국가만이 국제법상의 주체라는 전통국제법의 유산이다. 따라서 외교적 보호권의 행사 여부는 국가의 재량사항이며, 피해자의 요청이 없더라도 국가는 외교적 보호권을 행사할 수 있다.



남미에서는 외국인과 계약 체결 시 외국인은 계약에 관한 모든 사항에서 체류국 국민으로 간주되며, 어떠한 경우에도 본국 정부의 보호를 요구하지 않는다는 특수조항을 삽입하는 경우가 있는데 이를 칼보 조항이라고 한다. 외교적 보호권은 국가의 권리이므로 개인은 이를 포기할 수 없으며, 양허계약에 칼보 조항이 있더라도 이것이 본국의 외교적 보호권을 배제하려는 의도이면 무효로 보는 것이 적절하다. 다수의 국제중재판결에서도 당연무효로 보고 있다.

## 3. 행사 요건

국가가 외교적 보호권은 행사하기 위해서는 ①국적 계속의 원칙, ②국내구제 완료의 원칙이라는 요건이 충족되어야 한다. 어느 국가가 외교적 보호권을 행사할 수 있는가의 문제가 국적 계속의 원칙과 관련되며, 언제 제기할 수 있는가가 국내구제 완료의 원칙과 관련된다.

### (1) 국적 계속의 원칙

국적 계속의 원칙은 피해를 입은 사인이 외교적 보호를 받기 위해서는 권리 이익의 침해 시부터 외교적 보호권을 행사할 때까지 동일 국적을 가져야 한다는 원칙이다. 이는 피해자가 강대국의 외교적 보호를 받기 위해 고의적으로 국적을 변경하는 것을 막기 위함이다.

여기서 자연인의 국적 결정에 국제법이 개입하는 경우는 귀화와 이중국적자의 문제이다. 이와 관련, ICJ는 〈노테봄 사건〉(1953)에서 귀화의 경우, 국가와 국민 사이에 진정한 관련성(genuine link)이 있는 경우에만 피해국이 외교적 보호권을 행사할 수 있다고 판결하였다. 이중 국적자가 제3국으로부터 피해를 입었을 때 국적국들은 외교적 보호 권을 행사할 수 있다. 그러나 1930년 '국적법 충돌에 관한 헤이그 협 약'에 따르면 외교적 보호권이 경합할 경우, 진정하고 실효적인 국적 국가만이 외교적 보호권을 행사할 수 있다. 또한 이중국적국 상호 간 의 외교적 보호권 행사에 대해서는 국제법상 일반적으로 승인되지 않 고 있다.

법인의 국적 결정과 관련하여, 〈바르셀로나 전력회사 사건〉(1970)에 서 ICJ는 법인과 국적국 간의 '진정한 관련성'은 요구되지 않는다고 판시하였다. 즉, 법인의 국적 결정의 일반적 기준은 설립지와 본점소 재지로 보았다. 이에 따라 법인에 대한 침해가 있을 경우, 원칙적으로 법인의 설립지와 본점소재지의 국가가 외교적 보호권을 행사할 수 있 다. 다만 동 사건에서 회사가 청산되어 회사의 법인격이 소멸되면, 주 주의 국적 국가도 '형평의 원칙'에 따라 외교적 보호권을 행사할 수 있다고 보았다.

항공기나 선박 등 물건의 경우는 등록국가의 국적을 갖게 되며, 등 록국적 국가가 외교적 보호권을 행사하게 된다.


### (2) 국내구제 완료의 원칙

국내구제 완료의 원칙은 피해자의 국적국이 외교적 보호권을 행사

**〈ELSI 사건〉(ICJ, 1989)**

이태리 시실리전자회사인 ELSI사가 파산하자 주주인 미국 회사가 입은 손해에 대해 미국 이 통상 항해조례 위반으로 손해배상을 요구한 사건으로, ICJ는 미국회사가 국내구제 절 차를 완료하지 않았다는 이유로 미국의 청구를 기각하였다.

하기 위해서는 피해국민 자신이 우선 가해국의 사법적 구제 절차를 모두 그리고 성실하게 마쳐야 한다는 원칙이다. 동 원칙은 모든 간접 침해에 적용되는 것은 아니고, 피해자와 가해국 간 자발적이고, 의도 적인 관련성이 존재하는 간접침해의 경우에만 적용된다.

국내구제 완료의 원칙은 국제관습법상 확립된 원칙이나 불필요한 국제 분쟁의 심화를 막기 위한 정치적 고려가 가미된 것으로서 조약 에 의해서 '명시적으로' 규정된 경우에는 외교적 보호권이 배제될 수 있다. 또한 국내구제 수단이 존재하지 않거나 국내구제 절차가 명백 하게 실효성이 없는 경우에도 이 원칙은 배제될 수 있다.

### 직무보호권(기능적 보호권)

외교적 보호권이 국가의 구성원이 손해를 입은 결과 국가가 간접적으로 손해를 본 경우, 피해국이 가해국에 대하여 국가책임을 물을 수 있는 권리라면 직무보호권은 국제기구의 공무원이 국제 불법 행위로 손해를 입은 결과 그 소속 국제기구가 가해국에 대해 국제 책 임을 추구하는 것을 말한다. 대표적인 사건으로는 ICJ의 〈Reparation case〉(UN의 공무수 행 중 입은 손해배상에 대한 권고적 의견)이 있다. 외교적 보호권이 '국적'에 근거하여 국 가책임을 추구하고 직무보호권이 '직무(function)'에 근거하여 국가책임을 묻는다는 점이 다를 뿐 그 실현방식과 절차는 유사하다.

# 국제법 주체론 2 : 국제기구와 개인

제5장



이번 장에서는 국제사회에서 국가 이외의 중요한 행위자인 국제기구와 개인에 대해 논의한다. 전통 국제법에서는 오직 국가만이 유일한 주체였으나, 오늘날 국제기구는 각각의 회원국과는 별개로 실질적 권한을 가진 국제법 주체로 보는 것이 일반적이다. 이러한 국제기구의 대표적인 사례인 국제연합(UN)을 중심으로 국제기구의 법적 능력을 살펴보기로 한다. 현대 국제사회에서 국제법의 규율 범위가 점차 확대됨에 따라 개인의 국제법 주체성에 대한 논의도 활발하다. 개인과 관련하여 본 장에서는 개인의 국제법상 형사 책임과 이를 다루는 상설재판소인 국제형사재판소(ICC)를 살펴본다. 또한 범죄를 저지른 개인의 국가 간 인도를 다루는 범죄인인도 제도에 대해서도 논의할 것이다. 마지막으로 인권의 국제적 보호경향을 살펴보는데, 이는 국제법 규율 범위의 확대와 국가 주권의 배타성이 상호 충돌하는 영역임을 인식하고 균형 있는 접근이 필요한 부분이다.

# 국제기구의 국제법 주체성

## I. 국제기구의 의의

국제기구란 공동의 이익이나 목적을 달성하기 위하여 조약에 의해 성립된 국가 상호 간의 결합체를 의미한다. 일반적으로 국제기구라 함은 정부 간 기구(Intergovernmental Organization)를 의미한다. 민간단체인 비정부 간 국제기구(Non-Governmental Organization)는 일반적으로 말하는 국제기구의 범주에 포함되지 않는다. 하지만 국제사회의 변화와 성격변화로 인해 NGO의 역할과 위상도 높아지고 있는 것은 사실이다.

국제기구는 회원국의 범위를 기준으로 보편적 국제기구와 지역적 국제기구로 분류한다. 국제연합(UN, United Nations)과 같이 세계의 어느 국가든지 회원국이 될 수 있는 국제기구를 보편적 국제기구라 하며, 아프리카연합(African Union)이나 북대서양조약기구(North Atlantic Treaty

---

**비정부 간 기구(Non-Governmental Organization)**

의의: 여러 국적의 인물들이 모여 일정한 목적 달성을 위해 국제 관계에서 활동하는 조직체로써 정부 간의 조약 없이 성립된다. 비정부 간 기구는 개별 조약에서 국제법 주체성이 인정된 경우를 제외하고는 원칙적으로 국제법 주체성이 인정되지 않는다.

종류: 국제적십자위원회(ICRC), 국제사면위원회(Amnesty International), 그린피스(Green Peace International), 국제올림픽위원회(IOC), 세계축구협회(FIFA), 국제펜클럽(PEN) 등이 대표적인 예이다.

---

Organization)와 같이 특정 지역의 국가만이 회원국이 될 수 있는 국제기구를 지역적 국제기구라 한다. 또한 국제기구는 광범위한 분야에 걸쳐 활동하는 일반적 국제기구와 특정 분야에서만 활동하는 전문적 국제기구로 분류되기도 한다.

## II. 국제기구의 연혁

19세기 초에 국제하천위원회, 만국우편동맹과 같은 국제기구가 성립된 바 있다. 하지만 이는 지리적·경제적 특수 상황을 전제로 성립된 것으로서 단순한 회원국의 집합체에 불과했다. 이후 유럽 국가들은 하천의 항행 문제를 넘어서 우편, 전신, 철도, 도량형의 통일 등에 관심을 갖게 되었는데 이를 처리하기 위하여 국제행정연합이란 상설 사무국을 설립했다. 이것이 현대적 국제기구의 전신이자 기원이라고 할 수 있다. 오늘날 '국제기구' 하면 보통 떠올리게 되는 보편적 국제기구는 1920년 국제연맹(LN, League of Nations)이 설립되면서 비로소 출현하게 되었다.

## III 국제기구의 법적 능력

### 1. 의의

국제기구는 스스로 권리·의무의 주체가 되어 국제사회에서 독자적으로 활동할 수 있는 법적 능력을 가진다. 이를 보통 국제기구의 법인격이라고 한다. 국제기구는 각각의 회원국과는 별개로 실질적인 권한을 가진 독립된 주체라는 것이 오늘날의 일반적 인식이다. 또한 국제기구에게 법인격을 인정하는 것이 국제기구의 설립 취지와 국제사회의 현실에도 부합한다고 하겠다. 그러나 수백 년의 근대 국제법 역사 속에서 회원국과 구별되는 고유의 법인격을 갖는 국제기구는 1945년 설립된 UN이 최초라 할 수 있다. 국제기구의 독립된 법인격 논의는 20세기 중반 이후 본격적으로 시작되었다고 할 수 있다.

## 2. 국제기구의 법인격

### (1) 국내적 법인격

국제기구가 특정 국가 내에서 그 국가의 국내법상 향유할 수 있는 권리·의무를 국내적 법인격이라 한다. 국내적 법인격은 UN 헌장 제104조나 WTO 설립 협정 제8조 등 국제기구 설립 조약이나 특별 조약에 명시하는 경우가 많다. 국제기구는 이를 창설한 국가들이 부여한 범위 내에서 권한을 행사한다.

### UN 헌장 제104조

기구는 그 임무의 수행과 그 목적의 달성을 위하여 필요한 법적 능력을 각 회원국의 영역 안에서 향유한다.

### WTO 설립 협정 제8조

1.세계무역기구는 법인격을 가지며 각 회원국은 세계무역기구에 대하여 이 기구가 자신의 기능을 수행하는 데 필요한 법적 능력을 부여한다.

## (2) 국제적 법인격

### 가. 의의

국제 관계에서 권리·의무의 귀속 주체가 될 수 있는 자격을 국제적 법인격이라 한다. 대개 ①적법한 목적과 기관을 소유한 항구적인 결합체인지 여부, ②회원국과 별도로 고유한 법적 권한과 목적을 가졌는지 여부 등을 판단하여 국제사회에서 법적 권한을 행사하는 법인격을 인정한다.


### 나. 국제적 법인격에 관한 국제사법재판소(ICJ)의 입장

1948년 팔레스타인전쟁 당시 중동에 파견된 UN조정관이 이스라엘 예루살렘에서 살해되는 일이 발생하자 UN은 책임이 있는 정부에 대해 배상을 요구하기로 했다. 그러나 당시만 해도 국제기구의 법인격에 대한 개념이 명확치 않아 UN이 독자적으로 특정 국가에 배상을 청구할 수 있는가에 대한 문제제기가 있었다. 이에 UN은 총회 결의로 국제사법재판소에 독자적 법인격에 대한 권고적 의견을 요청했다 (일명 〈베르나도테(Bernadotte) 사건(1948)〉).

이 사건에서 국제사법재판소는 보편적 국제기구인 UN의 국제적

---

**〈베르나도테(Bernadotte) 사건〉(ICJ, 1948)**

UN의 '공무 수행과정에서 입은 손해배상(Reparation For Injuries Suffered in the Service of the United Nations)'에 관한 권고적 의견을 내놓은 본 사건에서 국제사법재판소는 UN 설립 조약 내에 명시적 규정이 없더라도 국제기구가 직원에 대한 직무보호권을 행사하고 피해 직원을 대신하여 가해국 정부에 대해 제소할 수 있는 묵시적 권한을 가진다고 판시하였다. 더불어 국제기구의 직무보호권과 국가의 외교적 보호권이 경합하는 경우, UN 헌장 제2조 제5항의 취지로 보아 UN의 직무보호권이 우선할 수 있다는 입장을 밝히기도 하였다. 동 사건을 간략히 '〈Reparation Case〉'로 지칭하기도 한다.

법인격과 국내법적인 객관적 법인격을 인정하여 이스라엘을 상대로 손해배상을 청구할 수 있다는 의견을 내놓았다.

## 3. 국제기구의 권한과 책임

국제기구가 법인격을 가지고 독자적 활동을 하면서 가지는 대표적인 권한은 조약 체결권이다. 국제사회는 국가만을 조약 당사자로 규정한 1969년 비엔나 조약법 협약과는 별도로 국제기구도 조약 당사자로 명시한 1986년 비엔나 조약법 협약을 채택한 바 있다. 국제기구는 사신의 손재 목적과 활동 범위 내에서만 조약을 체결할 수 있는데 이를 전문성의 원칙이라고 한다.

한편 국제기구는 그 원활한 기능의 수행을 위해 독자적인 자산과 본부, 직원 등을 가지며, 회원국 대표의 활동과 신분에 있어서도 특별한 보장을 받는다. 보편적 국제기구인 UN을 기준으로 보면, 국제기구는 그 활동에 있어서 외교사절과 직원에 준하는 특권과 면제를 누린다. 동시에 국제 의무 위반으로 특정 국가에 피해를 입힌 경우에는 배상책임도 진다. 독자적 법인격과 특권을 누리면 동시에 그에 상응하는 책임 능력도 갖추어야 함은 당연한 논리의 귀결이라고 하겠다.

제2절

# 국제기구의 실제 :
## UN과 EU를 중심으로

다음에서는 다양한 종류의 국제기구 중 보편적 국제기구인 국제연합(UN)과 지역·일반·전문 국제기구의 특성을 고루 갖추면서 동시에 국제법상 지역공동체 통합의 표본이 되고 있는 유럽연합(EU)을 중심으로 국제기구의 실제 사례를 살펴보고자 한다.


## I. 국제연합(UN)

### 1. UN의 성립

UN은 제2차 세계대전 중 1943년 '모스크바 3상 회의', 1944년 '덤바튼－오크스(Dumbarton-Oaks) 회의', 1945년 '얄타회담'과 '샌프란시스코 회의'를 거쳐 1945년 10월 24일 '샌프란시스코 회의'에서 원서명국 총51개국이 비준을 완료하여 창설되었다.

2012년 현재 UN의 회원국은 모두 193개국이며, 국제연맹과 달리 회원국 탈퇴에 관하여는 명문 규정을 두고 있지 않다. 인도네시아는 1965년 UN에 탈퇴 통고를 하고 탈퇴한 바 있으나, 이듬해 UN에 복귀하였다.

## 2. UN의 목적과 원칙(4목적 7원칙)

### (1) 목적

UN 헌장 제1조는 UN의 목적을 명시하고 있다. ①국제 평화와 안전의 유지, ②국가 간의 우호 관계 발전과 세계 평화의 강화, ③모든 사람의 인권 및 기본적 자유에 대한 존중을 촉진하기 위한 국제적 협력 달성, ④각국의 활동을 조화시키는 중심이 되는 것이 헌장상에 명시된 UN의 목적이다.

**UN 헌장 제1조**

UN의 목적은 다음과 같다.

1. 국제 평화와 안전을 유지하고, 이를 위하여 평화에 대한 위협의 방지, 제거 그리고 침략 행위 또는 기타 평화의 파괴를 진압하기 위한 유효한 집단적 조치를 취하고 평화의 파괴로 이를 우려가 있는 국제적 분쟁이나 사태의 조정·해결을 평화적 수단에 의하여 또한 정의와 국제법의 원칙에 따라 실현한다.

2. 사람들의 평등권 및 자결 원칙의 존중에 기초하여 국가 간의 우호 관계를 발전시키며, 세계 평화를 강화하기 위한 기타 적절한 조치를 취한다.

3. 경제적·사회적·문화적 또는 인도적 성격의 국제문제를 해결하고 또한 인종, 성별, 언어 또는 종교에 따른 차별 없이 모든 사람의 인권 및 기본적 자유에 대한 존중을 촉진하고 장려함에 있어 국제적 협력을 달성한다.

4. 이러한 공동의 목적을 달성함에 있어서 각국의 활동을 조화시키는 중심이 된다.

### (2) 원칙

UN 헌장 제2조는 제1조의 목적을 수행함에 있어 필요한 7가지 원칙을 규정하고 있다.

여기에는 ①주권 평등의 원칙, ②신의성실의 원칙, ③분쟁의 평화적 해결 원칙, ④무력 사용 금지의 원칙, ⑤UN 활동에의 협력 의무,

⑥UN비회원국의 헌장 의무 준수, ⑦국내 문제 불간섭 원칙이 있다.

**UN 헌장 제2조**

이 기구 및 그 회원국은 제1조에 명시한 목적을 추구함에 있어서 다음의 원칙에 따라 행동한다.

1. 기구는 모든 회원국의 주권 평등 원칙에 기초한다.

2. 모든 회원국은 회원국의 지위에서 발생하는 권리와 이익을 그들 모두에 보장하기 위하여, 이 헌장에 따라 부과되는 의무를 성실히 이행한다.

3. 모든 회원국은 그들의 국제 분쟁을 국제 평화와 안전 그리고 정의를 위태롭게 하지 아니하는 방식으로 평화적 수단에 의하여 해결한다.

4. 모든 회원국은 그 국제 관계에 있어서 다른 국가의 영토 보전이나 정치적 독립에 대하여 또는 UN의 목적과 양립하지 아니하는 어떠한 기타 방식으로도 무력의 위협이나 무력행사를 삼간다.

5. 모든 회원국은 UN이 이 헌장에 따라 취하는 어떠한 조치에 있어서도 모든 원조를 다하며, UN이 방지 조치 또는 강제 조치를 취하는 대상이 되는 어떠한 국가에 대하여도 원조를 삼간다.

6. 기구는 UN의 회원국이 아닌 국가가, 국제평화와 안전을 유지하는 데 필요한 한, 이러한 원칙에 따라 행동하도록 한다.

7. 이 헌장의 어떠한 규정도 본질상 어떤 국가의 국내 관할권 안에 있는 사항에 간섭할 권한을 UN에 부여하지 아니하며, 또는 그러한 사항을 이 헌장에 의한 해결에 맡기도록 회원국에 요구하지 아니한다. 다만, 이 원칙은 제7장에 의한 강제 조치의 적용을 해하지 아니한다.

## 3. UN의 회원국

UN은 설립 당시부터 "헌장에 규정된 의무를 수락하고, 이러한 의무를 이행할 능력과 의사가 있다고 기구가 판단하는 평화애호국 모두에게 개방(제4조 1항)"된 보편적 국제기구이다.

UN 가입은 안정보장이사회 권고에 의하여 총회의 결정으로 이루어진다(제4조 2항). 총회에서는 회원국 3분의 2 이상의 찬성을 얻어야한다(제18조 2항). UN 가입 이후 회원국은 UN 헌장상의 의무를 다른조약상의 의무에 우선하여 지켜야 한다(제103조).

영세중립국인 스위스와 오스트리아는 UN에 가입하지 않다가 UN헌장 제43조의 특별 협정이 체결되지 않는 한 개별 회원국이 UN의군사 조치에 참여할 구체적 의무가 없다는 판단하에 오스트리아가1955년, 스위스가 2002년 각각 UN에 가입하였다.

UN 회원국은 안보리 권고에 따라 총회결의로써 회원국의 권리와특권을 정지시킬 수 있다. 이는 안보리에 의해 회복될 수 있다(제5조).안보리 결의에 따라 강제 조치의 대상이 되는 국가들을 제명 또는 탈퇴시킬 수 있는 것이다.

한편, UN은 옵저버 제도를 운영하고 있다. 헌장 제35조 2항을 근거로 특정 문제에 대해 안보리나 총회에 주의를 환기할 수 있도록 비회원국을 초청하던 관행에서 기인한 제도이다. 남북한은 옵저버 자격으로 UN에 참가하다가 1991년 9월 17일, UN 총회에서 남북한 동시 가입안이 통과되면서 정식 회원국이 되었다.

### 4. UN의 기관

UN은 크게 주요 기관(Principal Organs)과 보조 기관(Subsidiary Organs)그리고 전문기구(Specialized agencise)로 구성된다. 헌장 제7조는 UN의주요 기관으로 총회, 안전보장이사회, 경제사회이사회, 신탁통치이사회, 국제사법재판소 및 사무국의 6개 기관를 명시하고 있다. 6개 기관중 신탁통치이사회는 마지막 신탁통치 지역이었던 팔라우가 독립하면서 사실상 사문화된 기관이다. 주요 기관 외에 필요하다고 인정되는 경우에는 UN 헌장에 의해 보조 기관이 설치될 수 있다. 보조 기관은 주요 기관의 업무수행을 위해 주로 그 산하에 설치된다.

UN 전문기구는 UN 해당 기관의 직접적인 지시나 통제를 받지 않지만 관련 협력 단체로 고유의 역할을 수행하며 경제사회이사회에 연례보고를 한다. 현재 UN에는 만국우편연합(UPU), 국제통신연합(ITU), 국제노동기구(ILO), 유네스코(UNESCO) 등과 같은 전문기구들이 활동 중이다. 이들은 개별 설립 조약에 의해 창설되어 독자적 법인격을 가지고 있으며 형식상 UN의 내부기관은 아니나 UN과 특별 관계 협정을 맺고 UN과 보조를 맞추어 활동한다. 대중에게 익숙한 유니세프(UNICEF), 유엔난민기구(UNHCR)는 전문기구는 아니며 UN 총회 결의로 설립된 기관이다.

**현재 활동 중인 UN 전문기구**

국제노동기구(ILO), UN식량농업기구(FAO), UN교육과학문화기구(UNESCO)
국제민간항공기구(ICAO), 세계보건기구(WHO), 세계은행그룹(국제부흥개발은행(IBRD), 국제개발협회(IDA), 국제금융공사(IFC), 국제투자보증기구(MIGA)),
국제통화기금(IMF), 만국우편연합(UPU), 국제통신연합(ITU),
세계기상기구(WMO), 국제해사기구(IMO), 세계지적재산권기구(WIPO)
국제농업개발기금(IFAD), UN공업개발기구(UNIDO)

이하에서는 UN의 주요 기관의 구성과 운영 등에 대해 헌장 조문을 중심으로 살펴보기로 한다.

### (1) 총회(General Assembly)

가. 구성

총회는 유일하게 모든 회원국으로 구성되는 전체기관이다. 총회에서 각 회원국은 평등하게 1개의 투표권을 갖는다. 총회는 연례정기회기를 기본적으로 진행하며 필요한 경우에 특별회기를 진행한다. 총회는 그 자체의 의사규칙을 채택하며 매회기마다 의장을 선출한다. 각 회원국은 총회에 5인 이하의 대표를 둘 수 있다.

### 나. 임무 및 권한

총회는 주로 '토의'하고 '권고'하는 역할을 하며 다루는 주제는 광범위하다. 총회가 권고하는 대상은 UN 회원국 또는 안전보상이사회이며, 국제사법새판소에 대하여 권고적 의견을 요청할 수도 있다. 다

**UN 헌장 제10조**

총회는 이 헌장의 범위 안에 있거나 또는 이 헌장에 규정된 어떠한 기관의 권한 및 임무에 관한 어떠한 문제 또는 어떠한 사항도 토의할 수 있으며, 그리고 제12조에 규정된 경우를 제외하고는, 그러한 문제 또는 사항에 관하여 UN 회원국 또는 안전보장이사회 또는 이 양자에 대하여 권고할 수 있다.

**UN 헌장 제11조**

1. 총회는 국제 평화와 안전의 유지에 있어서의 협력의 일반 원칙을, 군비축소 및 비규제를 규율하는 원칙을 포함하여 심의하고, 그러한 원칙과 관련하여 회원국이나 전보장이사회 또는 이 양자에 대하여 권고할 수 있다.
2. 총회는 UN 회원국이나 안전보장이사회 또는 제35조 제2항에 따라 UN 회원국이 아닌 국가에 의하여 총회에 회부된 국제 평화와 안전의 유지에 관한 어떠한 문제도 토의할 수 있으며, 제12조에 규정된 경우를 제외하고는 그러한 문제와 관련하여 1 또는 그 이상의 관계국이나 안전보장이사회 또는 이 양자에 대하여 권고할 수 있다. 그러한 문제로서 조치를 필요로 하는 것은 토의의 전 또는 후에 총회에 의하여 안전보장이사회에 회부된다.
3. 총회는 국제 평화와 안전을 위태롭게 할 우려가 있는 사태에 대하여 안전보장이사회의 주의를 환기할 수 있다.

만 총회는 안전보장이사회가 분쟁이 된 문제와 관련하여 UN 헌장에
서 부여한 임무를 수행하는 동안에는 안전보장이사회가 요청하지 않
는 한 그 문제와 관련하여 어떠한 권고도 하지 않는다.

**UN 헌장 제12조**

1. 안전보장이사회가 어떠한 분쟁 또는 사태와 관련하여 이 헌장에서 부여된 임무를 수행
하고 있는 동안에는 총회는 이 분쟁 또는 사태에 관하여 안전보장이사회가 요청하지 아니
하는 한 어떠한 권고도 하지 아니한다.

또한 총회는 안전보장이사회로부터 연례보고와 특별보고를 받아 심의하며, UN의 다른 기
관으로부터 보고를 받아 심의한다. 무엇보다 중요한 총회의 권한은 UN 헌장 제17조에 따
른 기구의 예산을 심의하고 승인하는 권한이며 이는 총회의 단독 권한 사항이다. 총회는
임무수행에 필요하다고 인정되는 보조 기관을 설치할 수 있으며 현재 6개의 주요 위원회
등 여러 보조 기관을 설치하고 있다.

### 다. 표결

총회의 의사결정 방식은 다루는 사항에 따라 다르다. 예를 들면 안
전보장이사회의 비상임이사국의 선출, 신회원국의 가입과 승인, 회원
국으로서의 권리 및 특권의 정지, 회원국의 제명, 경제사회이사회의
이사국 선출, 예산에 관한 사항, 국제 평화와 안전의 유지에 관한 권
고와 같은 중요 문제는 출석하여 투표하는 구성국의 3분의 1이 찬성
하는 다수결로 결정한다.

이와 달리 국제사법재판소에 권고적 의견을 요청하거나 사무총장
의 임명 문제, 3분의 2 찬성의 다수결로 결정될 문제의 추가적 부분의
결정과 같은 기타 문제는 출석하여 투표하는 구성국의 과반수로 결정
된다.

1. 총회의 각 구성국은 1개의 투표권을 가진다.

2. 중요 문제에 관한 총회의 결정은 출석하여 투표하는 구성국의 3분의 2의 다수로 한다. 이러한 문제는 국제 평화와 안전의 유지에 관한 권고, 안전보장이사회의 비상임이사국의 선출, 경제사회이사회의 이사국의 선출, 제86조 제1항 다호에 의한 신탁통치이사회의 이사국의 선출, 신회원국의 UN 가입의 승인, 회원국으로서의 권리 및 특권의 정지, 회원국의 제명, 신탁통치제도의 운영에 관한 문제 및 예산 문제를 포함한다.

3. 기타 문제에 관한 결정은 3분의 2의 다수로 결정될 문제의 추가적 부문의 결정을 포함하여 출석하여 투표하는 구성국의 과반수로 한다.

## (2) 안전보장이사회(Security Council)

### 가. 구성

안전보장이사회는 15개의 UN 회원국으로 구성된다. 이 중 미국, 중국, 영국, 프랑스, 러시아(구소련)는 안전보장이사회의 상임이사국이고 그 외에 10개의 비상임이사국이 있다. 비상임이사국은 2년의 임기로 총회에서 선출된다. 비상임이사국의 선출 시 총회는 국제 평화와 안전의 유지 및 기구의 기타 목적에 대한 회원국의 공헌과 공평한 지리적 배분을 고려한다. 지금까지의 관행에 따르면 동유럽국가 중 1개국, 서유럽 및 기타 국가 중 2개국, 아시아—아프리카 국가 중 5개국, 라틴아메리카 국가 중 2개국이 선출된다.

### 나. 임무와 권한

안전보장이사회는 국제 평화와 안전의 유지를 위해 일차적인 책임을 지는 기관으로써 분쟁의 평화적 해결을 위해 여러 가지 권한을 행사한다. 강제 조치, 평화에 대한 위협·평화의 파괴 또는 침략 행위가 발생하였음을 결정할 수 있는 권한, 군비통제안의 작성 및 군비 규제

체제의 확립을 한 계획 수립, 총회의 결정에 의해 정지된 권리와 특권의 회복, 지역 협정에 관한 권한 등이 바로 그것이다.

안전보장이사회는 어떠한 분쟁 또는 사태에 관해서든 조사권을 행사할 수 있다. 즉, 특정한 분쟁 또는 사태가 국제 평화와 안전의 유지를 위태롭게 할 우려가 있는지 여부를 결정하기 위해 조사할 수 있다.

안전보장이사회의 가장 강력한 권한 중 하나가 바로 UN 헌장 제7장에 근거한 강제 조치 권한이다. 안전보장이사회는 UN 헌장이 규정한 일정한 절차를 거쳐 비무력적 경제제재 혹은 무력적 조치를 취할 수 있는 권한을 가지고 있다.

안전보장이사회도 총회와 마찬가지로 그 임무수행에 필요하다고 인정되는 보조 기관을 설치할 수 있다. UN 평화 유지군, 구유고 국제형사재판소, 르완다 국제형사재판소 등이 바로 국제사회의 평화와 안전을 위해 안전보장이사회가 설치한 보조 기관이다.

한편, UN 회원국은 어떠한 분쟁이나 사태가 발생하면 안전보장이사회에 주의를 환기할 수 있으며, UN 회원국이 아닌 국가라도 자국이

## UN 헌장 제24조

1. UN의 신속하고 효과적인 조치를 확보하기 위하여, UN 회원국은 국제 평화와 안전의 유지를 위한 일차적 책임을 안전보장이사회에 부여하며, 또한 안전보장이사회가 그 책임하에 의무를 이행함에 있어 회원국을 대신하여 활동하는 것에 동의한다.

## UN 헌장 제26조

세계의 인적 및 경제적 자원을 군비를 위하여 최소한으로 전용함으로써 국제 평화와 안전의 확립 및 유지를 촉진하기 위하여, 안전보장이사회는 군비 규제 체제의 확립을 위하여 UN 회원국에 제출되는 계획을 제47조에 규정된 군사참모위원회의 원조를 받아 작성할 책임을 진다.

1. 어떠한 분쟁도 그의 계속이 국제 평화와 안전의 유지를 위태롭게 할 우려가 있는 것일 경우, 그 분쟁의 당사자는 우선 교섭, 심사, 중개, 조정, 중재재판, 사법적 해결, 지역적 기관 또는 지역적 약정의 이용 또는 당사자가 선택하는 다른 평화적 수단에 의한 해결을 구한다.

2. 안전보장이사회는 필요하다고 인정하는 경우, 당사자에 대하여 그 분쟁을 그러한 수단에 의하여 해결하도록 요청한다.

**UN 헌장 제34조**

안전보장이사회는 어떠한 분쟁에 관하여도, 또는 국제적 마찰이 되거나 분쟁을 발생하게 할 우려가 있는 어떠한 사태에 관하여도, 그 분쟁 또는 사태의 계속이 국제 평화와 안전의 유지를 위태롭게 할 우려가 있는지 여부를 결정하기 위하여 조사할 수 있다.

**UN 헌장 제35조**

1. UN 회원국은 어떠한 분쟁에 관하여도, 또는 제34조에 규정된 성격의 어떠한 사태에 관하여도, 안전보장이사회 또는 총회의 주의를 환기할 수 있다.

2. UN 회원국이 아닌 국가는 자국이 당사자인 어떠한 분쟁에 관하여도, 이 헌장에 규정된 평화적 해결의 의무를 그 분쟁에 관하여 미리 수락하는 경우에는 안전보장이사회 또는 총회의 주의를 환기할 수 있다.

당사자인 분쟁에 관하여 UN 헌장에 따른 평화적 해결의 의무를 미리 수락하는 경우에는 안전보장이사회에 주의를 환기할 수 있다.

다. 표결

안전보장이사회의 의사결정 방식은 다루는 사안이 절차 사항인지, 비절차 사항(실질 문제)인지에 따라 달라진다. 관행에 의하면 절차 사항에는 토의 순서의 결정, 회의의 정지와 휴회, 새로운 의제의 삽입과 기존 의제의 삭제, 회의 참석국의 초대 등이 해당된다. 절차 사항은 상임이사국, 비상임이사국을 가리지 않고 단순 9개국의 찬성투표로 결정된다. 비절차 사항은 5개의 상임이사국을 반드시 포함한 9개국의 찬성 투표로 결정되며 여기에는 상임이사국의 거부권이 적용되어 상임이사국의 의사에 따라 결의 여부가 좌우된다. 상임이사국 가운데 반대를 표명한 국가가 있으면 그 사항은 부결된다.

그런데 UN 헌장은 어떤 사항이 절차 문제인지, 실질 문제인지를 결정하는 선결문제도 비실질 문제(절차 사항)로 규정하고 있다. 따라서 안보리 이사국들의 이중거부권 행사 가능성에 대해 문제제기도 존재한다.

### 기권과 거부권 행사

1950년 한국전쟁 당시 소련은 UN이 중국 공산당 정부의 중국 대표를 인정하지 않은 것에 대한 항의로 안전보장이사회 의결에서 기권하였다. UN은 그 의결에서 남한에 병력을 파견하도록 권고하는 결의를 채택하였다. 이에 소련은 그 결의가 무효라고 주장하였으나 소련의 기권이 곧 거부권 행사를 의미하는 것이 아니라는 법적 확신이 존재하지 않음을 증명하지 못하여 그 주장이 받아들여지지 않았다.

### UN 헌장 제31조

안전보장이사회의 이사국이 아닌 어떠한 UN 회원국도 안전보장 이사회가 그 회원국의 이해에 특히 영향이 있다고 인정하는 때에는 언제든지 안전보장이사회에 회부된 어떠한 문제의 토의에도 투표권 없이 참가할 수 있다.

### UN 헌장 제32조

안전보장이사회의 이사국이 아닌 UN 회원국 또는 UN 회원국이 아닌 어떠한 국가도 안전보장이사회에서 심의 중인 분쟁의 당사자인 경우에는 이 분쟁에 관한 토의에 투표권 없이 참가하도록 초청된다. 안전보장이사회는 UN 회원국이 아닌 국가의 참가에 공정하다고 인정되는 조건을 정한다.

## 라. 결정의 효력

절차 사항에 관한 결정은 UN 내부적으로 법적 구속력이 있으나, 실질 사항에 관한 결정은 권고적 효력 혹은 법적 구속력을 가진 것으로 구분된다. 예컨대 UN 헌장 제25조에 따라 UN 회원국이 안전보장이사회의 결정을 UN 헌장에 따라 수락하고 이행할 것에 동의한 경우에는 법적 구속력을 가진다. 주로 제7장상의 강제 조치에 관한 결정이 이에 해당한다. 반면에 제36조와 같이 헌장에서 명문으로 권고적 효력을 규정하는 경우에는 권고적 효력만을 갖는다.

### UN 헌장 제25조

UN 회원국은 안전보장이사회의 결정을 이 헌장에 따라 수락하고 이행할 것을 동의한다.

### UN 헌장 제36조

1. 안전보장이사회는 제33조에 규정된 성격의 분쟁 또는 유사한 성격의 사태의 어떠한 단계에 있어서도 적절한 조정 절차 또는 조정 방법을 권고할 수 있다.
2. 안전보장이사회는 당사자가 이미 채택한 분쟁 해결 절차를 고려하여야 한다.
3. 안전보장이사회는, 이 조에 의하여 권고를 함에 있어서, 일반적으로 법률적 분쟁이 국제사법재판소규정의 규정에 따라 당사자에 의하여 동 재판소에 회부되어야 한다는 점도 또한 고려하여야 한다.


## (3) 경제사회이사회(Economic and Social Council)

### 가. 구성

경제사회이사회는 총회에 의하여 선출된 54개 UN 회원국으로 구성된다. 이 중 18개 이사국은 3년의 임기로 매년 선출되며 퇴임이사국은 연이어 재선될 자격을 가진다. 각 이사국은 1인의 대표를 가진다(총회에는 각국당 5인의 대표가 참석할 수 있다).

나. 임무와 권한

경제사회이사회는 경제적, 사회적, 문화적, 교육적, 보건적 국제사항과 관련된 국제 사항에 관한 연구와 보고를 행하거나 발의하고, 권고안 채택, 조약 초안 준비 및 국제회의 소집 등을 할 수 있다. 또한 경제사회이사회는 인권 및 기본적 자유의 존중과 준수를 촉진하기 위하여 권고를 할 수 있는 권한이 있다.

이 뿐만 아니라 총회의 승인을 얻어 UN 헌장 제57조에 규정된 어떠한 기구와도 동기구가 UN과 제휴 관계를 정하는 조건을 규정하는 협정을 체결할 수 있다. 경제사회이사회는 UN 회원국이나 전문기구의 요청이 있을 경우에 용역을 제공할 수 있는데 이는 총회의 승인을 얻어 시행해야 한다.

경제사회이사회가 다룰 수 있는 국제 사안은 총회와 마찬가지로 광범위하지만, 회원국을 구속할 수 있는 결정을 할 수는 없다는 점에서 그 효력이 제한적이다.

**UN 헌장 제62조**

1. 경제사회이사회는 경제, 사회, 문화, 교육, 보건 및 관련 국제 사항에 관한 연구 및 보고를 하거나 또는 발의할 수 있으며, 아울러 그러한 사항에 관하여 총회, UN 회원국 및 관계 전문기구에 권고할 수 있다.

**UN 헌장 제63조**

1. 경제사회이사회는 제57조에 규정된 어떠한 기구와도, 동 기구가 UN과 제휴 관계를 설정하는 조건을 규정하는 협정을 체결할 수 있다. 그러한 협정은 총회의 승인을 받아야 한다.
2. 이사회는 전문기구와의 협의, 전문기구에 대한 권고 및 총회와 UN 회원국에 대한 권고를 통하여 전문기구의 활동을 조정할 수 있다.

다. 표결

경제사회이사회의 각 이사국은 1개의 투표권을 가지며, 출석하여 투표하는 이사국의 과반수로 결정한다.


### (4) 사무국(Secretariat)

가. 구성

사무국은 1인의 사무총장(Secretary-General)과 기구가 필요로 하는 직원으로 구성한다. 사무총장과 직원은 임무의 수행에 있어서 독립성을 보장받는다. 이들은 특정 회원국이나 UN의 다른 기관에게 지시를 받지 아니하며 기구에 대하여만 책임을 진다. 각 UN 회원국은 사무총장 및 직원의 국제적인 특성을 존중할 것과 그들의 책임수행에 있어서 영향력을 행사하면 안 된다. 한편, UN 사무총장 및 직원들은 국제공무원으로서 그 지위를 손상할 우려가 있는 어떠한 행동도 삼가야 하는 의무가 있다.


나. 사무총장의 선출과 임기

사무총장은 기구의 수석행정직원으로서 안전보장이사회의 권고로 총회가 임명한다. 사무총장의 임명은 실질 문제로써 안전보장이사회 상임이사국을 포함한 9개 이사국의 찬성이 필요하며 상임이사국은 거부권을 행사할 수 있다. 사무총장 임명에 대해 총회 승인을 얻을 때는 출석하여 투표하는 구성국의 과반수 이상의 찬성이 필요하다. 사무총장의 임기에 관하여 헌장에 명시적인 규정은 없으나 5년으로 하는 것이 관행이며 연임과 재선이 모두 허용된다.

다. 사무총장의 임무와 권한

사무총장은 총회, 안전보장이사회, 경제사회이사회 및 신탁통치이사회의 모든 회의에 사무총장의 자격으로 활동하며, 이 기관들이 위임한 다른 임무를 수행한다. 또한 기구의 사업에 관하여 총회에 연례보고를 한다.

사무총장은 국제 평화와 안전 유지를 위협하는 사항에 대해서 안전보장이사회의 주의를 환기할 수 있다. 그러나 총회의 주의를 환기할 수 있는 권한은 없다.

### (5) 국제사법재판소(ICJ)

국제사법재판소는 UN의 주요한 사법기관으로 모든 UN 회원국은 국제사법재판소규정의 당연 당사국이다. UN 회원국이 아닌 국가는 안전보장이사회의 권고에 의하여 총회가 결정하는 경우, 국제사법재판소규정의 당사국이 될 수 있다.

각 국가는 국제사법재판소에 분쟁 사안을 제소할 수 있고, UN 총

---

**UN 헌장 제93조**

1. 모든 UN 회원국은 국제사법재판소규정의 당연 당사국이다.
2. UN 회원국이 아닌 국가는 안전보장이사회의 권고에 의하여 총회가 각 경우에 결정하는 조건으로 국제사법재판소규정의 당사국이 될 수 있다.

---

**UN 헌장 제96조**

1. 총회 또는 안전보장이사회는 어떠한 법적 문제에 관하여도 권고적 의견을 줄 것을 국제사법재판소에 요청할 수 있다.
2. 총회에 의하여 그러한 권한이 부여될 수 있는 UN의 다른 기관 및 전문기구도 언제든지 그 활동 범위 안에서 발생하는 법적 문제에 관하여 재판소의 권고적 의견을 또한 요청할 수 있다.

---

회와 안전보장이사회 등은 국제사법재판소에 제소가 아닌 권고적 의견만을 요청할 수 있다. 총회와 안보리 외에 UN의 다른 기관 및 전문기관은 전문성 원칙에 따라 그 활동 범위와 존재 목적에 부합하는 범위 내에서만 권고적 의견을 요청할 수 있다.

국제사법재판소에 관련한 분쟁 해결 절차와 원칙 등은 '제7장 국제 분쟁의 평화적 해결'에서 상세하게 다루기로 한다.


## II. 유럽연합(EU, The Euopean Union)

### 1. EU의 형성

1952년 철강과 석탄자원을 공동으로 관리하고자 프랑스, 독일, 이탈리아, 베네룩스 3국이 모여 유럽석탄철강공동체(ECSC, European Coal and Steel Community)를 출범시킨 것이 유럽공동체 형성의 현대적 기원이다. 이후 이들 국가들은 로마 조약을 체결해 1957년 석탄 · 철강 외에 전 산업 분야로 협력을 확대하자는 취지로 유럽경제공동체(EEC, European Economic Community)를 출범시켰다. 동시에 이들은 원자력의 공동개발 및 이용을 목적으로 유럽원자력공동체(EURATOM, European Atomic Energy Community)도 출범시켰다. 이후 1967년 이들 국가들은 ECSC, EEC, EURATOM의 기구와 집행부를 통합하여 유럽공동체(EC, European Communities)를 형성했다. 1973년에 영국과 덴마크, 아일랜드가 유럽공동체에 새롭게 가입하고 1981년에 그리스가, 1986년에 스페인, 포르투갈이 유럽공동체에 추가로 가입함으로써 유럽공동체는

12개 회원국으로 확대되었다.

EC 체제에서 경제통합을 가속화하던 회원국들은 정치통합을 포함한 유럽연합(EU, European Union)의 출범을 위해 1991년 12월 '마스트리히트 조약'을 채택하고, 1992년에 정식 체결 후 1993년에 이 조약을 발효시켰다. 이로써 EU가 탄생하였다.

## 2. EU의 발전

1992년 체결된 EU 조약의 주요 내용으로는 ①1999년까지 유럽단일통화 창설 및 유럽중앙은행 설립, ②유럽의회 결정권 및 거부권 강화와 위원회에 대한 법안 제출 요청권 부여, ③공동방위 체제 확립, ④역내 빈국들을 위한 지원기금 창설, ⑤유럽시민권제도 도입 등으로 유럽의회 권한을 강화하고 유럽국가의 결속력을 강화하기 위한 방안 등이 있다.

더 나아가 EU 정상들은 1997년 유럽국가의 통화 통합을 가속화하고 유럽 단일통화를 안정적으로 도입하기 위해 암스테르담 조약을 체결하였고, 2001년 체결된 니스 조약은 이를 한층 더 확대하였다. 하지만 2005년 유럽헌법 조약안이 프랑스와 네덜란드에서 국민투표 결과 부결되기도 하였다. 이에 EU 정상들은 2007년 리스본에서 'EU 개정 조약(EU Reform Treaty)'으로 불리는 리스본 조약을 체결했다.

이 리스본 조약은 2009년 12월에 발효되었으며 이 조약의 체결로써 순회의장국제도가 폐지되고

**EU의 이중다수결제란?**

어떤 정책을 결정할 때 EU 전체 인구의 65% 이상, 27개 회원국 중 15개국 이상이 찬성하면 가결되는 제도로서 2014년부터 단계적으로 도입하여 2017년에는 전면 실시된다.

유럽이사회의장(EU대표, 일명 'EU대통령')과 외교정책대표직(외무장관)등 고위 대표직이 신설되었다. 또한 이중다수결 제도가 도입되어 단일 공동체로서 의사결정의 효율성을 추구하고 있다.

## 3. EU 공동체법의 법원

상기 EU의 형성 및 발전과정을 바탕으로 EU 공동체법의 법원(法源)을 정리하면 다음과 같다.

### (1) 1차적 법원

1차적 법원은 EU의 헌법적 기초가 되는 공동체 설립 조약을 일컫는 말로 이에는 로마 조약, EU 조약, 암스테르담 조약 등이 포함된다.

### (2) 2차적 법원

2차적 법원은 공동체의 입법 행위에 해당하는 규칙, 지침, 결정, 권고 및 기타 조치, 유럽사법재판소의 판결, 국제법, 제3국과의 국제협정 법의 일반 원칙 등이 포함되며, EU 내부적으로 가중치를 갖는 것은 규칙, 지침, 결정, 권고 및 의견이다.

#### 가. 규칙(Regulation)

명령이라고도 하며 별다른 입법 조치 없이 회원국에 직접 적용되는 법적 구속력이 있다. 회원국에 대해 활동 방법과 그 결과에 대하여 모두 구속력을 가진다.

### 나. 지침(Directive)

지침은 명령과 달리 결과에 대하여만 법적 구속력이 있고 방법에 대하여는 구속력을 갖지 않아 방법에 관하여는 회원국이 선택의 자유를 가질 수 있는 법적 규율이다.


### 다. 결정(Decision)

일반적으로 적용되는 규칙과는 달리 결정은 개별성을 바탕으로 적용되며 결과와 방법에 있어 모두 법적 구속력을 갖는다.


### 라. 권고 및 의견(Recommendation and Opinion)

권고 및 의견은 정치적·경제적으로 비중은 있지만 회원국에 대해 법적 구속력이 없는 비강제적 일방 행위이다. 법적 구속력이 없어 유럽사법재판소의 사법 심사 대상이 되지 않는다.


## 4. EU의 법적 특성

유럽연합(EU)의 법원이나 출범 초기 상황을 관찰할 때 국제법상 가장 주목해볼 만한 특징은 '초국가성(supranationality)'이다. EU의 개별 회원국들은 독립적 법인격을 유지하지만 동시에 회원국들의 연합체인 EU 또한 초국가적으로 그들을 대표하여 국제사회에서 활동하는 특징이 있다. 그러나 이런 특성은 유럽 헌법 조약에 대한 회원국내 국민투표에서 문제제기를 당했고, 리스본 조약을 통해 상당 부분 초국가성을 의미하는 용어 등이 삭제되고 EU의 효율적 기능을 살리는 방안으로 재편되었다.

하지만 현실적으로 EU가 국제사회에서 회원국들을 대표하여 대외적 권능을 가지고 활동하고 있음을 부인할 수는 없다. 현재 기본 조약의 역할을 하는 2009년 리스본 조약상 대외적인 대표기관(유럽이사회의장, 외교정책대표직)이 존재하고, 한—EU FTA와 같이 EU가 개별 국가 및 국제기구 등과 다양한 국제 관계를 형성하며 활동하고 있기 때문이다.

## 5. EU의 구성

### (1) 위원회(Commission)

위원회는 이사회와 함께 집행기관의 역할을 수행하는 기관이다. 대외적으로 EU를 대표하는 위원회는 공동체 전체의 이익을 보호하기 위하여 활동한다. 위원회는 입법안 및 정책을 제안하고 집행하며 공동체법이 제대로 이행되고 있는지를 감독하는 권한을 가지고 있다. 또한 공동정책의 이행에 관한 독자적 결정권을 행사하며 세이프가드 제도의 적용 여부를 결정하기도 한다. 위원은 반드시 회원국 국민이어야 하며 회원국 정부의 만장일치로 선출된다.

### (2) 이사회(Council)

이사회는 참여하는 각료의 수준에 따라 유럽이사회, 일반이사회, 전문이사회 세 가지로 구성된다. 유럽이사회는 회원국의 정부수반으로 구성되며, 일반이사회는 회원국의 외무장관들이 모여 공동체에 관한 일반적인 문제를 논의한다. 전문이사회는 금융ㆍ농업 등 해당 분야의 관계부처 장관이 모여 안건을 다룬다. 이사회는 위원회와 함께 입법권과 집행권을 담당하는데 이사회의 입법 권한은 공동체 설립 조약의 이행에 필요한 경우로 한정된다.


### (3) 유럽의회(European Parliament)

유럽의회는 회원국 국민의 대표로 구성되는 공동체 기관이다. 유럽의회는 위원회나 이사회와 같은 직접적인 법안 제출권은 없다. 하지만 간접적인 법안 제출권이 있으며 집행기관을 감독할 권한과 신회원국 가입에 대한 동의권을 갖는다.


### (4) 유럽사법재판소(ECJ, Court of Justice of the European Communities)

유럽사법재판소는 다른 공동체 기관 및 회원국과는 완전히 독립하여 존재하는 EU 최고 법원이다. 유럽사법재판소는 분쟁 발생 시 EU의 조약을 해석하고 적용하여 회원국이 EU 공동체법을 준수하도록 하는 기능을 한다.

임기 6년의 판사 27명과 심의관 8명으로 구성되며, 회원국뿐만 아니라 개인이나 법인에게도 소송 능력을 인정하고 있다. 이는 국가만을 소송 능력 당사자로 인정하는 국제사법재판소와 다른 특징이다.

원칙적으로 3~5명으로 구성되는 소재판부나 11명으로 구성되는 대재판부에서 사건을 심리하며 중대한 사건인 경우에는 예외적으로 전원재판부에서 심리한다.

# 개인의 국제법 주체성

## Ⅰ 개관

### 1. 개인의 국제법 주체성 인정 여부

개인의 국제법 주체성을 인정한나는 것은 개인이 그 자신의 이름으로 국제법상 권리·의무의 주체가 된다는 것을 의미한다. 오늘날 국제사회에서 개인의 역할이 증가함에 따라 개인의 국제법 주체성 인정에 대한 견해와 실행이 긍정적으로 축적되는 경향이 강하다. 하지만 전통국제법상 국가만이 국제법의 주체로 인식되어 온 것도 사실이다. 그동안 개인이 국제법의 객체라는 점에는 의문의 여지가 없었으나 국제법의 주체가 될 수 있는지에 관해서는 대립되는 견해가 존재했다.

우선 개인의 국제법 주체성을 부정하는 입장은 18세~19세기 말에 걸쳐 오펜하임(Oppenheim), 안질로티(Anzilotti), 트리펠(Triepel) 등 이원론을 주장한 학자들이 견지해왔다. 이들은 국제법이 국가 간의 법이므로 국가만이 국제법상의 권리·의무의 주체가 될 수 있다고 보았다.

반면 긍정설은 ①국가는 하나의 법인일 뿐 국제법 주체성을 가지지 못하므로 개인만이 국제법 주체가 된다는 견해, ②국가와 개인의 국제법 주체성을 모두 인정하면서 국제법이 개인의 실체법상 권리·의무를 규정한 내용을 담고만 있으면 폭넓게 개인의 국제법 주체성을 인정하는 견해, ③국가와 개인의 국제법 주체성을 모두 인정하지만 개인의 국제법 주체성은 국제법 스스로 개인의 권리·의무를 규정할 뿐만 아니라 직접 개인에게 소송 당사자의 능력을 인정할 때에만 좁은 의미로 인정하는 견해로 나누어져 있다.

대체로 현대 국제법은 개인의 국제법 주체성을 인정하는 방향으로 발전 중이며 그 주체성의 성격에 대해서는 다음과 같은 견해가 있다. ①개인은 조약에 의하여 직접 개인에게 부여된 권리와 의무의 범위 내에서만 국제법의 주체가 될 수 있는 제한적 주체성만 가진다는 견해, ②개인은 조약의 체결 등 국제법의 정립에는 참여할 수 없다는 점에서 수동적 주체성만 가진다는 견해, ③개인의 국제법 주체성이 인정된다 하더라도 국제법의 시원적 주체는 국가이며, 개인은 국가가 인정하는 범위 내에서만 국제법 주체성이 이차적 주체성(파생적 주체성)을 가진다는 견해가 있다.


## 2. 국제법 주체로서 개인의 권리와 의무

### (1) 개인의 권리

가. 국제소송권

개인의 국제소송권이란 개인이 국제 법원에 직접 소송을 제기할 수 있는 능력을 말한다. 1907년 중미사법법원은 조약 위반이나 기타 국제적 성격을 가진 사건에 관하여 개인이 타체약국 정부를 상대로 제소를 할 수 있는 최초의 개인 국제소송권을 인정하였다.

현재 개인의 국제소송권을 인정하고 있는 국제재판소로는 혼합중재재판소, 국제투자분쟁 해결센터(ICSID) 중재재판, 국제해양법재판소

심해저분쟁재판부, 유럽사법재판소, 유럽인권재판소, UN행정법원, 국제노동기구(ILO)행정법원 등이 있다.

### 나. 국제기관에 대한 청원권

청원권이란 개인이 국제기구에 일정한 사항을 청원·신고할 수 있는 권리를 말한다. 현재 국제기구가 인정한 개인의 청원권으로는 신탁통치 지역 주민의 UN 신탁통치이사회에 대한 청원권, 유럽 인권 협약상 유럽인권위원회에 대한 청원권, 인종차별 철폐 협약상 특별조정위원회에 대한 청원권, 노동자단체의 국제노동기구 사무국에 대한 신고권, 국제 인권B규약 선택의정서상의 인권위원회에 대한 청원권, 미주인권 협약상 미주인권위원회에 대한 청원권 등이 있다.

### (2) 개인의 의무

국제법 주체로서 개인은 일반적인 국제관습법과 강행규범을 준수할 의무가 있다고 할 것이다. 개인은 해적 행위 금지 의무, 침략 전쟁 금지 의무, 무력행사 금지 의무, 전쟁 법규 준수 의무, 집단살해 금지 의무, 중립 준수 의무와 함께 조약에 의하여 개인에게 부여된 조약상의 의무를 준수해야 한다.

## 3. 개인 간 결사체 비정부기구(NGO)의 국제법 주체성

### (1) 의의

비정구기구(NGO, Non-Governmental Organization)란 개인들이 결성하여 일정한 목적 달성을 위해 활동하는 조직체를 의미한다. 오늘날 비정

부기구는 국내뿐만 아니라 국제적으로 다양한 활동을 전개하는 경우
가 많다. 국제적으로 영향력을 행사하며 활동할 때에도 국제기구와
달리 비정부기구는 정부 간 조약 없이 성립되는 경우가 보통이다. 따
라서 이들의 국제법 주체성을 어떻게 보아야 하는지가 국제법의 새로
운 과제로 떠오르고 있다.

비정부기구는 개별 조약에서 국제법 주체성이 인정된 경우를 제외
하고는 원칙적으로 국제법 주체성이 인정되지 않는다. 다만 최근에는
다국적 기업과 비정부기구에 대하여도 국제법 주체성을 인정해야 한
다는 주장이 점점 더 강력하게 제기되고 있음을 고려해야 한다. 변화
하는 국제법 질서와 현실을 고려하여 지속적인 관심을 기울어야 하는
부분이다.

### 비정부기구(NGO)와 주변 개념

국제적으로 비정부기구(NGO)는 용어는 1945년 UN이 창설될 때, 서구사회에 다양하게
존재했던 민간단체 대표들이 참여해 UN 헌장의 인권 조항(제10장 제71조) 제정에 관여하
면서 '정부 간 조직(IGO, Inter-Govermental Organization)'이 아니라는 의미로 처음 사
용해 공식화되었다.

한편, 비정부기구(NGO)와 유사한 주변 개념으로는 비영리기구(NPO, Non-Profit Organi
zation), 시민사회단체(CSO, Civil Society Organization) 등이 있으나 대체로 영리를 목적
으로 하지 않고 지역 단위부터 국제적 차원까지 공동의 목적을 위해 활동하는 결사체를
지칭하는 점에서는 공통적이다. 우리나라에서 NGO라고 하는 단체들은 외국에서 NPO라
고 지칭하며 혼용되는 경우가 많다.

현재 활발하게 활동하고 있는 비정부 국제기구로는 국제적십자위
원회(ICRC), 국제사면위원회(Amnesty International), 그린피스(Green Peace
International), 국제올림픽위원회(IOC), 세계축구협회(FIFA), 세계자연보

호기금(WWF), 국제상업회의소(ICC), 국제펜클럽(PEN), 국제언론인협회(IPI), 태평양경제협의회(PBEC) 등이 있다.

### (2) 국제기구에서의 NGO의 지위

가. UN과 NGO

UN 헌장 제71조는 "경제사회이사회는 그 권한 내에 있는 사항과 관련이 있는 비정부 간 기구와의 협의를 위하여 적절한 약정을 체결할 수 있다. 그러한 약정은 국제기구와 체결할 수 있으며 적절한 경우에는 관련 UN 회원국과의 협의 후에 국내기구와도 체결할 수 있다"고 규정하여 비정부 간 기구에 대하여 협의 및 약정 체결의 지위를 부여하고 있다.

또한 UN 전문기구인 유네스코는 'category A'의 자격, 즉 특정 업무와 관련하여 정기적으로 주요한 역할을 하면서 유네스코가 추진하는 프로그램의 준비와 이행에 조언할 수 있는 지위를 NGO에 부여하고 있다. 뿐만 아니라 ILO 헌장은 비정부 간 국제기구의 하나로 볼 수 있는 노동자 단체와 사용자 단체에게 청원서를 제출할 수 있는 권한을 규정하고 있다. 이는 NGO의 권리를 가장 완벽하게 보장하는 사례로 볼 수 있다. UN 인권위원회 및 인권소위원회에서도 희생자를 대신하는 NGO는 심각하고 지속적인 인권침해에 대하여 청원서를 제출할 수 있도록 하고 있다.

나. 지역기구와 NGO

유럽평의회는 NGO에 대하여 협의를 할 수 있는 지위를 부여하고 있으며, 미주기구도 사안에 따라 NGO에게 일정한 자격을 부여하고 있다. 아프리카단결기구는 NGO에게 옵서버의 자격을 인정하고 있다.


## Ⅱ 국적

### 1. 의의

국적이란 특정 국가에 소속되는 개인의 지위 또는 개인을 특정 국가의 구성원이 되게 하는 자격 혹은 법적 유대라고 정의할 수 있다. 국적은 국민의 지위를 취득하는 자격이 되며 이를 결정하는 것은 국가의 재량이다. 국적은 국가의 인적 관할권 행사의 기초가 되며 오늘날 국적은 개인의 인권으로 파악되기도 한다.

### 2. 국적의 법적 성질

#### (1) 국적 유일의 원칙

국적 유일의 원칙이란 개인은 반드시 국적을 가져야 하지만 둘 이상의 국적은 갖지 않는다는 것을 의미한다. 오랫동안 국제사회는 이중국적에 대하여 적대적인 태도를 보였는데 이러한 국제사회의 인식이 국적 유일의 원칙으로 발현되었다고 할 수 있다. 다만 오늘날에는 불가피하게 발생하는 이중국적에 대한 문제를 해결하기 위해 좀 더 포용적인 태도를 갖는 국가들이 늘어나고 있다.

## (2) 상대적 국내 문제로서의 국적

국가가 어떤 개인에게 자국의 국적을 부여할 것인지는 원칙적으로 그 국가의 재량사항이며 국내 문제에 속한다. 그러나 이러한 국가의 국적 부여가 타국에 영향을 미치는 경우, 이는 더 이상 국가의 완전한 자유재량에 속하는 것이 아니라 국제법에 합치되어야만 효력을 갖는 상대적 국내 문제에 해당된다. 국제사법재판소는 〈튀니지-모로코 국적법 사건〉(PCIJ, 1923)에서 국적이 상대적 국내 문제임을 확인한 바 있다.

### 1930년 국적법의 저촉에 관한 헤이그 협약

제1주
누가 자기 나라 국민인가는 각 국가가 자국법에 의거하여 결정한다. 이 법은 국제 조약, 국제관습 그리고 국적에 관하여 일반적으로 인정된 법의 원칙들과 일치하는 한에서만 다른 국가들의 승인을 받는다.

제2조
개인이 특정 국가의 국적을 보유하고 있는가의 문제는 그 국가의 법에 따라 결정된다.

제3조
본 협약의 규정을 조건으로 둘 이상의 국적을 가진 개인은 그 각각의 국가에 의하여 자국민으로 간주될 수 있다.


## 3. 국적의 취득과 상실

### (1) 국적의 취득

국적의 취득 사유에는 출생, 혼인 또는 귀화, 국적 회복 및 국가 영역의 변경이 있다. 선천적 국적 취득 사유로 대표적인 것이 출생이며 후천적 국적 취득 사유로는 귀화가 대표적이다.

국제사법재판소는 〈노테봄 사건〉(ICJ, 1955)에서 귀화와 관련한 국적 취득은 국적국과 귀화인 사이에 '진정한 관련성'이 존재하여야 한다고 판시하였다. 본 사건에서 국제사법재판소는 노테봄과 리히텐슈타인 간의 진정한 관련성을 인정할 수 없다고 판시하면서 리히텐슈타인의 외교적 보호권 행사를 부정하였다.

또한 자국민의 범위를 정하는 법령을 제정하는 것은 원칙적으로 국내 문제에 속하지만 그것이 타국의 이익과 관련된다면 국제 문제가 될 수도 있다는 것이 국제사법재판소의 입장이다.


### (2) 국적의 상실

국적의 상실 사유에는 외국 국적의 취득, 국가 영역의 변경, 국적 이탈 또는 박탈이 있다. 이탈이란 당사자의 의사 표시에 의해 국적 이탈의 신고를 함으로서 국적이 상실되는 경우임에 반해 박탈이란 일정한 사유가 발생하여 국가에 의해 일방적으로 국적을 상실당하는 경우를 말한다. 국가의 영역이 변경되면 변경 지역의 주민들은 원칙적으로 영역 상실국의 국적을 상실한다.


### (3) 법인의 국적

국적은 자연인뿐만 아니라 법인, 선박, 항공기, 우주 물체에도 부여된다. 자연인의 귀화에는 진정한 관련성이 요구되지만 법인의 국적은 원칙적으로 설립지와 본점소재지가 기준이 된다. 국제사법재판소는 〈바르셀로나 트랙션 사건〉(ICJ, 1970)에서 법인의 국적 결정은 진정한 관련성이 아니라 외형적·객관적 기준에 따라 법인 설립지 국가나 본점소재지 국가가 국적국이 된다고 판시하였다.

## 4. 대한민국의 국적법

　우리나라 국적법은 국적 취득에 있어서 부모양계 혈통주의를 원칙으로 하고 예외적으로 부모가 모두 분명하지 아니한 경우나 국적이 없는 경우에는 대한민국에서 출생한 자도 대한민국 국적을 취득하는 것으로 규정하고 있다. 대한민국에서 발견된 기아는 대한민국에서 출생한 것으로 추정함으로써 보충적으로 출생지주의를 채택하고 있다.

　대한민국 국적의 취득 원인은 출생, 인지, 귀하, 국적회복, 국적의 재취득이 있으며, 대한민국 국적을 취득한 외국인에 대하여 대한민국 국적을 취득한 날로부터 1년 내에 외국 국적을 포기하거나 대한민국에서 외국 국적을 행사하지 않겠다는 뜻을 법무부장관에게 서약하면 복수국적의 유지가 가능하도록 하였다.


### 대한민국 국적법

제2조 출생에 의한 국적 취득
① 다음 각 호의 어느 하나에 해당하는 자는 출생과 동시에 대한민국 국적을 취득한다.
1. 출생 당시에 부(父) 또는 모(母)가 대한민국의 국민인 자.
2. 출생하기 전에 부가 사망한 경우에는 그 사망 당시에 부가 대한민국의 국민이었던 자.
3. 부모가 모두 분명하지 아니한 경우나 국적이 없는 경우에는 대한민국에서 출생한 자.
② 대한민국에서 발견된 기아(棄兒)는 대한민국에서 출생한 것으로 추정한다.


### 제11조의2 복수국적자의 법적 지위 등

① 출생이나 그 밖에 이 법에 따라 대한민국 국적과 외국 국적을 함께 가지게 된 자(이하 "복수국적자"라 한다)는 대한민국의 법령 적용에서 대한민국 국민으로만 처우한다.
② 복수국적자가 관계 법령에 따라 외국 국적을 보유한 상태에서 직무를 수행할 수 없는 분야에 종사하려는 경우에는 외국 국적을 포기하여야 한다.

# III. 외국인의 법적 지위

## 1. 일반적 지위

### (1) 의의

외국인이란 자국의 국적을 보유하지 않은 외국 국적 보유자와 무국적자를 의미한다. 자국의 국적을 갖고 있는 이중국적자는 자국민이며 외국인으로 취급되지 않는다. 외국인은 본국의 대인주권에 복종함과 동시에 체류국의 영토 주권에도 복종해야 하는 이중적 지위가 있다.

### (2) 외국인의 보호

가. 일반적 보호

외국인은 생명·재산에 대해 체류국의 보호를 받을 국제법상 권리가 있으며, 체류국은 '상당한 주의'를 가지고 외국인의 생명·재산을 보호할 국제법상의 의무를 지닌다. 이러한 의무를 다하지 못한 체류국은 국가책임을 부담할 수 있다.

나. 보호수준

외국인의 보호수준에 대하여는 국제표준주의와 국내표준주의 두 가지 기준이 대립한다. ①국제표준주의는 선진국 내에서 통상 부여되는 수준의 대우를 요구하는 기준이며, ②국내표준주의는 당해 국가 내에서 자국민에게 부여하는 정도의 주의로써 족하다고 보는 기준이다. 선진국들은 주로 국제표준주의를, 개발도상국이나 후진국은 대체로 국내표준주의를 주장한다.

### (3) 외국인의 권리 의무

#### 가. 사법(私法)상의 권리

외국인에게도 생명권, 신체권, 인격권, 명예권, 사유재산권 등의 사
법상 권리가 원칙적으로 인정되는데, 다만 국가의 안전과 국민의 이
익보호를 위해 그러한 권리가 제한되거나 부정될 수도 있다.

#### 나. 공법(公法)상의 권리

원칙적으로 외국인은 자유권, 재판청구권을 제외하고 국내 공법상
의 권리, 예컨대 선거권, 피선거권, 공무담임권 등은 인정되지 않는다.
국가배상청구권과 같은 청구권은 상호주의의 제한을 받으나 형사보
상청구권은 상호주의의 보장이 없더라도 인정된다.

#### 다. 외국인의 의무

외국인은 체류국의 영토 주권에도 복종해야 하는 이중적 지위를 가
지기 때문에 재판, 경찰, 납세 등에 관해 체류국의 국민과 동일한 의
무를 가진다. 그러나 외국인은 병역 의무나 교육의 의무와 같이 신분
상 의무나 공법상 의무는 부담하지 않는다.

## 2. 외국인의 출·입국

### (1) 입국

입국이란 외국인이 국가에 체류하거나 통과하기 위해 당해 국가의
영역으로 들어오는 것으로 외국인의 입국 요건은 국가의 재량사항이
다. 따라서 한 국가가 외국인의 입국을 반드시 허가해야 할 의무는 없

다.

### (2) 출국

출국이란 외국인이 현재 체류하고 있는 국가의 영역 밖으로 퇴거하는 것을 의미하며 여기에는 자발적 출국과 강제적 출국이 있다. 외국인의 자발적 출국은 자유이다. 따라서 국가는 외국인의 입국은 거부할 수 있지만 자국의 안전, 공공질서, 위생, 범죄, 형의 집행 등 정당한 이유가 없는 한 외국인의 출국을 금지할 수는 없다.

강제적 출국이란 외국인이 체류국으로부터 강제적으로 퇴거되는 예외적인 경우를 말하는데 이에는 추방과 범죄인 인도가 있다. 추방의 정당한 이유로는 국가안전, 공공질서, 보건 등이 있다. 본국은 타국으로부터 강제 추방된 자국민을 수용할 의무가 있다.

## 3. 외국인 재산의 수용

### (1) 의의

수용이란 재산의 강제적 취득뿐만 아니라 재산의 사용, 수익, 처분 권능을 행사하지 못하도록 하는 행위도 포함한다. 그러나 국유화는 국가의 경제정책을 이행하기 위하여 일반적으로 인정되는 비인격적 · 몰개성적 강제 이전을 말한다. 국제법상 용어 사용에 있어서는 수용과 국유화가 혼용되고 있다.

### (2) 수용의 법적 근거

외국인의 재산을 수용할 수 있는 법적 근거로는 '체류국의 영토 주권 및 천연자원에 관한 영구 주권 결의(1962)', '신국제 경제질서 선언(1974)', '국가의 경제적 권리 의무 헌장(1974)'과 같은 UN 총회결의를 들 수 있다.

### (3) 수용의 요건

#### 가. 공익의 원칙

외국인 재산 수용의 목적은 공익을 위한 것이어야 한다는 원칙이다. 하지만 2차 세계대전 이후에는 이를 수용의 요건에서 제외하여야 한다는 견해가 피력되고 있다. 〈리암코 사건〉에서 중재법원은 공익 여부에 대하여 국가가 자유로이 판단할 수 있다고 판시하여 동 원칙을 부정한 바 있다.

#### 나. 무차별의 원칙

수용을 행하는 국가는 외국인의 재산에 차별을 두어서는 안 되며, 모든 외국인의 재산을 평등하게 취급하여야 한다는 원칙이다.

#### 다. 보상의 원칙

보상이 수용의 요건이라는 점에 대해서는 이견이 없으나 그 보상의 정도에 대해서는 견해가 대립한다. 제2차 세계대전 이전의 전통국제 관습법은, 미국 국무장관 Cordell Hull의 이름을 딴 'Hull 공식(1938)'에 따라 '신속하고 충분하며 실효적인(prompt, adequate and effective payment) 보상'을 기준으로 하였다. 이를 완전보상설 혹은 국제표준주의라 한다. 그러나 제3세계 국가들은 이것이 선진국의 입장만을 반영한 것이라고 반발하며 국내법에 따른 적절한 보상을 주장하고 있다.

이를 부분보상설 혹은 국내표준주의라 한다.

### (4) 외국인 투자의 보호

가. 국내적 보호

외국인 투자자는 피해발생 시 가해국의 재판소에 제소를 할 수 있다. 그리고 본국 재판소 또는 제3국 재판소에도 제소할 수 있는데, 피해 원인이 수용인 경우에는 국가면제론이 적용되어 직접 수용국을 상대로 제소를 할 수는 없다.


나. 국제적 보호

외국인 투자의 국제적 보호 방법에는 조약에 의한 보호, 외국인 피해자가 본국 정부로부터 보상을 받고 본국이 직접 가해국에 구상을 하는 방법, 피해자 국적국의 외교적 보호권 행사, 국제 투자 분쟁 해결센터(ICSID)에 피해자가 직접 가해 국가를 제소하는 방법 등을 고려해볼 수 있다.


## IV. 개인의 국제법상 형사 책임

### 1. 의의

제1차 세계대전 이후 개인의 국제법 주체성에 관심을 갖게 된 이유 중 하나가 바로 개인의 국제법상 형사 책임 능력을 인정하기 위해서였다. 오늘날 개인의 국제 형사 책임 능력은 일반적으로 인정되고 있으며 전범들이 실제 처벌되고 있다.

## 2. 연혁

전쟁 범죄에 대해 국가에 대한 책임뿐만 아니라 개인에 대해서도 책임을 물어야 한다는 것이 두 차례의 세계대전을 겪은 뒤 국제사회가 가지게 된 공통적인 문제의식이다. 이를 위해 제2차 세계대전 이후 뉘른베르크 국제형사재판소(1945), 동경 극동국제형사재판소(1945)가 설치된 바 있다.

1948년 12월 9일 제3차 UN 총회는 '집단살해 범죄의 방지 및 처벌에 관한 조약(제노사이드 조약)' 을 채택하였고, 국제법위원회(ILC)에 국제형사재판소(ICC, International Criminal Court)의 설치 가능성과 필요성에 관한 검토를 지시하기도 하였다. 1993년 UN 안전보장이사회는 UN 헌장 제7장에 근거하여 구유고 형사재판소를 설립하였으며 동 재판소는 구유고 내전 당시의 범죄자들을 처벌하였다.

오랜 진통 끝에 1998년 최초의 상설 국제형사재판소로서 개인의 형사 처벌을 담당하는 국제형사재판소 설립을 위한 로마 규정이 UN 전권 외교 대표 회의에서 채택되었다.

## 3. 국제법상 개인의 형사 범죄

### (1) 인류의 평화와 안전에 대한 범죄 법전 초안(1987)

이 초안은 인류의 평화와 안전에 대한 범죄 13가지를 규정하고 있다. 침략 행위, 침략 위협, 무력 침략 준비, 다른 국가 안에서 내란 또는 테러 활동을 조장하는 행위, 국제 평화와 안전을 위한 조약상 의무의 위반 행위, 국제법을 위반한 다른 국가 영토의 병합 행위, 다른 국가관할권의 간섭, 집단살해, 인종차별에 의한 반인도적 행위, 전쟁 법규 위반 행위, 위의 행위들을 음모하거나 선동 또는 공모, 시도하는 것이 바로 그것이다.

### (2) 테러리즘

가. 의의

테러리즘이란 개인 혹은 일정한 조직이 민족적, 종교적, 사회적 동기에서 그들의 국제적 영향력을 증대시키기 위해 폭력 또는 무력을 사용하거나 민간인 혹은 민간항공기 납치, 살상, 시설 파괴 등을 통하여 사회적 공포감을 조장하는 것을 의미한다.

나. 테러리즘 방지를 위한 노력

항공기 납치를 방지하기 위하여 도쿄 협약(1963), 헤이그 협약(1970), 몬트리올 협약(1971) 등이 체결되었으며, UN 총회는 국제테러특별위원회(1993)를 설치한 바 있다. 이 위원회는 폭탄 테러 억제 협약과 테러 자금 지원 조달 억제 협약에 기초하여 동 협약들이 총회에서 채택되었다. 현재는 국제 테러리즘에 관한 포괄적 협약안과 핵테러 행위 억제 협약이 논의 중에 있다.

### (3) 국제형사재판소 로마 규정(ICC규정)상 4대 범죄

국제형사재판소는 그 기초 조약인 로마 규정을 통해 다음의 4대 범죄에 한해 개인의 형사 책임을 묻고 있다. 이 4대 범죄는 집단살해죄,

인도에 반하는 죄, 전쟁 범죄, 침략 범죄이다.

### 가. 집단살해죄

집단살해죄(genocide)는 국민적 · 민족적 · 인종적 또는 종교적 집단의 전부 또는 일부를 파괴할 의도를 가지고 행해진 살해, 신체적 또는 정신적 위해 등을 의미한다. 로마 규정 제6조는 집단살해를 구성하는 행위의 유형으로 살해, 신체적 · 정신적 위해, 강제적 생활 조건의 부과, 출생 방지 조치, 아동 강제이주 등 5가지를 규정하고 있다.

### 나. 인도에 반하는 죄

인도에 반하는 죄(crime against humanity)는 민간인 주민에 대한 광범위하거나 체계적인 공격의 일부로서 그 공격에 대한 인식을 가지고 살해, 절멸, 노예화, 강제이주 등을 통해 인간의 존엄성을 위협하는 비인도적 범죄를 의미한다. 인도에 반하는 죄가 성립하기 위해서는 '공격에 대한 인식'을 범행자가 가지고 있음이 입증되어야 한다.

### 다. 전쟁 범죄

전쟁 범죄란 국내외의 무력 분쟁에서 국제 인도법을 중대하게 위반하는 행위를 의미한다. 여기서 '국내외'란 조건은 국제적 무력 충돌뿐만 아니라 비국제적 무력 충돌도 오늘날 전쟁 범죄의 대상이 됨을 의미한다.

국제 인도법은 헤이그법과 제네바법으로 구성되는데, 헤이그법은 1899년과 1907년의 만국평화회의에서 채택된 전쟁에 관한 조약들을 의미하고, 이는 주로 전쟁의 수단과 방법에 대한 규제를 담고 있다.

제네바법은 비전투원이나 포로 등 전투를 할 수 없는 자들에 대한 보호 내용을 규정하고 있다. 1949년 제네바 협약과 1977년 추가 의정서를 주요 내용으로 한다.

ICC규정은 1949년 제네바 협약의 중대한 위반을 기초로 하여 전쟁범죄의 내용을 규정하고 있다. 더불어 국제적 무력 충돌에 적용되는 법과 관습에 대한 중대한 위반을 하거나 비국제적 무력 충돌의 경우, 1949년 제네바 협약 공통 제3조의 위반 내지는 비국제적 무력 충돌에 적용되는 법과 관습에 대한 중대한 위반도 전쟁 범죄의 범주에 포함시키고 있다. 여기에는 고의적 살해와 비인도적 대우, 심각한 위해의 야기 등이 포함된다.

### 라. 침략 범죄

침략 범죄란 다른 국가의 영토를 무력으로 공격하기 위해 한 국가의 정치적 또는 군사적 행동을 계획, 준비, 개시하거나 실행하는 행위를 의미한다. 침략 범죄는 특히 이를 실효적으로 통제하거나 지시할 수 있는 지도자를 처벌하는 데 중점을 둔다. 이런 의미에서 침략 범죄는 일종의 '지도자 범죄'라고 할 수 있으며, 국가의 침략 행위에 단순 가담하거나 동원된 자들은 처벌되지 않는다.


## 4. 국제형사재판소

### (1) 설립

국제형사재판소는 최초의 상설 국제형사법원으로서 1998년 로마에서 개최된 UN 전권 외교 대표 회의에서 국제형사재판소 규정이 채택되어 2002년 7월 1일 발효함에 따라 설립되었다. 우리나라는 2002년 11월 13일 83번째 국가로 비준서를 기탁하여 2003년 2월 1일 발효하였다.

재판소는 네덜란드 헤이그에 소재하며, 로마 규정은 국제형사재판소에 국제적 법인격은 물론 그 기능의 행사와 목적 달성에 필요한 법적 능력을 부여하고 있다.

---

**국제형사재판소에 관한 로마 규정**

제1조 재판소

국제형사재판소(이하 '재판소'라 한다)를 이에 설립한다. 재판소는 상설 기구이며, 이 규정에 정한 바와 같이 국제적 관심사인 가장 중대한 범죄를 범한 자에 대하여 관할권을 행사하는 권한을 가지며, 국가의 형사관할권을 보충한다. 재판소의 관할권과 기능은 이 규정에 정한 바에 의하여 규율된다.

제3조 재판소의 소재지

1. 재판소의 소재지는 네덜란드(이하 '소재지국'이라 한다)의 헤이그로 한다.

제4조 재판소의 법적 지위와 권한

1. 재판소는 국제적 법인격을 가진다. 또한 재판소는 그 기능의 행사와 목적 달성에 필요한 법적 능력을 가진다.

2. 재판소는 모든 당사국의 영역에서는 이 규정에 정한 바와 같이, 그리고 다른 여하한 국가의 영역에서는 특별 협정에 의하여 자신의 기능과 권한을 행사할 수 있다.

---

### (2) 관할

#### 가. 보충적 관할권

국제형사재판소는 국제적 관심사인 가장 중대한 범죄를 범한 자에 대하여 관할권을 가지며 국가의 형사관할권을 보충한다. 따라서 국가가 관할권을 행사하지 않거나 행사할 수 없는 경우에 비로소 그 관할권을 행사한다. 이를 보충성의 원칙이라고도 한다.

나. 시간적 관할권

국제형사재판소는 로마 규정이 발효된 후에 발생한 범죄에 대해서만 관할권을 행사한다. 즉, 소급효는 인정되지 않는다. 어느 국가가 위 규정의 발효 후에 규정의 당사국이 되는 경우나, 그 국가가 동 규정 제12조 제3항에 따른 선언을 하지 않는 한, 재판소는 이 규정이 당해 국가에 대하여 발효된 이후에 범하여진 범죄에 대해서만 관할권을 행사할 수 있다. 다만 동 규정이 제24조 제1항에서 "누구도 이 규정이 발효하기 전의 행위에 대하여 이 규정에 따른 형사 책임을 지지 아니한다"고 명시한 것은 형사 책임의 대원칙인 형벌불소급의 원칙을 표현한 것일 뿐 시간적 관할권의 범위를 규정한 것이 아님을 주의하여야 한다.

**국제형사재판소에 관한 로마 규정**

제11조 시간적 관할권
1. 재판소는 이 규정의 발효 후에 범하여진 범죄에 대하여만 관할권을 가진다.
2. 어느 국가가 이 규정의 발효 후에 규정의 당사국이 되는 경우, 그 국가가 제12조 제3항에 따른 선언을 하지 않는 한, 재판소는 이 규정이 당해 국가에 대하여 발효된 이후에 범하여진 범죄에 대하여만 관할권을 행사할 수 있다.
제24조 소급효 금지
1. 누구도 이 규정이 발효하기 전의 행위에 대하여 이 규정에 따른 형사 책임을 지지 아니한다.
2. 확정 판결 전에 당해 사건에 적용되는 법에 변경이 있는 경우, 수사 중이거나 기소 중인 자 또는 유죄 판결을 받은 자에게 보다 유리한 법이 적용된다.

다. 인적 관할권

재판소는 자연인에 대하여만 관할권을 가진다. 하지만 자연인 중에서도 범행 당시 18세 미만인 자에 대하여는 관할권을 행사할 수 없다.

라. 물적 관할권

재판소의 물적 관할권, 즉 대상 범죄는 국제 공동체 전체의 관심사인 가장 중대한 범죄에 한정한다. ICC규정은 가장 중대한 4대 범죄로 집단살해죄, 인도에 반한 죄, 전쟁 범죄, 침략 범죄를 규정하고 있다.

### 국제형사재판소에 관한 로마 규정

제5조 재판소의 관할 범죄

1. 재판소의 관할권은 국제 공동체 전체의 관심사인 가장 중대한 범죄에 한정된다. 재판소는 이 규정에 따라 다음의 범죄에 대하여 관할권을 가진다.

  가. 집단살해죄

  나. 인도에 반한 죄

  다. 전쟁 범죄

  라. 침략 범죄

2. 제121조 및 제123조에 따라 침략 범죄를 정의하고 재판소의 관할권 행사 조건을 정하는 조항이 채택된 후, 재판소는 침략 범죄에 대한 관할권을 행사한다. 그러한 조항은 UN 헌장의 관련 규정과 부합되어야 한다.

마. 자동적 관할권

범죄가 발생한 국가 또는 범죄가 발생한 선박, 항공기의 등록국, 범죄 혐의자의 국적국이 로마 규정의 당사국이라면 그 국가는 제5조에 규정된 4가지 범죄에 대하여 재판소의 관할권을 수락한 것으로 보아 별도의 동의 없이도 소추관이 직권으로 범죄를 수사하여 범죄자를 기소할 수 있는데 이를 자동적 관할권이라고 한다.

### (3) 재판제도

가. 재판소의 구성

재판소는 소장단, 상소심부, 1심부 및 전심부, 소추부, 사무국으로 구성되며 재판소에는 임기 9년인 18인의 재판관을 둔다. 재판관은 당사국 총회에서 비밀투표로 선출되며 재선될 수 있다. 재판관은 각국에서 최고 사법직에 임명되기 위해 필요한 자격을 갖추고, 높은 도덕성과 공정성 및 성실성을 가진 자 중에서 선출된다.

국제사법재판소규정은 재판관 선거 후보자의 요건을 규정하고 있다. 그 요건으로는 ①형법과 형사 절차에서의 인정된 능력과 판사, 검사, 변호사 또는 이와 유사한 다른 자격으로서 형사 소송에서의 필요한 관련 경력, 또는 ②국제 인도법 및 인권법과 같은 국제법 관련 분야에서의 인정된 능력과 재판소의 사법업무와 관련되는 전문적인 법률 직위에서의 풍부한 경험, 또는 ③재판소의 실무언어 중 최소한 하나의 언어에 탁월한 지식을 갖고 이를 유창하게 구사할 줄 아는 능력이다.

선출된 재판관은 9년 동안 재직하며, 첫 번째 선거에서 선출된 재판관의 3분의 1은 추첨으로 3년의 임기 동안 복무하도록 선정되며, 또 다른 3분의 1의 재판관은 추첨으로 6년의 임기 동안 복무하도록 선정되며, 나머지 재판관은 9년의 임기 동안 복무한다. 다만 3년의 임기 동안 복무하도록 선정된 재판관은 완전한 임기(9년을 복무하도록)로 재선될 수 있다.

### 국제형사재판소에 관한 로마 규정

제16조 수사 또는 기소의 연기
안전보장이사회가 UN 헌장 제7장에 따라 채택하는 결의로 재판소에 수사 또는 기소의 연기를 요청하는 경우, 12개월의 기간 동안은 이 규정에 따른 어떠한 수사나 기소도 개시되거나 진행되지 아니한다. 그러한 요청은 동일한 조건하에서 안전보장이사회에 의하여 갱신될 수 있다.

### 나. 제소장치

재판소는 규정상 세 가지 방법으로 제소를 위한 수사를 진행할 수 있다. 첫째, 규정 당사국이 사건을 소추관에게 회부하는 경우, 둘째, UN 안전보장이사회가 헌장 제7장에 근거하여 사건을 소추관에게 회부하는 경우, 셋째, 소추관이 직권으로 수사를 개시하는 경우이다(제13조).

하지만 안전보장이사회가 UN 헌장 제7장에 따라 채택하는 결의로 수사 또는 기소의 연기를 요청한다면 12개월의 기간 동안은 수사나 기소를 연기하며, 수사나 기소의 연기는 갱신이 가능하다.

### 다. 시효의 부적용

국제형사재판소의 관할 범죄에 대하여는 공소시효가 적용되지 않는다. 이는 국제형사재판소의 물적 관할이 국제적으로 가장 중대한 범죄를 대상으로 하고 있고 범죄가 오랜 기간 진행되는 동안에는 기소할 수 없고 종료된 후에야 수사를 개시하여 기소할 수 있다는 점을 감안한다면 당연한 귀결이라 할 수 있다.

### 라. 형벌

재판소가 부과할 수 있는 형벌은 무기징역 또는 최고 30년을 초과하지 아니하는 유기징역에 한정되며 사형은 선고할 수 없다. 무기징역은 범죄의 중대성과 유죄판결을 받은 자의 개별적 정황에 의하여 정당화될 경우에 선고가 가능하다. 또한 재판소는 징역에 추가하여 벌금을 명하거나, 범죄로 인하여 직·간접적으로 발생한 수익·재산의 몰수를 명할 수도 있다. 그러한 수익 재산 및 자산의 몰수는 선의의 제3자의 권리를 침해하여서는 안 된다.

### 마. 상소와 재심

국제형사재판소는 상소와 재심제도를 두고 있다. 뉘른베르크 국제형사재판소와 같이 일시적으로 설치되는 특별재판소에서는 상소와 재심을 인정하지 않았으나 상설재판소인 국제형사재판소에서는 상소와 재심이 가능하다.


## V. 범죄인 인도

### 1. 의의

범죄인 인도(extradition)란 외국에서 죄를 범한 피의자, 피고인 또는 유죄판결을 받은 자가 자국 영역으로 도피하여 온 경우에 외국의 청구에 응하여 범죄자를 외국에 인도하는 제도를 말한다.

국제법상 국가가 범죄자를 인도하여야 하는 의무를 가지는 것은 아니다. 하지만 영토적 한계를 넘어서 범죄자를 처벌하기 위한 국가 간의 형사 집행관할권 조화의 노력으로 다수 국가들이 범죄인 인도 조약을 체결하고 관련 법령을 정비하고 있다. 다만 국가 간 조약이 체결되지 않은 경우라도 국제예양으로 범죄인 인도를 할 수 있고 이때는 대부분 상호주의를 원칙으로 한다.

## 2. 범죄인 인도의 법적 성질

범죄인 인도 의무는 어디까지나 국가 간 조약을 통하여 창설되며 범죄인 인도 의무를 창설하는 국제관습법이나 보편 조약은 존재하지 않는다. 국제예양에 따른 범죄인 인도 역시 국가의 재량 사항이며 의무는 아니다.

범죄인 인도 조약은 대부분 양자 조약으로 체결되며 유럽 등 일부 지역에서는 지역 조약이 체결되기도 한다. 대한민국은 1988년 범죄인 인도법을 제정하고, 1990년 호주와 최초로 범죄인 인도 조약을 체결한 이래 20여 개국이 넘는 국가와 범죄인 인도 조약을 체결하였다.

## 3. 범죄인 인도의 요건

### (1) 범죄인 인도 청구

가. 인도 청구의 주체

범죄인 인도 청구의 주체는 국가이며, 개인이나 단체가 범죄인의 인도를 국가에 청구할 수는 없다. 범죄인 인도를 청구할 수 있는 국가는 범죄지 소속국, 범죄인 소속국, 피해자 소속국, 법인 침해국 등이며 피청구 주체는 범죄인이 현재하는 소속국가이다.

나. 인도 청구의 경합

여러 국가의 인도 청구가 경합되는 경우, 피청구 국가가 어느 국가에 범죄인을 인도하여야 하는지가 문제된다. 학설상으로는 동일범죄인의 동일범죄에 대하여는 범죄지 소속국에 인도하여야 하고, 만일

범죄지 소속국을 제외한 다른 국가들의 청구가 경합한 경우라면 먼저 청구한 국가에 인도하여야 한다는 견해가 있다. 그러나 동일범죄인의 상이한 범죄에 대하여 청구가 경합하는 경우에는 범죄의 성격을 따져 중한 범죄에 기하여 청구한 국가에 인도하여야 하며, 청구국에서 유죄판결을 확정 받은 경우에는 재판을 한 국가에 인도하여야 한다고 본다.

대부분의 국가는 인도 청구 경합 시 인도 범죄의 성격, 발생 일시, 발생 장소, 인도 청구일자, 범죄인의 국적 및 거주지 등 여러 가지 요소를 고려하여 스스로 인도할 국가를 정하고 있다.

### (2) 범죄인 인도의 기본 원칙

#### 가. 자국민 불인도의 원칙

자국민 불인도의 원칙은 범죄인이 자국민인 경우에는 인도하지 않는다는 원칙을 말하며 주로 속인주의를 채택하는 대륙법계 국가들이 지지하고 있다. 그러나 속지주의를 원칙으로 하는 영미법계 국가들은 자국민 불인도 원칙을 인정하지 않고 자국민이라도 인도하여야 한다고 주장한다. 자국민 불인도 원칙은 국제법상 확립된 원칙은 아니지만 다수국가의 관행과 조약에 의하여 실행되고 있다. 우리나라는 범죄인 인도법 제9조에 범죄인이 대한민국 국민인 경우에는 인도하지 않을 수 있다고 규정하여 임의적 인도 거절 사유로 남겨두었다.

#### 나. 중요성의 원칙과 쌍방가벌성의 원칙

인도 대상 범죄는 일반적으로 중대한 범죄에 해당하여야 하며 청구국과 피청구국 쌍방이 모두 범죄로 규정하고 있어야 한다. 쌍방가벌성의 원칙은 '쌍방범죄성의 원칙'이라고도 한다.


### 다. 유용성의 원칙

범죄인 인도 제도는 범죄인의 처벌을 목적으로 하는 것이므로 피청구국이 범죄인을 인도하는 것이 처벌의 목적에 유용해야 한다. 예컨대 범죄의 시효가 완성됐거나 사면을 시행한 경우에는 인도의 대상이 되지 않는다.


### 라. 특정성의 원칙

청구국이 범죄인 인도를 청구힐 때에는 인도 청구서에 범죄를 특정하여 기재하여야 하며, 인도된 범죄인은 청구의 원인이 된 범죄에 대하여만 처벌되어야 한다. 이는 범죄인의 인권을 보호하기 위한 방편으로 마련된 원칙이다. 하지만 범죄인을 인도한 국가가 동의하는 경우에는 다른 범죄에 대해서도 처벌이 가능하다.


### 마. 인도적 고려의 원칙

인도적 고려의 원칙이란 범죄인이 청구국에 인도되어 사형 · 고문 기타 비인도적인 대우를 받을 것으로 예상되는 경우에 피청구국이 범죄인의 인도를 거절할 수 있는 원칙이다. 오늘날 이러한 인도적 고려의 원칙을 명시하는 범죄인 인도 조약이 늘어나고 있다.


### 바. 정치범 불인도의 원칙

정치범이란 정치적 성격을 가진 행위로 인해 해당국의 법률을 위반하고 정치적 박해를 받을 가능성이 있는 자를 의미한다. 제2차 세계대전 이전까지는 어느 특정 국가 내에서 정치 질서의 변혁을 일으키고 권력을 획득할 목적으로 이루어진 범죄, 즉 순수한 정치범죄만을 일컬었으나 제2차 세계대전 이후에는 정치적 박해를 피하기 위해 행하여진 범죄도 정치범죄로 보고 있다.

정치범 불인도의 원칙이란 보통의 범죄인과 달리 정치범은 인도의 대상이 되지 않는다는 원칙을 말하며, 거의 대부분의 범죄인 인도 조약이 정치범 불인도의 원칙을 명시하고 있다. 이는 18세기 말 프랑스 혁명 후 국가들이 타국의 정치적 변화에 휘말리지 않기 위해 정치범 불인도 원칙을 천명함으로써 태동하였으며, 1833년 벨기에 범죄인 인도법이 처음으로 정치범 불인도 원칙을 입법화하였다. 그 후 여러 국가들이 입법과 조약의 체결에 있어 일반적으로 채택하고 있다. 위 원칙은 이제 국제관습법으로 확립되었다고 보는 것이 통설이다.

정치범에 대한 판단은 피청구국이 결정하는 것이 관행인데 정치적 성격을 지닌 범죄 중에서도 정치범으로 인정되지 않는 경우가 있다.

### 정치범으로 인정되지 않는 범죄

- 가해 조항(벨기에 조항) : 국가원수나 그 가족에 대한 살해 행위
- 무정부주의자의 반사회적 범죄
- 전쟁 범죄, 평화에 반하는 죄, 인도에 반하는 죄, 집단살해죄 등의 국제 범죄
- 화폐 · 유가증권의 위조
- 항공기 납치 등 테러 행위
- 상대적 정치 범죄 : 정치 범죄와 관련하여 발생한 보통의 범죄

## 4. 대한민국 범죄인 인도법의 주요 내용

### (1) 의의

대한민국은 1988년 8월 15일 범죄 진압에 있어서 국제적인 협력을 증진하기 위하여 범죄인 인도법을 공포·시행하였다. 동 법률은 범죄인 인도 심사 및 그 청구와 관련된 사건을 서울고등법원과 서울고등검찰청의 전속 관할로 한다고 규정함으로써 인도 여부 결정을 단심으로 처리하고 있다.

범죄인 인도 조약이 체결되어 있는 경우, 동 조약과 범죄인 인도법이 상충될 때에는 조약에 따르며 인도 소약이 체결되어 있지 않은 경우라도 상호보증이 있다면 범죄인 인도법을 적용한다.

### (2) 범죄인 인도의 기본 원칙 수용 내용

가. 중요성의 원칙과 쌍방가벌성의 원칙

범죄인 인도법 제6조는 대한민국과 청구국의 법률에 의하여 인도범죄가 사형·무기·장기 1년 이상의 징역 또는 금고에 해당하는 경우에 한하여 범죄인을 인도할 수 있다고 규정함으로써 위 원칙들을 명시하고 있다.

나. 정치범 불인도의 원칙

범죄인 인도법 제8조는 범죄가 정치적 성격을 지녔거나 그와 관련된 범죄인 경우에는 범죄인을 인도하여서는 아니 된다고 규정하면서, 그 예외 사유로 ①국가원수, 정부수반 또는 그 가족의 생명이나 신체에 대한 가해 행위, ②다자 간 조약에 의하여 범죄인을 인도할 의무를 부담하고 있는 범죄, ③다수인의 생명·신체를 침해·위협하거나 이에 대한 위험을 야기하는 범죄를 들고 있다.


다. 특정성의 원칙

범죄인 인도법 제10조는 "인도가 허용된 범죄 외의 범죄로 처벌받지 아니하고 제3국에 인도되지 아니한다는 청구국의 보증이 없는 경우에는 범죄인을 인도하여서는 아니 된다"고 규정함으로써 특정성의 원칙도 관철하고 있다.


### (3) 절대적 인도 거절 사유

범죄인 인도법 제7조는 절대적 인도 거절 사유를 규정하고 있는데 이는 다음과 같다.

**국제형사재판소에 관한 로마 규정**

제7조 절대적 인도 거절 사유
다음 각 호의 어느 하나에 해당하는 경우에는 범죄인을 인도하여서는 아니 된다.
1. 대한민국 또는 청구국의 법률에 따라 인도 범죄에 관한 공소시효 또는 형의 시효가 완성된 경우
2. 인도 범죄에 관하여 대한민국 법원에서 재판이 계속 중이거나 재판이 확정된 경우
3. 범죄인이 인도 범죄를 범하였다고 의심할 만한 상당한 이유가 없는 경우. 다만, 인도 범죄에 관하여 청구국에서 유죄의 재판이 있는 경우는 제외한다.
4. 범죄인이 인종, 종교, 국적, 성별, 정치적 신념 또는 특정 사회단체에 속한 것 등을 이유로 처벌되거나 그 밖의 불리한 처분을 받을 염려가 있다고 인정되는 경우


### (4) 임의적 인도 거절 사유

범죄인 인도법 제9조는 임의적 인도 거절 사유를 규정하고 있는데 이는 다음과 같다.

제9조(임의적 인도 거절 사유)

다음 각 호의 어느 하나에 해당하는 경우에는 범죄인을 인도하지 아니할 수 있다.

1. 범죄인이 대한민국 국민인 경우

2. 인도 범죄의 전부 또는 일부가 대한민국 영역에서 범한 것인 경우

3. 범죄인의 인도 범죄 외의 범죄에 관하여 대한민국 법원에 재판이 계속 중인 경우 또는 범죄인이 형을 선고 받고 그 집행이 끝나지 아니하거나 면제되지 아니한 경우

4. 범죄인이 인도 범죄에 관하여 제3국(청구국이 아닌 외국을 말한다. 이하 같다)에서 재판을 받고 처벌되었거나 처벌받지 아니하기로 확정된 경우

5. 인도 범죄의 성격과 범죄인이 처한 환경 등에 비추어 범죄인을 인도하는 것이 비인도적이라고 인정되는 경우

# VI. 인권의 국제적 보호 : 국제 인권법

## 1. 국제 인권법의 발전

현대 국제 인권법은 50여 개 이상의 보편적 인권선언과 조약을 중심으로 형성되어 있다. 이 밖에 지역별로도 인권 조약을 체결하여 인권 보호의 국제적 기준을 보완하고 있다. 국제 인권법의 기본 목적은 인간의 자유와 안전을 보장하고 인간다운 삶을 영위하도록 개인적 권리를 보호하는 데 있다고 할 것이다.

국제사회는 20세기 들어 두 차례의 세계대전과 UN의 출범을 경험하면서 개인의 권리를 보호하고 구제하는 데 국제사회가 공동으로 노력해야 함을 자각했다. 국제 인권법은 그런 자각의 결과로, 지속적으

로 진화·발전해오고 있다.

물론 국제 인권법이 서구 강대국 중심의 인권 개념만을 반영한 것이라는 일부의 문제제기와 비판도 있다. 하지만 국제 인권법의 발전 경향이 전반적으로 소수자와 약자, 기득권에서 배제된 자들을 보호하고 소외된 자들을 구제하는 방향으로 나아가고 있음은 부인할 수 없는 사실이다. 이런 측면에서 보편적 인권 개념의 보장과 발전을 위해 국제 인권법의 의의와 역할을 주목할 필요가 있다.

## 2. 주요 국제 인권 조약

### (1) 세계인권선언

가. 성립

UN 헌장은 그 전문에 기본적 인권, 인간의 존엄 및 가치, 평등권 등 인권에 관한 내용을 담고 있지만 이는 원칙 규정일 뿐 그 구체적 내용에 대해서는 규정하고 있지 않다. 이에 UN 경제사회이사회의 보조 기관인 인권위원회는 세계인권선언을 기초하였고 이는 1948년 12월 10일 UN 총회에서 채택되었다.

나. 구성

세계인권선언은 전문과 30개의 조로 구성되어 있다. 인간의 시민적·정치적 권리에 많은 비중을 할애하고 있다. 세계인권선언은 강제력은 없지만 중요한 인권들이 포함되어 국제적 인권 보호에 대한 기준과 원칙을 제시하고 있는 것으로 평가할 수 있다.

모든 인류 구성원의 천부의 존엄성과 동등하고 양도할 수 없는 권리를 인정하는 것이 세계의 자유, 정의 및 평화의 기초이며, 인권에 대한 무시와 경멸이 인류의 양심을 격분시키는 만행을 초래하였으며, 인간이 언론과 신앙의 자유, 그리고 공포와 결핍으로부터의 자유를 누릴 수 있는 세계의 도래가 모든 사람들의 지고한 열망으로서 천명되어 왔으며, 인간이 폭정과 억압에 대항하는 마지막 수단으로서 반란을 일으키도록 강요받지 않으려면, 법에 의한 통치에 의하여 인권이 보호되어야 하는 것이 필수적이며, 국가 간에 우호 관계의 발전을 증진하는 것이 필수적이며, UN의 모든 사람들은 그 헌장에서 기본적 인권, 인간의 존엄과 가치, 그리고 남녀의 동등한 권리에 대한 신념을 재확인하였으며, 보다 폭넓은 자유 속에서 사회적 진보와 보다 나은 생활수준을 증진하기로 다짐하였고, 회원국들은 UN과 협력하여 인권과 기본적 자유의 보편적 존중과 준수를 증진할 것을 스스로 서약하였으며, 이러한 권리와 자유에 대한 공통의 이해가 이 서약의 완전한 이행을 위하여 가장 중요하므로, 이에 UN 총회는, 모든 개인과 사회 각 기관이 이 선언을 항상 유념하면서 학습 및 교육을 통하여 이러한 권리이 지유에 내한 손중을 증진하기 위하여 노력하며, 국내적 그리고 국제적인 점진적 조치를 통하여 회원국 국민들 자신과 그 관할 영토의 국민들 사이에서 이러한 권리와 자유가 보편적이고 효과적으로 인식되고 준수되도록 노력하도록 하기 위하여, 모든 사람과 국가가 성취하여야 할 공통의 기준으로서 이 세계인권선언을 선포한다.


## 다. 내용

세계인권선언은 인간의 존엄과 가치, 평등권, 천부적 이성과 양심, 형제애를 명시하고 있으며, 고문 또는 잔혹하거나 비인도적인 처우 또는 형벌의 금지, 법 앞에 인간으로서 인정받을 권리, 기본적 권리를 침해하는 행위에 대하여 실효적 구제를 받을 권리, 사생활·가정·주거·통신의 자유, 국적을 가질 권리 및 변경할 권리, 재산권의 보호, 표현의 자유, 직업의 자유, 휴식의 자유, 교육의 권리, 생계보장의 권리 등을 망라하고 있다.

## (2) 국제 인권 규약

### 가. 의의

UN 헌장의 인권 조항이나 세계인권선언은 비록 인권의 국제적 보호에 획기적이 계기를 마련하기는 하였으나 강제력을 가지고 있지 않다는 점에서 치명적인 약점이 있었다. 이에 인권위원회는 강제력을 가지는 국제 인권 규약을 준비하고 이는 1966년 12월 16일 UN 총회에서 만장일치로 채택되었다.

### 나. 규약의 구성

규약은 경제적·사회적·문화적 권리에 관한 규약(A 규약), 시민적·정치적 권리에 관한 규약(B 규약), 시민적·정치적 권리에 관한 규약의 선택의정서(B 규약 선택의정서)로 구성되어 있다.

우리나라는 1990년 A규약에는 유보 없이 가입하였고, B규약은 국내법과 저촉되는 4개 조항을 유보하고 가입하였다. 우리나라가 유보한 B규약 4개 조항은 제14조 5항(형사재심권), 제14조 7항(이중처벌금지), 제22조(노조결성권) 및 제23조 4항(혼인해소 시 배우자 평등조치)이었는데 현재는 제22조 노조의 설립과 참여 규정만 유보하고 나머지는 유보를 철회하였다.

### 다. 내용

국제 인권 규약의 A규약 및 B규약 모두 세계인권선언에는 없는 민족자결권을 규정한 것이 특징이다.

A규약은 경제적·사회적·문화적 권리에 관한 규약으로서 점진적인 실현을 목표로 하고 일정한 경우에는 차별대우도 인정하고 있다.

예컨대 개발도상국의 외국인에 대한 경제적 권리의 차별은 인정할 여지가 있는 것이다. A규약은 재산권에 관해서는 지적재산권 보호에 관한 원칙적인 규정만을 두고 있어 재산권 보장에 관해서는 미흡하다고 평가된다.

B규약은 시민적·정치적 권리에 관한 규약으로서 인권의 즉각적 실현을 목표로 하고 있으며, 외국인의 인권에 대한 차별대우를 허용하지 않는다. B규약은 A규약과는 달리 국가 간 통보 제도와 개인 통보 제도를 두어 시민적·정치적 권리의 강력한 보장 수단을 마련하고 있다.

A규약과 B규약 무두 남녀평등에 관한 규정을 두고 있으며, 당사국들에게 보고서 제출의무를 부과하고 있다. 다만 A규약에서는 경제사회이사회에 보고서를 송부하고, B규약에서는 인권인사회에 보고서를 송부하는 점이 다르다.

### (3) 인종차별 철폐 협약

1960년대 들어 아프리카의 탈식민지가 가속화되면서 인종차별 철폐 문제도 국제사회의 화두로 떠올랐다. 1963년 UN 총회에서 인종차별 철폐 선언이 채택되었고 이어서 1965년에 '인종차별 철폐 협약(ICERD, International Convention on the Elimination of All Forms of Racial Discrimination)'이 채택되었다. 이 협약은 1969년 발효되었다.

협약상 인종차별이란 인종, 피부색, 가문 또는 민족이나 종족의 기원을 둔, 구별·배척·제한 또는 우선권을 의미한다(제1조). 당사국은 이런 인종차별을 금지시켜야 함은 물론이고 차별받는 집단이나 개인을 위한 특별한 보호 조치를 경우에 따라 취해야 한다. 협약은 실효성 확보를 위해 18명의 위원으로 구성된 인종차별 철폐위원회를 설치해 개인이나 집단의 피해 통보를 심사하고 있다. 한국은 1978년 유보 없이 비준서를 기탁했고 1979년부터 이 협약의 적용을 받고 있다.

### (4) 여성차별 철폐 협약

여성인권은 주로 인권 조약들에서 남녀평등 원칙을 명시하는 방식으로 그 보장을 시도해오다가 마침내 1979년 UN 총회에서 '여성차별 철폐 협약(CEDAW, Convention on the Elimination of All Forms of Discrimination against Women)'이 채택되었다. 이는 1981년 발효되었다.

협약상 여성차별이란 여성이 남녀평등의 기초 위에서 인권과 자유를 인식하고 향유, 행사하는 것을 저해하거나 무효화시키는 모든 형태의 구별이나 제한을 의미한다(제1조). 협약은 23명으로 구성된 여성차별 철폐 위원회를 설치하여 당사국의 의무 이행 상황을 점검하고 있다. 한국은 1984년 비준서를 기탁하고, 1985년부터 이 협약의 적용을 받고 있다.

### (5) 고문 방지 협약

1948년 세계인권선언에서 고문 금지 내용이 명시된 이후 1949년 제네바 협약, 1966년 국제 인권규약(B규약) 등에서도 고문 금지 규정이 포함되었고 1969년 미주인권 협약, 1981년 아프리카인권 헌장 등에서도 고문 금지 규정이 명시될 정도로 고문 금지는 보편화되었다. 이런 시대적 조류를 반영하여 1984년 '고문 방지 협약(CAT, Convention against Torture and Other Cruel, Inhuman or Degrading Treatment or Punishment)'이 채택되어 1987년 발효되었다.

협약상 고문이라 함은 공무수행자가 정보나 자백을 얻기 위하거나, 혐의자를 처벌하기 위해서나, 타인을 협박 또는 강요하기 위하거나 기타 어떠한 종류의 차별에 기인한 이유로서 개인에게 고의적으로 극심한 신체적·정신적 고통을 가하는 행위를 의미한다(제1조). 협약은 10인의 위원으로 구성된 고문 방지위원회를 설치하여 각국의 고문 방지 관련 보고서를 검토하여 그 실효성 보장을 꾀하고 있다. 한국은 1995년 본 협약을 비준했고 2007년에는 제21조(국가 간 통보 제도), 제22조(개인 통보 제도)도 수락했다.

### (6) 아동 권리 협약

아동 권리 협약은 UN이 1979년을 '세계 아동의 해'로 지정하면서 추진되기 시작했다. 이후 10년이 흐른 1989년에 '아동 권리 협약(CRC, Convention on the Rights of the Child)'이 채택되었고 이듬해인 1990년 발효되었다. 인권 조약 중 가장 많은 당사국(193개국)을 보유하고 있다.

협약상 아동은 18세 미만인 자로 정의되어 있다(제1조). 아동의 생명권, 성명권, 국적권, 의사 표시권, 사생활의 자유 등 자유권적 기본권과 함께 사회보장, 교육, 생활수준 등 사회권적 기본권도 폭넓게 규정되어 있다. 한국은 1991년 비준서 기탁 후, 같은 해부터 바로 협약의 적용을 받고 있다.

### (7) 이주노동자 권리 협약

세계화가 심화되면서 모국을 떠나 외국에서 노동을 하며 생활하는 인구가 많아지고 있다. 이들이 외국에서 제대로 된 노동환경이나 인권을 보장받지 못하는 경우가 발생하면서 이주노동자에 대한 국제사회의 관심도 고조되었다. UN은 이런 관심을 반영하여 1990년 '이주 노동자와 그 가족의 권리보호에 관한 국제 협약(ICRMW, International Convention on the Protection of the Rights of All Migrant Workers and Members of Their Families)'을 채택했다.

이주노동자란 자국 이외의 국가에서 노동하는 사람을 가리키며 협약은 합법적 이주노동자 외에도 불법 체류자를 포함한 모든 이주노동자의 권리를 보호하는 규정을 담고 있다. 이 때문에 인력 수입국인 선진국들의 가입이 거의 없는 상태이며 한국도 가입하지 않았다.

### (8) 제노사이드 협약

제2차 세계대전에 대한 반성의 일환으로 1948년 UN 총회에서 집단살해의 방지와 처벌에 관한 협약이 채택되었다. 협약상 제노사이드(집단살해)란, 국민적·인종적·민족적 또는 종교적 집단의 전부 또는 일부를 파괴할 의도로 살해, 위해, 생활조건의 강제, 강제이주 등을 하는 행위를 가리킨다. 국제형사재판소는 이 내용을 계승하여 집단살해를 중대 범죄로 다루고 있다.

### (9) 난민 지위 협약

1949년 UN은 UN난민고등판무관실(UNHCR, UN High Commissioner for Refugees)을 설치하고 난민과 무국적자를 보호하기 위한 국제 조약을 추진했다. 그 결과 1951년 난민 지위 협약이 채택되었고 여기서 난민이란 인종, 종교, 국적, 특정 사회집단에의 소속, 정치적 의견 등으로 박해가 우려되어 국적국 밖에서 국적국의 보호를 받지 못하거나 원하지 않는 자 또는 상주국 밖에 있는 무국적자로서 같은 이유로 상주국으로 귀환하지 못하거나 귀환을 원치 않는 자를 의미한다. 즉, 각종 '정치적 이유'가 난민 지위 결정의 중요 요소였다.

난민 지위의 인정은 개별 국가가 하며 협약상 난민으로 인정되면 강제송환, 강제추방이 금지되고 내국민대우의 원칙을 적용받는다. 하지만 난민판정권을 개별 국가가 행사하여 그 인정에 있어 정치적 판단 요소가 많다는 점, 그리고 협약이 2차 대전 당시까지의 난민을 주 보호 대상으로 삼아 1951년 1월 1일 이전에 발생한 난민으로만 그 적용 대상을 한정한 점 등이 문제로 거론되었다.

이에 1967년 '난민 지위 의정서'를 추가로 채택하여 협약상의 시간적 제한을 해제하였다. 그렇지만 협약은 오늘날 정치적 이유뿐만 아니라 경제적, 사회적, 환경적 이유 등으로 발생하는 난민 개념을 포괄하지 못하고 여전히 난민판정권이 개별 국가에게 맡겨져 있다는 점에서 문제제기의 대상이 되고 있다.

### (10) 기타 협약

이 밖에 '강제 실종 협약(ICPED, International Convention for the Protection of All Persons from Enforced Disappearance)', '장애인 권리 협약(CRPD, Convention on the Rights of Persons with Disablities)'들이 UN 차원에서 논의되고 있는 대표적인 인권 조약이다.

지역적 인권 조약으로는 1950년 유럽 인권 협약, 1969년 미주인권 협약, 1981년 아프리카인권 헌장, 1985년 '고문 방지 및 처벌을 위한 미주 협약' 등이 대표적으로 거론된다.

# 3. 국제 인권 보호 메커니즘

## (1) UN 헌장체제상 보호 메커니즘

UN 헌장체제상 인권 보호 메커니즘으로는 총회 및 경제사회이사회, 인권이사회, 안전보장이사회, 사무총장, 난민고등판무관실(UNHCR), 인권최고대표(UNHCHR, UN High Commissioner for Human Rights)를 들 수 있다.

이들은 세계에서 벌어지는 인권침해 상황에 대하여 주의를 환기하고, 개인 청원에 대해 공개적으로 논의하기도 하고(1235호 절차, 특정국의 인권침해에 대해 공개논의를 결의한 경제사회이사회 결의 1235호에서 유래), 지속적이고 대규모적인 인권침해에 대해 비공개로 다루기도 하며(1503호 절차, 경제사회이사회 결의 1503호에서 유래), 특별보고관을 임명해 인권문제를 조사하기도 한다.

## (2) 인권 조약 체제상 보호 메커니즘

국제 인권 규약, 인종차별 철폐 협약, 여성차별 철폐 협약, 고문 방지 협약, 아동 권리 협약, 이주노동자 권리 협약 등에서는 국가 보고 제도, 국가 간 통보 제도, 개인 통보 제도를 규정하여 개인의 인권 보호를 추구하고 있다.

첫째, 국가 보고 제도는 조약 당사국들이 각국의 인권 상황에 대해 정기적으로 보고하여 조약 이행 상황 등을 점검받는 제도이다. 둘째, 국가 간 통보 제도는 특정 조약 당사국이 인권 보장 의무를 수행하지 않는 경우, 다른 당사국이 이를 해당 국가 내지는 인권 조약상의 기구에 통보하는 제도이다. 그러나 현실적으로 이 제도는 외교적 마찰 등

분쟁의 소지가 있어 대부분의 국가가 실시하고 있지는 않다. 셋째, 개
인통보 제도는 인권을 침해당한 개인이 직접 해당 인권 조약기구에
권리구제의 청원을 하는 제도이다. 개인이 자신의 명의로 권리 주장
을 할 수 있게 하는 국제법 제도로써 국가만을 국제법 주체로 보던 전
통국제법의 구조 변화를 불러일으키는 제도로 인식되고 있다.

## 4. 국제 인권법의 발전 단계와 인권 조약기구 및 보호 메커니즘 종합

| 연대 | UN 차원 주요 인권 조약 | 인권 조약기구 | 인권 보호 메커니즘 | |
|---|---|---|---|---|
| 1940 | · UN 헌장(전문, 목적, 총회, 경제사회<br>이사회, 사무총장 등의 역할)<br>· 세계인권선언(1948) | UN인권위원회(1946년) | 보호 메커니즘 정립기 | |
| 1950 | · 난민 지위 협정(1951년)<br>· 국제 인권규약(A, B규약)<br>초안작성 개시(1954년) | | | |
| 1960 | · 국제 인권규약 A규약, B규약<br>(1966년채택, 1976년발효)<br>· 인종차별 철폐 협약<br>(1965년 채택, 1969년 발효)<br>· 난민 지위 협정 의정서(1967년) | 인종차별 철폐위원회<br>(1969년) | 1235절차(1965년):<br><br>공개 조사 절차 | **통보 제도:**<br><br>인종차별 철폐<br>협약(제14조) |
| 1970 | · 여성차별철폐 협약<br>(1979년채택, 1981년발효) | | 1503절차(1970년):<br>비공개 조사 절차 | B규약선택의정서<br>(1976년) |
| 1980 | · 고문 방지 협약1984년채택, 1987년발효)<br><br>· 아동 권리 협약(1989년채택, 1990년발효) | 여성차별 철폐위원회<br>(1981년)<br>고문 방지 위원회(1987년) | | 고문 방지<br>협약(제22조) |
| 1990 | · 이주노동자권리 협약<br>(1990년채택, 2003년발효) | 아동 권리위원회(1990년) | | |
| 2000 | · 아동 권리 협약 선택의정서(2002년)<br>· 장애인 권리 협약(2006년채택)<br>· 강제 실종 협약(2006년채택) | 이주노동자위원회(2003년)<br>UN인권이사회(2006년) | · 보편적정기검토<br>(2008):<br>전세계국가<br>인권 상황<br>4년마다 검토<br>· 특별보고관 | · 여성차별철폐<br>협약선택 의정서<br>· 이주노동자 권리<br>협약 (제76,77조)<br>· 장애인 권리<br>협약 선택의정서<br>· 강제 실종 협약<br>(제31조) |

# 국제법 객체론
## : 국가 영역과 관련 문제

이번 장에서는 국제법 주체들이 활동하는 공간이자 영역인 국제법의 객체를 살펴본다. 영토, 바다, 우주 등 다양한 영역과 환경, 경제·통상 등 새로운 국제 이슈가 이에 해당한다. 과거에는 국가 영역에 대해 배타적 주권이 미치고, 그 외의 영역은 어느 국가도 관할하지 않는 국제공역으로 이해되었다. 그러나 오늘날에는 배타적 경제수역과 같이 연안국의 영역과 국제공역의 혼합적 성격을 가진 영역도 등장하고 있어 이에 대한 흐름을 이해하는 것이 중요하다. 기타 객체론에서 다룰 주요 이슈는 환경과 경제·통상이 있는데 최근 중요시되고 있는 경제·통상 분야는 제8장에서 따로 논하기로 한다.

## 제1절

# 국가 영역

## I. 영토(領土)

### 1. 의의

국가의 성립 요소 중의 하나인 국가 영역은 국가가 배타적 권능을 행사할 수 있는 공간적 범위로서 영토, 영수, 영공으로 구성된다. 이 중 영토는 토지로 구성된 국가 영역을 의미하며, 육지와 도서로 구성된다.

### 2. 국경의 결정

국경선은 국가 간에 합의로 정하는 것이 일반적이지만 자연적 경계가 사용되는 경우도 더러 있다. 경계 획정에 사용되는 원칙으로는 탈베크(thalweg) 원칙, 점유물 유보(Uti Possidetis)의 원칙 등이 있다. 탈베크 원칙은 하천을 경계로 하는 경우에 항해가 가능한 하천 수로의 중간선을 국경선으로 정하는 것을 말하며, 가항수로의 법칙이라고도 한다. 점유물 유보(Uti Possidetis)의 원칙이란 과거 한 국가의 식민지였던 지역이 여러 국가로 나뉘어 독립하는 경우, 식민통치 당시 정해졌던 행정구역상 경계를 국경선으로 인정하는 것을 의미한다. 이는 비록 민족자결권과의 조화에 있어서 문제가 있지만 사실상의 상태에 따라 영토를 유지할 수 있다는 장점도 있다. 이 밖에도 남극의 영유권 주장과 관련하여 국경 획정의 원칙으로 주장된 이론인 부채꼴이론(sector theory)도 있다.

ICJ는 〈부르키나파소-말리 사건〉(1986)에서 점유물 유보(Uti Possidetis)의 원칙을 현대국제법의 일반 원칙으로 확인하였고, 구유고 연방 해체 이후 보스니아와 헤르체고비나 그리고 세르비아와 크로아티아 간의 경계 획정이 문제된 사건에서 중재위원회는 위 국가 간에 별다른 합의가 없는 경우, 종전의 국경을 존중한다고 결정함으로써 위 원칙을 재확인한 바 있다.


## II. 영수(領水)

### 1. 의의

영수는 수역으로 이루어진 국가 영역으로 내수, 군도수역, 영해, 해협으로 구성된다. 접속 수역이나 배타적 경제수역(EEZ), 대륙붕은 영수의 범위에 속하지 아니하지만 하천, 만, 항구 등은 영수에 포함된다.

### 2. 경계 획정과 연안국의 권리

'UN 해양법 협약' 제15조에 따르면 영해의 경계 획정은 중간선 원칙에 의한다. 연안국은 지리학상으로 육지의 영토 내에 있는 수역, 즉 내수에서 모든 사건에 관한 재판관할권을 행사하며 내수에서는 외국 선박에 대한 무해통항권이 인정되지 않는 것이 원칙이다.

영수에 포함되는 항구에서의 연안국의 권리는 주권과 동일하다. 연안국은 무해입항, 무해정박을 허용할 의무가 없으며 민사재판관할권 및 형사재판관할권을 행사한다. 다만 형사재판관할권에 대해서는 외국의 선박 내부 사항 및 승무원 상호 간의 사건에 관하여는 원칙적으로 연안국에 관할권이 없고 예외적인 경우에만 관할권을 행사할 수 있다는 프랑스주의와 모든 경우에 있어서 연안국의 관할권이 인정되어야 한다는 영국주의가 대립하는데, 대부분의 학설과 관행은 프랑스주의를 따른다.


## III. 영공(領空)

영공이란 영토와 영수의 수직 상공으로 구성된 국가 영역을 말하는데, 영공주권의 절대성에 의하여 영해에서 인정되는 무해통항권이나 통과통항권 같은 권리가 영공에서는 인정되지 않는다. 따라서 영공 비행이나 착륙은 영토국의 허가가 있어야 하며 허가가 없는 비행 및 착륙은 국제법상 위법 행위로 인정된다.

영공의 경계는 수평적 경계와 수직적 경계로 나뉘는데 수평적 경계는 영토와 영수의 경계로 정해지지만 수직적 경계는 아직 국제법상으로 확립된 원칙이 존재하지는 않는다.

# Ⅳ. 영역의 취득

## 1. 의의

국가가 영역을 취득하기 위해서는 법적인 근거를 가지고 있어야 하며 이러한 법적 근거를 권원(title)이라 한다. 영역 취득의 권원으로는 전통적으로 선점, (취득)시효, 할양, 정복, 병합 등이 있는데, 오늘날 정복은 적법한 권원으로 인정되지 아니한다.

## 2. 선점(occupation)

### (1) 개념

선점이란 국가가 무주지(terra nullius)에 대하여 영유의 의사를 갖고 다른 국가보다 먼저 실효적 지배를 함으로써 영역을 취득하는 것을 말한다. 이때 선점할 수 있는 영역은 무주지로 족하며 반드시 무인지여야 하는 것은 아니다.

### (2) 요건

선점의 요건으로는 ①주체적 요건, ②객체적 요건, ③실효적 점유, ④국가의 영유 의사가 있다. 선점의 주체는 국가여야 하며 선점의 대상은 무주지여야 한다. 사인은 선점의 주체가 될 수 없으나, 국가의 사전 위임이나 사후 추인이 있을 때는 사인의 선점 행위도 국가의 행위로 인정된다. 선점의 대상인 무주지는 어느 국가의 영토에도 속하지 않는 영역이거나 국가 영역으로부터 포기된 지역을 말하는데, ICJ

는 '〈서부 사하라 사건〉에 관한 권고적 의견(1975)'에서 사회적·정치적 조직을 갖춘 종족이 사는 곳은 무주지로 간주되지 않는다고 판시한 바 있다.

선점을 위한 점유는 실효성이 있는 계속적 점유여야 하는데 실효적 지배는 개별적인 상황에 따라 그 정도가 달라질 수 있다. 1928년 〈클리퍼튼섬 사건〉에서 중재재판소는 클리퍼튼섬의 실효적인 지배를 위해서는 주권의 천명만으로도 충분하고 실제적인 정주나 통치 행위가 필요하지 않다고 판시한 바 있다. 상설국제사법재판소(PCIJ)도 1933년 〈동부 그린란드 사건〉에서 인구가 별로 없거나 사람이 살지 않는 지역과 같이 실효적 지배가 불가능한 곳에서는 상징적 지배만으로도 충분하다고 보았다.

마지막으로 이러한 실효적 지배는 국가의 영유 의사가 바탕이 된 지배여야 하는데 이러한 국가의 영유 의사는 선언, 타국에 대한 통고, 입법행정상의 조치 등으로 표시된다. 그런데 실효적 지배의 표시 방법 중 하나인 통고와 관련하여 이를 선점의 요건으로 보는 견해도 있는데, 다수의 견해는 타국에 대한 통고를 선점의 요건에 포함시키지 아니한다. 〈팔마스섬 사건(1928)〉에서 막스 후버(Max Huber) 중재재판관 역시 통고는 선점의 요건이 아니라고 판시하였다.


## 3. 시효(acquisitive prescription)

시효란 국가가 타국의 영토를 장기간에 걸쳐 점유함으로써 그 영토를 취득하는 것을 말한다. 시효 제도는 사실 상황을 존중하는 전통국제법의 한 표현이다.

시효 취득의 주체 역시 국가이며, 국가는 영유 의사를 가지고 타국의 영토를 장기간 실효적으로 점유할 것이 요구된다. 국가의 영유 의사와 실효적 지배가 요구된다는 점에서 선점과 시효는 동일하다. 그러나 양자 사이에는 본질적인 차이가 있다. 첫째, 선점의 대상은 무주지인데 반해, 시효의 대상은 타국의 영토이다. 둘째, 선점과 비교하여 시효는 장기간의 실효적 지배를 요한다. 다만, 관습법상 확립된 시효 완성 기간은 없다. 셋째, 시효의 완성에는 금반언(estoppel)의 효과를 갖는 원소유국의 '묵인'이 필요하다.

그렇다면 시효를 차단하기 위한 항의는 어떤 식으로 이루어져야 하는지가 문제된다. 미국과 멕시코 간의 〈차미잘 사건(1911)〉에서 중재위원회는 시효가 인정되기 위해서는 그 점유가 '방해받지 않고, 차단되지 않고, 이의를 제기 받지 않았어야 함과 동시에 평온'했어야 한다고 판결하였다. 이를 바탕으로 외교적 항의만으로도 시효 취득을 막기에는 충분한 것으로 인정된다. 태국과 캄보디아 간의 〈프레아 비헤아 사건〉(ICJ, 1962)은 시효에 의한 영토 취득을 인정한 고전적 판례이다. 동 판례에서 ICJ는 적절한 시한 내에 당해 지도에 대해 이의를 제기하지 않은 것은 금반언과 같은 효과를 가진다고 보아, 장기간 동안 이의제기가 없었던 태국의 주장을 받아들이지 않았다.


## 4. 할양

국가 간의 합의에 의한 영토의 이전을 할양이라고 하며 할양은 어디까지나 이전하는 국가와 이전 받는 국가 간의 자유로운 의사에 기한 합의가 요건이므로 무력 사용이나 위협에 의한 할양은 당연무효이다. 할양에 의한 영역 취득은 원시 취득이라는 견해와 승계 취득이라는 견해가 대립되고 있는데 국제 판례에서는 승계 취득에 더 무게를 두고 있다.

## 5. 병합과 첨부

병합이란 국가 간의 합의에 의해 영역의 전부를 이전하는 것을 뜻하는데 병합으로 인해 피병합국은 소멸하고 병합국만이 남게 된다. 이러한 점에서 두 국가가 합쳐져 새로운 국가가 탄생하는 합병과 구별된다.

첨부란 해저가 융기하거나 하구에 삼각주가 형성되는 등 주로 자연적 현상으로 인해 국가가 영토를 취득하는 것을 의미하는데, 인공 섬의 설치, 간척 등과 같은 인위적인 노력에 의한 첨부도 인정된다.

# 해양법

## I. 개관

### 1. 의의

해양법은 수역의 설정과 이용, 생물과 광물자원의 개발, 항행, 해양환경보호 등 해양과 관련된 국제 관계를 규율하는 법으로서 국제법에서의 중요한 부분이다. 해양은 오랜 전통을 지니고 있으며 특히 1982년 'UN 해양법 협약'을 통하여 획기적인 발전을 이루었다. 우리나라는 3면이 바다로 둘러싸인 국가로 어업자원을 비롯한 각종 해양자원의 이용과 개발에 있어 인접국과의 분쟁이 끊이지 않고 있다. 따라서 해양자원의 보존과 관리에 관한 법체계의 정확한 이해와 연구가 필요하다.

### 2. 연혁

17세기 이래로 국제해양법은 '해양자유론'에 의해 지배되고 있었다. 해양자유론은 국제법의 아버지 그로티우스(Grotius)가 주장한 이론으로, 해양폐쇄론을 주장하던 셀든과의 논쟁에서 승리한 것으로 평가된다. 그로티우스는 자신의 저서 《자유해론(Mare Liberum)》을 통하여

‘좁은 영해, 넓은 공해’라는 패러다임을 세우고, 해양은 모든 국가는 물론 모든 개개인에게 개방되어야 한다고 역설하였다.

그러나 그 후 18세기에 이르러서는 빈케르스후크(Bynkershoek), 바텔(Vattel) 등에 의하여 그로티우스의 자유해양론은 약간의 제한을 받게 된다. 이들은 해양자유론을 지지하면서도 해양폐쇄론을 전면적으로 배척하지는 않았던 것이다. 빈케르스 후크는 자신의 저서 《해양지배에 관한 논문》에서 포의 착탄거리 내의 인접 수역에 대한 배타적 지배권을 인정해야 한다는 내용의 착탄거리설을 주장하였는데, 이는 후에 영해 제도의 이론적 기초를 이룬다. 결국 해양법은 해양자유론의 영향을 받은 공해 제도와 착탄거리설의 영향을 받은 영해 제도로 이원적 구도를 갖기에 이른다.


## II. 해양법의 법전화

### 1. 의의

해양법과 관련하여 최초로 성문법전화가 시도된 것은 1930년 ‘헤이그 성문법전화 회의’이다. 이 회의는 “모든 섬은 그 자신의 영해를 가진다. 섬은 항상 만조점 위에 있는 물로 둘러싸인 육지영토다”라며 섬에 대한 개념정의를 내린 것으로 유명하다.

해양과 관련한 국제적 분쟁을 보다 명확하게 해결하기 위해서는 국제법의 법전화가 무엇보다 중요한데 이러한 국제법의 법전화와 점진적 발달은 UN 내에 설립된 국제법위원회(ILC)가 주도하고 있으며 이는 총회의 중요한 임무이기도 하다.


## 2. UN 해양법 회의

해양법의 법전화를 이루기 위해 오랜 기간 국제적인 노력이 있었다. 1958년에는 제1차 UN 해양법 회의가 열렸는데, 이 회의에서는 ILC가 초안을 작성한 4개의 협약이 채택되었다. ①영해 및 접속 수역에 관한 협약, ②대륙붕에 관한 협약, ③공해에 관한 협약, ④공해의 어업 및 생물자원 보존에 관한 협약이 바로 그것이다. 그러나 이 회의는 영해와 어업 수역의 범위에 대해서는 합의가 이루어지지 않았으며, 단일문서화에도 실패하였고 대륙붕의 외측 한계를 설정하는 것에도 실패하였다는 한계점을 가지고 있다.

그 후 1960년 제2차 UN 해양법 회의가 열렸으나 영해의 범위에 관한 논의만 이루어졌을 뿐 주목할 만한 성과는 내지 못했다.

1973년부터 ILC가 주축이 되어 제3차 UN 해양법 회의가 개최되었는데 1982년까지 무려 10년간의 다자 회의 끝에 'UN 해양법 협약(UNCLOS)'이 채택되기에 이른다. 우리나라는 1996년 1월 29일 동 협약을 비준하여 정식 당사국이 되었다.


## 3. 제3차 'UN 해양법 협약(1982년)'

### (1) 의의

1973년부터 1982년까지 10년에 걸친 다자 간 회의 끝에 탄생한 제3차 'UN 해양법 협약'은 전문과 본문 총 320개 조문, 그리고 9개의 부속서로 구성되어 있으며, 1994년 11월 16일 발효되었다. 동 협약에는 우리나라, 일본 중국, 러시아 및 대부분의 개발도상국 등 159개국이 서명하였으나, 서구 선진국 특히 미국은 심해저 개발 제도에 불만을 표시하며 서명을 기피하고 있다. 비록 미국, 베네수엘라, 이스라엘, 터키 등의 나라가 협약을 비준하지 않고 있지만 상당수의 국가들이 당사국이 될 정도의 보편적인 국제 조약으로 발전하고 있다.

### (2) 목적

동 협약은 심해저를 비롯한 해양과 해양자원을 평화적으로 이용하고 해양생물자원의 보전을 촉진하며 해양법 질서를 확립함으로써 모든 국가 간 평화와 안전, 협력 및 우호를 증진시키는 것이 목적이다. 또한 모든 국가가 시장 지향적 접근 방식에 의한 새로운 심해저 개발 체제에 참여토록 하는 것도 주요한 목적 중 하나이다.

### (3) 특징

1982년 'UN 해양법 협약'의 빛나는 성과 중 하나가 바로 단일화에 성공하였다는 점이다. 동 협약은 하나의 단일문서로 체결되었으며 유보를 전면 금지하고 있다. 또한, 1958년에 실패하였던 영해의 범위에 대해 최초로 합의가 이루어졌으며 1958년 협약에서 12해리로 제한하였던 접속 수역의 외측 한계를 영해기선으로부터 24해리로 확대하였다. 나아가 대륙붕의 정의를 명확히 하고, 배타적 경제수역(EEZ) 제도를 도입하여 해양강국들의 이익을 조화시키려 노력하였다. 인류의 공동유산 개념을 심해저에 도입하는 데 성공한 것과 해양 환경오염의 방지를 위한 법규를 정비하였다는 점도 특색이다. 무엇보다도 해양과 관련한 분쟁을 신속히 해결하기 위하여 분쟁 해결을 제도화하였다는 점이 'UN 해양법 협약'의 두드러진 특징이다.

이하에서는 제3차 'UN 해양법 협약'의 내용을 중심으로 해양에 관한 국제법을 살펴보고자 한다.


## Ⅲ. 영해와 접속 수역

### 1. 영해

#### (1) 의의

영해는 영토와 내수의 외측 한계, 그리고 군도수역의 경우에는 군도수역의 외측 한계인 기선으로부터 바다 쪽으로 향한 연안의 인접 수역을 말한다. 해양법 협약은 영해의 폭을 동 협약에 따라 결정된 기선으로부터 12해리를 넘지 않는 범위에서 설정할 수 있도록 규정하고 있다. 오랜 기간 3해리설, 6해리설 등이 대립되었으나, 동 협약에서는 이를 확대하여 12해리 안에서 국가가 자유롭게 정할 수 있도록 하고 있다.


#### (2) 영해의 폭과 경계 획정

가. 영해의 폭

영해는 기선으로부터 12해리의 범위 안에서 설정이 가능한데, 이때의 기선은 통상기선과 직선기선을 말한다. 원칙적으로 통상기선을 사용하여야 하며 예외적으로 해안선이 깊게 굴곡이 지거나 잘려 들어간 지역, 해안을 따라 아주 가까이 섬이 흩어져 있는 지역에서는 적절한 지점을 연결하는 직선기선이 사용될 수 있다. 삼각주가 있거나 해안선이 매우 불안정한 곳에서도 마찬가지로 바다 쪽 가장 바깥 저조선을 따라 적절한 지점을 선택하여 직선기선을 설정할 수 있다.

### 나. 직선기선

직선기선은 해안의 일반적 방향으로부터 현저히 벗어나게 설정할 수 없으며, 간조 노출지까지 또는 간조 노출지로부터 설정할 수도 없다. 다만 간조 노출지에 등대나 이와 유사한 시설이 세워진 경우와 그러한 기선의 설정이 일반적으로 국제적인 승인을 받은 경우에는 설정이 가능하다. 직선기선 안에 있는 해역은 육지와 충분히 밀접하게 관련되어야 하며, 타국가의 영해를 공해나 배타적 경제수역으로부터 격리시키는 방식으로 직선기선을 사용할 수는 없다.

ICJ는 〈영국-노르웨이 간의 어업 분쟁 사건(1951)〉에서 노르웨이 해안에서의 직선기선 제도를 지역적 특별관습법으로 인정하였는데 이는 국제사법재판소가 최초로 직선기선을 인정한 사례이다. 1958년 영해 협약 제4조와 'UN 해양법 협약' 제7조는 이 판례에 기초하여 직선기선에 관한 자세한 규정을 두고 있다.

### 다. 통상기선

통상기선은 연안국이 공인한 대축척해도에 표시된 해안의 저조선으로 한다. 즉 간조 시 연안국의 해안선으로부터 12해리의 범위 안에서 영해를 설정할 수 있는 것이다. 우리나라는 영해 12해리를 원칙으로 하되, 대한해협의 영해는 3해리로 규정하고 있다.

### 라. 영해의 경계 획정

영해의 경계 획정은 문제된 국가 간에 합의나 특별한 사정이 존재하지 않는 경우에 중간선을 경계선으로 한다는 중간선 원칙이 국제법상 확립된 원칙으로 받아들여지고 있다. 1982년 'UN 해양법 협약'도 해안이 서로 마주보고 있거나 인접하고 있는 경우에는 양국 간 달리 합의하지 않는 한 양국의 각각의 영해기선상의 가장 가까운 점으로부터 같은 거리에 있는 모든 점으로 연결한 중간선 밖으로 영해를 확장할 수 없다고 규정하여, 중간선 및 등거리 원칙에 의하여 경계를 획정함을 규정하고 있다.


### 마. 기타 기선 결정 방법

영해의 경계를 획정함에 있어 문제되는 것이 암초와 내수, 하구, 만, 항구, 정박지, 간조 노출지 등이다.

환초 상에 위치한 섬 또는 가장자리에 암초를 가진 섬의 경우, 영해기선은 연안국이 공인한 해도에 적절한 기호로 표시된 암초의 바다 쪽 저조선으로 한다.

영해기선의 육지 쪽 수역은 그 국가의 내수의 일부를 구성하는데, 이때 군도수역은 제외된다. 군도수역에서 직선기선을 설정함으로써 종전에 내수가 아니었던 수역이 내수가 되는 경우, 타국은 그 수역에서의 무해통항권을 계속 향유한다.

하구란 강이 직접 바다로 유입하는 어귀를 말하는데 이때 기선은 양쪽 강둑의 저조선상의 지점을, 하구를 가로질러 연결한 직선으로 한다.

만이란 바다가 육지 쪽으로 들어가 있는 형태를 의미하며, 'UN 해

양법 협약'에서 만이라 함은 그 들어간 정도가 입구의 폭에 비하여 현
저하여 육지로 둘러싸인 수역을 형성하고 해안의 단순한 굴곡 이상인
뚜렷한 만입을 말한다. 그러나 만입 면적이 만입의 입구를 가로질러
연결한 선을 지름으로 하는 반원의 넓이에 미치지 못하는 경우에는
만으로 보지 않는다. 만의 자연적 입구 양쪽의 저조지점 간의 거리가
24해리를 넘지 아니하는 경우 폐쇄선을 두 저조지점 간에 그을 수 있
으며 이 안에 포함된 수역은 내수로 본다. 만의 자연적 입구 양쪽의
저조지점 간의 거리가 24해리를 넘는 경우, 24해리의 직선으로서 가
능한 한 최대의 수역을 둘러싸는 방식으로 만 안에 24해리 직선기선
을 그어야 힌다. 동 협약의 만에 관한 규정은 오직 한 국가에 속하는
만에 한하여 적용된다.

항만체계에서 불가분의 일부를 구성하는 가장 바깥의 영구적인 항
만시설은 해안의 일부를 구성하는 것으로 보아 기선을 설정할 수 있
는데 근해시설과 인공 섬은 영구적인 항만시설로 보지 않는다.

정박지는 선박이 화물을 싣고, 내리고 닻을 내리기 위하여 통상적
으로 사용되는 일정한 지역을 말하는데 정박지의 전부 또는 일부가
영해의 바깥, 한계 밖에 있는 경우에도 영해에 포함된다.

간조 노출지란 썰물일 때는 물 위에 노출되지만 밀물일 때에는 물
에 잠겨 자연적으로 형성된 육지 지역을 의미한다. 간조 노출지의 전
부 또는 일부가 본토나 섬으로부터 영해의 폭을 넘지 아니하는 거리
에 위치하는 경우에는 그 간조 노출지의 저조선을 영해기선으로 사용
할 수 있다. 그러나 간조 노출지의 전부가 본토나 섬으로부터 영해의
폭을 넘는 거리에 위치하는 경우, 그 간조 노출지는 자체의 영해를 가
지지 아니한다.

연안국은 위에 나열된 조건을 고려하여 여러 가지 방법을 혼합사용하여 기선을 결정할 수 있다.

### (3) 무해통항권

#### 가. 의의

무해통항권이란 모든 국가의 선박에 대하여 영해를 통항할 수 있는 권리를 부여하는 것을 말하는데, 이러한 권리는 어디까지나 그 항행이 연안국에 무해하여야만 인정되는 것이다. 무해통항권은 19세기 초 이미 관습법상의 권리로 확립된 것으로서 통항의 자유를 최대한 보장하여 국가 간의 대립을 완화시키고 대화와 통상을 촉진하려는 취지에서 인정된 것이다.

#### 나. 통항의 요건

통항이란 ①내수에 들어가지 아니하거나 내수 밖의 정박지나 항구시설에 기항하지 아니하고 영해를 횡단하는 것, ②내수를 향하여 또는 내수로부터 항진하거나, 이러한 정박지나 항구시설에 기항하는 것을 의미한다.

통항은 계속적이고 신속하여야 하지만 정선이나 닻을 내리는 행위가 통상적인 항행에 부수되거나 불가항력, 조난, 인명 또는 선박·항공기를 구조하기 위한 경우에는 통항에 포함된다.

#### 다. 무해의 의미

무해란 연안국의 평화, 공공질서 또는 안전을 해치지 아니하는 항행을 의미하는데 'UN 해양법 협약' 제19조 2항은 유해한 행위로 간주되는 행위를 다음과 같이 규정하고 있다.

**해양법 협약 제19조 2항 : 유해한 행위로 간주되는 행위**

①연안국의 주권, 영토 보전 또는 정치적 독립에 반하거나, 또는 UN 헌장에 구현된 국제법의 원칙에 위반되는 그 밖의 방식에 의한 무력의 위협이나 무력의 행사, ②무기를 사용하는 훈련이나 연습, ③연안국의 국방이나 안전에 해가 되는 정보 수집을 목적으로 하는 행위, ④연안국의 국방이나 안전에 해로운 영향을 미칠 것을 목적으로 하는 선전 행위, ⑤항공기의 선상 발진·착륙 또는 탑재, ⑥군사기기의 선상 발진·착륙 또는 탑재, ⑦연안국의 관세·재정·출입국관리 또는 위생에 관한 법령에 위반되는 물품이나 통화를 싣고 내리는 행위 또는 사람의 승선이나 하선, ⑧이 협약에 위배되는 고의적이고도 중대한 오염 행위, ⑨어로 활동, ⑩조사 활동이나 측량 활동의 수행, ⑪연안국의 통신체계 또는 그 밖의 설비·시설물에 대한 방해를 목적으로 하는 행위, ⑫통항과 직접 관련이 없는 그 밖의 활동은 유해한 활동으로 간주되어 무해통항이 인정되지 아니한다.

잠수함과 그 밖의 잠수항행기기는 영해에서 해면 위로 국기를 게양하고 항해하여야만 무해통항이 가능하며 잠항은 허용되지 아니한다.

라. 무해통항에서의 연안국의 권리와 의무

연안국은 영해에서의 무해통항에 관한 법령을 제정할 수 있고, 항행의 안전과 해상교통의 규제를 할 수도 있다. 또한 해양생물자원의 보존 및 연안국의 어업을 보호하기 위한 법령을 재정할 수도 있고 연안국의 관세·재정·출입국 관리 또는 위생에 관한 법령의 위반을 방지하기 위한 법령도 제정할 수 있다. 연안국이 제정한 모든 법령은 적절히 공표되어야 한다.

연안국은 항행의 안전을 위하여 필요한 경우에는 무해통항권을 행사하는 외국 선박에 대하여 지정된 항로대와 규정된 통항 분리 방식을 이용하도록 요구할 수 있다. 연안국은 지정한 항로대와 통항 분리 방식을 해도에 명시하고, 적절히 공표하여야 한다.

연안국은 'UN 해양법 협약'에 의하지 아니하고는 영해에서 외국 선박의 무해통항을 방해하지 않을 의무가 있다. 또한 연안국은 자국이 인지하고 있는 자국 영해에서의 통항에 관한 위험을 적절히 공표하여야 한다. 이는 〈코르푸해협 사건〉(1948)에서 문제가 되었던 것으로 당시 국제사법재판소는 위험을 인지하고도 고지하지 않은 알바니아가 그로 인하여 입은 영국의 손해를 배상해야 한다고 판결하였다.

연안국은 외국 선박에 대하여 영해의 통항만을 이유로는 어떠한 수수료도 부과할 수 없으나 특별한 용역을 제공한 대가로서의 수수료는 부과할 수 있으며 이러한 수수료는 차별 없이 부과되어야 한다.

### (4) 영해에서의 연안국의 권리

가. 연안국의 주권

연안국의 주권은 영토와 내수 밖의 영해라고 하는 인접 해역, 군도국가의 경우에는 군도수역 밖의 영해라고 하는 인접 해역까지 미친다. 이러한 주권은 영해의 상공·해저 및 하층토에까지 미친다.

나. 연안국의 형사관할권

내수를 거치지 않고 영해를 통항 중인 외국 선박의 선박 내에서 발생한 범죄에 대하여는 원칙적으로 연안국의 형사관할권이 미치지 않는다. 다만 'UN 해양법 협약'은 4가지 예외의 경우를 규정하고 있다. ①범죄의 결과가 연안국에 미치는 경우와 ②범죄가 연안국의 평화나 영해의 공공질서를 교란하는 종류인 경우, ③그 선박의 선장이나 기국의 외교관 또는 영사가 현지 당국에 지원을 요청한 경우, ④마약이나 향정신성물질의 불법 거래를 진압하기 위하여 필요한 경우가 그것이다.

다만 내수를 떠나 영해를 통항 중인 외국 선박 내에서의 체포나 수사가 목적일 때, 자국법이 허용한 조치를 취할 수 있는 연안국의 권리에 영향을 미치지는 않는다. 외국 선박이 외국의 항구로부터 내수에 들어오지 아니하고 단순히 영해를 통과만 하는 경우에 연안국은 그 선박이 영해에 들어오기 전에 발생한 범죄에 대해서는 어떠한 조치도 취할 수 없음을 유의해야 한다. 다만 이러한 경우에도 동 협약 제12부 해양환경의 보호와 보전에 규정된 경우이거나 제5부 배타적 경제수여에 따리 제징된 법링위반의 경우에는 연안국의 형사 관할권이 예외적으로 미칠 수 있다.

## 다. 연안국의 민사관할권

연안국은 영해를 통항 중인 외국 선박 내에 있는 사람에 대한 민사관할권을 행사하기 위하여 선박을 정지시키거나 항로를 변경시킬 수는 없다. 그러나 선박 내에 있는 사람이 아니라 선박 스스로 부담하거나 초래한 의무 또는 책임에 관한 민사소송 절차를 위해서는 그 선박에 대한 강제집행 또는 나포를 할 수 있다. 선박 자체에 민사적 채무가 있는 경우, 그 선박이 영해에 정박하고 있거나 내수를 떠나 영해를 통항 중인 때에도 민사소송 절차의 목적으로 강제집행 또는 나포를 할 수 있다.

## 2. 접속 수역

### (1) 의의

접속 수역이란 연안국의 영해에 접속해 있는 수역으로서 과거 연안국은 영해의 외측 한계를 넘어서는 수역에서의 관할권적 권리를 주장해 왔는데 이것이 현재 도입된 접속 수역 제도의 모태라 할 수 있다. 접속 수역은 영해기선으로부터 24해리 밖으로 확장할 수 없으며 대한민국의 접속 수역은 기선으로부터 측정하여 그 외측 24해리 밖으로 확장할 수 없다.

### (2) 접속 수역에서의 연안국의 권리

연안국은 접속 수역에서 영토나 영해에서의 관세·재정·출입국관리 또는 위생에 관한 법령의 위반을 방지하고 연안국의 영토나 영해에서 발생한 법령 위반에 대한 처벌을 할 수 있다. 명시적 선언이나 실효적 또는 관념적 점유 없이도 인정되는 대륙붕과 달리 접속 수역에 대해 연안국이 권리를 행사하기 위해서는 선포를 요한다. 접속 수역 제도가 연안국에게 추가적인 관할권을 부여하고 있는 것은 사실이지만 현재 배타적 경제수역 제도와 영해의 확장으로 인해 접속 수역의 의미는 점차 퇴화되어 가고 있다.

# Ⅳ. 배타적 경제수역과 대륙붕

## 1. 배타적 경제수역(EEZ)

### (1) 의의

배타적 경제수역이란 영해 밖에 인접한 수역으로서 'UN 해양법 협약'에 따르면 연안국의 권리와 관할권 및 다른 국가의 권리와 자유가 동 규정에 의하여 규율되도록 수립된 특별한 법 제도라 할 수 있다. 특별한 법 제도란 영해나 공해에 속하지 아니하고 독자적인 법체계에 따른다는 의미이다.

배타적 경제수역은 본래 국가 간 관행적으로 인정해오던 영역인데, ICJ는 영국과 아이슬란드 간 〈어업 관할권 사건(1974)〉에서 12해리까지의 배타적 어업 수역을 인정하기도 하였다. 나아가 튀니지와 리비아 간 〈대륙붕 사건〉과 리비아와 몰타 간 〈대륙붕 사건〉에서는 배타적 경제수역 제도를 1982년 'UN 해양법 협약' 이전에 이미 국제관습법상 확립된 제도로 인정하기에 이른다. 이렇듯 관행적으로 인정되어 오던 배타적 경제수역은 1982년 'UN 해양법 협약'으로 성문화되었다.

### (2) 배타적 경제수역의 폭과 경계 획정

배타적 경제수역은 영해기선으로부터 200해리를 넘을 수 없으며, 그 수역 중 영해를 제외한 수역이 배타적 경제수역이 된다. 배타적 경제수역을 국제적으로 인정받기 위해서는 영해나 접속 수역과 마찬가지로 연안국의 선포 행위가 필요하다. 우리나라는 1996년 8월 200해리의 배타적 경제수역을 선포하면서 주변국과의 중첩수역은 국제법에 따른 합의로 경계를 획정할 것을 선언한 바 있다.

배타적 경제수역 경계 획정의 기본 원칙은 '형평의 선'의 원칙이다. 'UN 해양법 협약' 제74조는 서로 마주보고 있거나 인접한 연안을 가진 국가 간의 배타적 경제수역의 경계 획정은 ICJ 규정 제38조에 언급된 국제법을 기초로 하는 합의에 의한다고 규정하고 있다. 이는 영해가 등거리선 또는 중간선 원칙을 경계 획정의 기본 원칙으로 하는 것과 비교된다. 배타적 경제수역의 경계 획정이 합의에 이르지 못할 경우에는 'UN 해양법 협약'상의 분쟁 해결 절차에 회부된다.

### (3) 연안국의 권리와 의무

#### 가. 주권적 권리

배타적 경제수역에서 연안국이 보유하는 권리는 크게 두 가지로 구분된다. 그 중 하나가 주권적 권리(sovereign rights)이고, 다른 하나는 관할권(jurisdiction)이다. 주권적 권리란 '주권'과는 구별되는 개념으로써 비록 배타성은 인정되지만 배타적 경제수역 자체에 대한 지배권을 부여하는 의미까지 확장할 수 없다는 점에서 '주권적 권리'라 불리고 있다. 연안국은 타국이 연안국의 주권적 권리를 침해하지 않는 범위 내에서 배타적 경제수역을 이용하는 상업적 행위를 일방적으로 배제할 수는 없다고 해석된다.

연안국은 해저의 상부 수역, 해저 및 그 하층토의 생물이나 무생물 등 천연자원의 탐사, 개발, 보존 및 관리를 목적으로 하는 주권적 권리와 해수·해류 및 해풍을 이용한 에너지 생산과 같은 경제적 개발과 탐사를 위한 그 밖의 활동에 관한 주권적 권리를 갖는다. 어업 활동이나 석유의 채굴, 풍력발전, 조력발전 등이 주권적 권리 행사의 예라 할 수 있다.

### 나. 관할권

연안국은 주권적 권리와는 별도로 배타적 경제수역에서 관할권을 갖는데 관할권은 ①인공 섬, 시설 및 구조물의 설치와 사용, ②해양과학 조사, ③해양환경의 보호와 보전과 관련하여 인정된다.

연안국은 인공 섬, 시설 및 구조물에 대하여 관세 · 재정 · 위생 · 안전 및 출입국 관리법령에 관한 관할권을 포함한 배타적 관할권을 갖는다. 또한 연안국은 필요한 경우에 항행의 안전과 인공 섬 · 시설 및 구조물의 주위에 적절한 조치를 취할 수 있는 합리적인 안전수역(safety zone)을 설치할 수 있다. 이 안전수역은 연안국이 적용 가능한 국제기준을 고려하여 결정하되 인공 섬, 구조물의 바깥쪽 끝의 각 점으로부터 측정하여 500미터를 넘을 수 없다.

위의 인공 섬 · 시설 및 구조물은 섬의 지위를 가지지 아니하므로, 이들의 존재가 영해, 배타적 경제수역 또는 대륙붕의 경계 획정에 영향을 주지는 않는다.

### 다. 기타 연안국의 권리와 의무

연안국은 매년 최선의 과학적 증거를 고려하여 허용 어획량을 결정하고, 최대 지속 가능한 생산량을 유지할 의무를 갖는다. 만약 연안국이 자신이 설정한 허용 어획량의 전부 또는 일부를 어획할 능력이 없을 경우에는 그 잉여량에 대하여 타국의 입어를 허용하여야 한다. 또한 참치와 같은 고도회유성 어족의 보존을 보장하고 최적 이용 목표를 달성하기 위하여 직접 또는 적절한 국제기구를 통하여 그러한 고도회유성 어종을 어획하는 국민이 있는 국가와 협력하여야 한다.

연안국은 배타적 경제수역의 생물자원을 탐사·개발·보존·관리하는 주권적 권리를 행사함에 있어서 자국의 법령을 준수하도록 하기 위하여 승선, 검색, 나포 및 사법 절차를 포함하여 필요한 조치를 할 수 있다.

연안국에 나포된 선박과 승무원은 적절한 보석금이나 그 밖의 보증금을 예치한 뒤에는 즉시 석방되어야 하며, 배타적 경제수역에서 어업 법령 위반에 대한 연안국의 처벌에는 금고 또는 다른 형태의 체형이 포함되지 않는 것이 원칙이다. 연안국이 외국 선박을 나포하거나 억류한 경우에는 그 조치와 처벌에 관하여 적절한 경로를 통해 기국에 신속히 통고해야 한다.

### (4) 배타적 경제수역에서 다른 국가의 권리와 의무

모든 국가는 연안국이거나 내륙국이거나 상관없이 배타적 경제수역에서 항행 및 상공비행의 자유, 해전 전선·관선 부설의 자유, 선박·항공기·해저 전선·관선의 운용 등과 관련되는 적법한 해양 이용의 자유를 향유한다.

지리적 여건으로 인해 충분한 어류를 공급할 수 없거나 자국의 배타적 경제수역을 주장할 수 없는 이른바 '지리적 불리국' 도 모든 관련국의 경제적·지리적 상황을 고려하여 동일한 소지역 또는 지역 내에 있는 연안국의 배타적 경제수역의 생물자원 잉여량 중 적절한 양의 개발에 공평하게 참여할 권리를 가진다.

다른 국가는 자신의 권리를 실현하는 데 있어 연안국의 권리와 의

무를 적절히 고려하고 이 협약에 따라 연안국이 채택한 법령을 준수
할 의무가 있다.


## 2. 대륙붕(Continental shelf)

### (1) 의의

해양법 협약 제76조에 의하면, 대륙붕이란 영해를 넘어서 '육지토
괴의 자연적 연장'을 통하여 접속된 대륙변계의 외측 한계까지의 해
저 및 하층토를 의미한다.

대륙붕 제도는 해양법 협약 이전에 이미 1945년 트루먼 선언에서
"미국 연안에 인접하고 있으나 공해 아래에 위치한 대륙붕의 하층토
와 해저에 존재하는 천연자원은 미국에 귀속되며 미국의 관할과 지배
하에 둔다"라고 하여 미국에 의해 최초로 주장되었으며, 그 후 1958년
에는 '대륙붕에 관한 제네바 협약'이 체결되기에 이른다. 배타적 경제
수역 제도가 도입된 이래로 대륙붕 제도의 중요성이 감소하고 있지만
대륙붕 제도와 배타적 경제수역은 각각 독립된 별개의 제도임은 분명
히 알아야 한다.


### (2) 대륙붕의 폭과 경계 획정

가. 일반적 폭과 경계 획정

대륙붕은 ①영토의 자연적 연장에 따라 대륙변계의 바깥 끝까지 또
는 ②대륙변계의 바깥 끝이 200해리에 미치지 아니하는 경우에는 영
해기선으로부터 200해리까지의 해저 지역의 해저와 하층토로 이루어
진다. 첫 번째 기준은 대륙붕 획정의 자연적 기준이며, 두 번째 기준

은 'UN 해양법 협약'에서 정한 법적 기준이라 할 수 있다.

해저와 하층토는 물론 상부 수역까지 연안국의 권리가 미치는 배타적 경제수역과는 달리, 대륙붕은 해저와 하층토로만 이루어질 뿐 상부 수역을 포함하지 아니한다.

대륙붕의 경계 획정은 배타적 경제수역의 경계 획정과 마찬가지로 대립하는 국가 간 합의에 의하며 합의가 이루어지지 아니하는 경우에는 해양법 협약상의 분쟁 해결 절차에 회부된다.


나. 대륙붕의 외측 한계가 확장되는 경우

대륙변계의 외측 한계가 영해기선으로부터 200해리 밖으로 확장되는 경우가 있다. 이때에는 관련 국가들의 이해가 상충하기 때문에 'UN 해양법 협약'은 이러한 경우에도 일정한 대륙붕 획정 기준을 마련하고 있다. 즉, 대륙변계가 영해기선으로부터 200해리 밖까지 확장되는 경우, 대륙붕의 외측 한계는 영해기선으로부터 350해리를 넘거나 2500미터 등심선으로부터 100해리를 넘을 수 없다. 다만 해저산맥에서의 대륙붕의 바깥한계는 영해기선으로부터 350해리를 넘을 수 없다(협약 제76조 5항).


### (3) 대륙붕에서 연안국의 권리와 의무

연안국은 대륙붕을 탐사하고 그 천연자원을 개발할 수 있는 대륙붕에 대한 주권적 권리를 행사한다. 연안국의 권리는 실효적이거나 관념적인 점유 또는 명시적 선언이 없더라도 인정되지만 어디까지나 해저와 하층토에만 미치며 대륙붕의 상부 수역이나 수역 상공의 법적 지위에 영향을 미칠 수는 없다.

또한 연안국은 배타적 경제수역에서와 마찬가지도 대륙붕 개발에 필요한 인공 섬이나 구조물을 설치하고 사용할 권리를 갖으며, 대륙붕에서 모든 목적의 시추를 허가하고 규제할 배타적 권리도 갖는다.

연안국은 영해기선으로부터 200해리 밖에 있는 대륙붕의 무생물자원 개발에 관하여 금전을 지급하거나 현물을 공여해야 할 의무를 진다. 다만 자국의 대륙붕에서 생산되는 광물자원의 순수입국인 개발도상국은 광물자원에 대한 금전 지급이나 현물 공여로부터 면제된다.

### (4) 대륙붕에서 다른 국가들의 권리와 의무

모든 국가는 내륙붕에서 해저 전선과 관선을 부설할 자격을 가진다. 비록 1982년 'UN 해양법 협약'에는 명시적 규정이 없으나 항행과 상공비행도 가능하다고 해석된다.

다른 국가가 연안국의 대륙붕에 관선을 부설할 때에는 관선 부설경로의 설정을 위해서 연안국의 동의를 받아야 한다.


## V. 공해와 심해저


### 1. 공해


### (1) 의의

1958년 '공해에 관한 제네바 협약'에 따른 공해의 정의는 일국의 내수나 영해에 포함되지 아니하는 수역이다. 1982년 'UN 해양법 협약'은 한 국가의 내수와 영해에 더하여 배타적 경제수역과 군도수역까지 제외한 부분을 공해라고 정의하고 있다. 이러한 정의는 공해가 원칙적으로 국제공공물의 일종이라는 국제관습법에서 기인한 것으로 볼 수 있다.

### (2) 공해의 자유

공해가 공공물의 일종이라는 원칙에 의하여 공해는 모든 국가의 사용을 위해 개방되어야 한다. 따라서 모든 국가는 공해 이용에 있어서 광범위한 자유를 향유한다. 'UN 해양법 협약' 제87조에 따르면 공해는 연안국이거나 내륙국이거나 관계없이 모든 국가에 개방되며, 공해의 자유에 포함되는 몇 가지 자유를 열거하고 있다.

이러한 자유는 'UN 해양법 협약'에 명시되기 이전에 이미 국제관습법상 확립되어 있는 것이라 할 수 있다.

> **공해 사용의 자유**(UN 해양법 협약 제87조 1항)
>
> ①항행의 자유, ②상공비행의 자유, ③해저 전선과 관선 부설의 자유, ④인공 섬과 그 밖의 시설 건설의 자유, ⑤어로의 자유, ⑥과학조사의 자유

### (3) 임검권과 추적권

가. 기국주의와 그 예외

기국주의란 기국, 즉 선박의 국적 국가가 선박에 대하여 형사 및 민사관할권을 행사할 수 있다는 관할권 행사의 한 원칙이다. 공해에서는 원칙적으로 기국주의에 의하여 관할권을 행사한다. 그런데 선박 등록 요건과 세금 혜택 등과 관련하여 본래의 국적이 아닌 제3국을 선박의 국적으로 등록하는 편의 치적이 관행적으로 행해졌고 현재에도 성행하고 있다. 'UN 해양법 협약'은 선박의 국적과 관련하여 '어느 국가의 국기를 게양할 자격이 있는 선박은 그 국가의 국적을 가진

다. 그 국가와 선박 간에는 진정한 관련이 있어야 한다'고 명시하고 있다.

공해상에서는 기국 이외의 국가가 관할권을 행사할 수 있는 기국주의의 예외도 인정되고 있다. ①해적 행위, ②공해로부터의 무허가 방송, ③특정 오염 문제에 관한 경우, ④공해상의 해상 충돌, ⑤임검권과 추적권의 경우가 그것이다. 'UN 해양법 협약'은 공해상에서 기국의 임검권과 추적권을 인정하는데, 다음에서는 이에 대한 내용을 알아보기로 한다.

### 나. 임검권(right of visit)

모든 국가의 '군함'은 공해상에서 '군함이나 비상업용 공선을 제외한' 외국 선박이 다음과 같은 행위를 하고 있다고 판단될 때 임검권을 행사할 수 있다.

**임검권을 행사할 수 있는 경우**

①선박이 해적 행위나 노예 거래, 무허가 방송에 종사하고 있다고 판단되는 경우, ②무국적선이라는 의심이 가는 경우, ③선박이 외국 국기를 게양하고 있거나 국기 제시를 거절하였음에도 불구하고 실질적으로 군함과 같은 국적을 보유하는 경우

방문 수색 결과 범죄혐의가 밝혀지면 나포 및 처벌할 수 있다. 임검권 행사 후 혐의가 근거 없는 것으로 밝혀지면 그에 따른 모든 손실과 피해를 보상해야 한다. 또한 군함, 군용항공기, 정부 업무에 사용 중인 것으로 명백히 표시되어 식별이 가능하며 권한이 부여된 기타 선박, 항공기도 임검권을 행사할 수 있다.

### 다. 추적권(right of hot pursuit)

추적권이란 외국 선박에 대하여 연안국의 권한 있는 당국이 그 선박이 자국의 법령을 위반한 것으로 믿을 만한 충분한 이유가 있을 때

연안국의 군함이 공해까지 쫓아가서 나포할 수 있는 권리를 말한다. 관습법상 인정되어 오다가 1958년 '공해에 관한 제네바 협약'에서 성문화되었고, 1982년 'UN 해양법 협약'에도 명시되어 있다. 이는 공해 자유의 인정으로 공해가 외국 범법선의 비호처가 되는 것을 방지하기 위해 인정되는 것이다.

추적권은 추적국의 내수, 군도수역, 영해, 접속 수역에 있을 때 시작되며 추적당하는 외국 선박이 그 국적국 또는 제3국의 영해에 들어 감과 동시에 소멸된다. 외국 선박이 접속 수역에 있을 경우에 추적은 그 수역을 설정함으로써 보호하려는 권리가 침해될 때에 한하여 행할 수 있다. 외국 선박이 배타적 경제수역이나 대륙붕에 있을 경우에는 연안국의 법령을 위반한 경우에만 추적이 가능하다.

추적은 외국 선박이 보거나 들을 수 있는 거리에서 시각이나 음향, 정선 신호가 발신 된 후에 비로소 이를 시작할 수 있다. 추적권은 군함·군용항공기 또는 정부 업무에 사용 중인 것으로 명백히 표시되어 식별이 가능하며 그러한 권한이 부여된 그 밖의 선박이나 항공기에 의하여서만 행사될 수 있다.

추적권을 행사함에 있어 어느 정도의 무력을 행사할 수 있는가와 관련하여 제네바 협약이나 'UN 해양법 협약'은 언급이 없다. 다만, 〈아임얼론(I'm Alone)호 사건(1935)〉에 의하면 추적선을 고의적으로 격침시킬 권리를 가지지는 못하나, 혐의 선박을 수색 및 나포하고 항구로 예인하는 등의 목적 달성을 위해 필요하고도 합리적인 무력은 사용할 수 있다고 보았다. 또한 나포 과정에서 우발적으로 발생한 격침은 인정될 수 있는 것으로 판시하였다. 다만, 위법한 추적권 행사에 대해서는 가해국이 손해배상 책임을 부담한다.

## 2. 심해저

### (1) 의의

심해저란 연안국의 관할권 밖에 위치하는 공해의 해저(sea bed)와 해상(sea floor) 및 하층토(subsoil)를 말한다. 1982년 'UN 해양법 협약'은 심해저와 그 자원은 '인류의 공동유산(common heritage of mankind)'으로 규정하고 있다. 광물자원의 보고인 심해저의 공동개발을 위한 지도원리로 고안된 '인류의 공동유산' 개념은 1967년 제22차 UN 총회에서 몰타(Malta) 대사 아비도 파르도(Arvido Pardo)에 의해 처음으로 제시된 이래 'UN 해양법 협약'에 실정법의 개념으로 도입되었다.

심해저 제도는 개발도상국들의 전폭적인 지지를 받아 성문화되었지만, 선진국들은 심해저 제도에 대해 소극적인 태도를 보였다. 이에 1994년 7월 'UN 해양법 협약 제11부의 이행에 관한 협정'은 미국 등 선진국의 입장을 대폭 반영하게 된다.

### (2) 'UN 해양법 협약'상의 심해저 제도

심해저를 'Area'라고 명명하고 심해저 개발을 엄격하게 제한했던 'UN 해양법 협약'이 선진국의 거센 반발에 부딪히자 1994년 7월 29일 '제11부 이행에 관한 협약'이 체결된다. 동 협약은 해양법 협약상의 니켈생산 제한 규정을 삭제시켰고, 선행투자가에게 심해저 기업과 개발도상국에 기술이전 의무를 부과했던 종전의 규정도 철폐하였다. 이는 국제 심해저 개발 제도 및 생산 정책을 시장경제원리에 따라 운영하도록 함으로써 사실상 1982년 'UN 해양법 협약'상의 심해저 관련 규정을 무력화시킨 것으로 평가된다.

# Ⅵ. 기타 제도와 분쟁 해결

## 1. 섬과 군도수역

### (1) 섬

섬이란 바닷물로 둘러싸여 있으며, 밀물일 때에도 수면 위에 있는, 자연적으로 형성된 육지 지역을 말한다. 섬의 존재는 경계 획정에서 중요한 쟁점이 되는데 1982년 'UN 해양법 협약'은 "섬은 그 자체의 영해, 접속 수역, 배타적 경제수역 및 대륙붕을 갖는다"라고 하여 그 해결을 꾀하고 있다. 다만 인간이 거주할 수 없거나 독자적인 경제 활동을 유지할 수 없는 암석은 섬이 아니므로 배타적 경제수역이나 대륙붕을 가질 수는 없다.

### (2) 군도수역

1982년 'UN 해양법 협약'은 최초로 군도수역이라는 개념을 도입하였다. 이는 군도국가의 이익을 보호하기 위한 노력의 일환으로 군도국가의 영해, 접속 수역, 배타적 경제수역과 대륙붕의 폭은 군도기선을 설정한 경우 이로부터 측정할 수 있도록 규정하고 있다. 군도국가는 전체적으로 하나 또는 둘 이상의 군도로 구성된 국가를 말하며, 군도국가로 인정되는 국가로는 필리핀과 인도네시아가 있다.

군도기선의 내측수역인 군도수역은 영해의 안쪽에 위치하며 내수와 유사한 성격을 가지나 이웃 국가의 전통적인 어업권, 기타 조약상의 권리를 보호하기 위한 제한이 존재한다는 점에서 내수와 차이가 있다.

## 2. 국제 해협에서의 통과통항

### (1) 의의

통과통항이란 ①공해나 배타적 경제수역의 일부와 ②공해나 배타적 경제수역의 다른 부분 간의 국제항행에 이용되는 해협에 내에서 모든 선박과 항공기가 방해받지 않고 그 해협을 통과할 수 있는 권리를 말한다. 영해에서의 무해통항권이 항공기에는 인정되지 않는 것과는 달리 통과통항은 항공기에도 인정된다는 점이 특징이다. 1982년 'UN 해양법 협약'에서 새로이 창설된 제도이다.

### (2) 요건

통과통항은 오직 계속적으로 신속히 통과할 목적으로 항행과 상공 비행의 자유를 행사함을 말한다. 따라서 계속적이고 신속한 통과가 통과통항의 중요한 요건이다. 통과통항이 가능한 선박과 관련하여 군함이 논의되는데 군함의 경우에 무해통항권은 인정 여부에 견해가 대립되나 통과통항권은 인정된다.

선박과 항공기는 해협 또는 그 상공을 지체 없이 항진하여야 하며, 해상충돌방지를 위한 국제 규칙을 포함하여 해상 안전을 위하여 일반적으로 수락된 국제 규칙, 절차 및 관행을 준수하여야 한다. 통과통항 중인 선박은 해협연안국의 사전허가 없이 어떠한 조사 활동이나 측량 활동도 수행할 수 없다.

### (3) 해협 연안국의 권리와 의무

해협 연안국은 통과통항에 관한 법령을 제정할 수 있다. 해협 연안국은 통과통항권을 방해할 수 없으며 자국이 인지하고 있는 해협 내 또는 해협상공에 있어서의 항행이나 비행에 관한 위험을 적절히 공표해야 한다. 자국의 안전보호상 긴요한 경우, 일시적으로 정지시킬 수 있었던 무해통항과 달리 통과통항은 정지될 수 없다.

해협 이용국과 해협 연안국은 서로 합의에 의하여 ①항행 및 안전보조 시설 또는 국제항행에 유용한 그 밖의 개선 시설의 해협 내 설치와 유지, ②선박에 의한 오염의 방지·경감 및 통제를 위하여 서로 협력한다.

### 무해통항과 통과통항의 차이

| | 무해통항 | 통과통항 |
|---|---|---|
| 적용영역 | 영해, 비국제항행용 해협, 군도수역 | 국제항행용 해협 |
| 적용 대상 | 모든 국가의 선박 | 모든 국가의 선박과 항공기 |
| 일시정지 여부 | 안보상 이유로 특정수역에 한해 일시적 정지 가능. 그러나 공해와 일국의 영해를 연결하는 국제 해협에서 인정되는 강화된 무해통항의 경우에는 일시적 정지도 불가능함 | 일체의 제한 불인정 |
| 잠수함 통과 | 수면 위에 부상하여 국기를 게양하고 통항 | 잠수항행 인정 |
| 제한되는 행위 | 협약상 유해통항 행위 12가지 규정 | 협약상 명시적 규정은 없음 |
| 통항거부 | 유해통항으로 연안국이 결정한 경우 통항 거부 가능 | 통항 자체는 거부할 수 없음. 다만, 오염 방지 규범의 위반 책임은 별도로 추궁 가능 |

# Ⅶ. 'UN 해양법 협약'상 분쟁 해결 제도

## 1. 의의

1982년 'UN 해양법 협약'의 큰 특징 중 하나가 바로 분쟁 해결 절차의 신설이다. 동 협약은 '제15부 분쟁의 해결'에서 분쟁을 해결하는 절차를 규정하고 있다. 절차는 조정 절차와 강제 절차 두 가지로 나뉜다. 조정 절차는 당사자 간 합의에 의한 분쟁 해결 절차로써 5명의 위원으로 구성된 조정위원회에 의해 분쟁의 해결방안이 제시되며 위원회가 직접 분쟁을 해결하는 것은 아니다. 강제 절차는 'UN 해양법 협약'이 제시하는 4개의 재판소 중 하나를 선택하여 개시된다.

## 2. 절차의 선택

모든 국가는 협약의 서명, 비준, 가입 시 또는 그 이후 언제라도, 이 협약의 해석이나 적용에 관한 분쟁의 해결을 위하여 동 협약이 제시하는 수단 중 어느 하나 또는 그 이상을 자유롭게 선택할 수 있다. 협약이 제시하는 수단은 ①제6부속서에 따라 구성된 중재재판소, ②국제사법재판소(ICJ), ③제7부속서에 따라 구성된 중재재판소, ④제8부속서에 따라 구성된 특별중재재판소이다.

분쟁 당사자가 동일한 분쟁 해결 절차를 수락한 경우에 분쟁은 그 절차에만 회부될 수 있으나, 분쟁 해결 절차가 합의되지 않는 경우에는 중재에만 회부되도록 규정하고 있다.

## 3. 분쟁 해결 절차 회부 수락 의무의 예외

연안국은 배타적 경제수역과 대륙붕에서의 해양과학 조사에 따르는 연안국의 권리나 재량권의 행사, 해양과학 조사의 정지나 중지를 명령하는 연안국의 결정에 관한 분쟁에 대해서는 'UN 해양법 협약' 상의 절차 선택 수락 의무를 지지 아니한다.

협약 당사국들은 해양경계 획정에 대하여 협약상의 강제 절차를 배제하는 서면선언을 할 수 있다.


## 4. 국제해양법재판소(ITLOS)

국제해양법재판소는 9년의 임기를 가진 21명의 독립적인 재판관으로 구성되며, 독일 함부르크에 소재하고 있다. 동일국적의 재판관이 2인 이상 될 수 없으며 재판정 개정에 필요한 재판관의 정족수는 11인이다.

재판소는 모든 당사국에게 개방된다. 다만 심해저기구, 자연인, 법인, 기타 계약당사자 등 모든 당사자가 수락한 관할권을 재판소에 부여하는 다른 협정에 따라서 회부된 사건의 경우에는 당사국 이외의 주체에도 개방된다.

모든 판결은 출석 재판관의 과반수에 의하여 결정되며 재판장에게 결정투표권이 부여되고 궐석재판 제도도 인정된다.

판결은 최종적이며 분쟁 당사자와 재판소를 구속하지만 분쟁 당사국 외의 당사국에 대하여는 구속력이 없다.

국제해양법재판소의 심해저분쟁재판부는 11명의 재판관으로 구성되며 임기는 3년이고 중임할 수 없다. 심해저분쟁재판부의 재판관은 해양법재판소 재판관들이 그들 중에서 과반수로 선출한다는 점이 특징이다. 의사정족수는 7인이며 해양법재판소와 마찬가지로 출석 재판관의 과반수에 의하여 결정된다.

제3절

# 국제환경법

## I. 개관

국제환경법은 환경보호를 목적으로 하는 국제 환경 규범의 총체로서, 다른 국제법 분야에 비하여 그 역사가 매우 짧다. 환경문제가 국제적인 문제로 인식되고 환경을 보전하기 위한 본격적인 논의가 시작된 것은 1972년 'UN 인간 환경 회의'이며 국제환경법이 진일보한 발전을 이룬 것은 1992년 'UN 환경개발 회의(리우 회의)'라 할 수 있다. 국제 환경문제는 선진국과 개발도상국 사이의 상반된 이해관계로 인해 공통된 합의점을 찾기가 쉽지 않다. 개발이 필요한 개발도상국은 환경보호로 인하여 부담하는 의무로부터 벗어나길 원하고 선진국은 한번 파괴된 환경을 돌이키는 것은 매우 어려우므로 환경보호를 위한 전 지구적 노력에 개발도상국도 포함되어야 한다고 주장한다. 국제적 이해관계가 복잡하게 얽혀 있는 국제 환경문제를 해결하기 위해서는 국제환경법의 특징을 이해하고, 국제법뿐만 아니라 다른 관련 분야에서의 논의도 함께 이루어져야 할 것이다.

## II. 특징과 원칙

### 1. 특징

국제환경법의 가장 큰 특징은 국가의 국경을 넘어서는 초국가적, 초국경적 성격을 갖는다는 것이다. 또한 국제환경법은 기본적으로 연성법(soft law)의 특성을 갖는다. 인류의 경제 활동이 계속되는 한 지구의 환경 파괴도 심화될 것인 바, 개발은 계속하면서 환경을 보호하는, 즉 환경 친화적이고 지속가능한 개발 방법을 고안해야 한다는 특성도 지닌다. 이러한 지속가능한 개발에 대하여 괄목할 만한 성과를 이룬 것이 바로 1992년 브라질에서 열린 리우 회의이다.

국제 환경의 보호는 이제 전 세계적으로 중요한 화두가 되고 있으며, 환경보존 의무를 대세적 의무로까지 보는 견해도 있다. 따라서 국가책임이 고의나 과실에 기반을 두고 있는 것에 비하여 환경오염은 비록 국가의 고의나 과실이 없더라도 책임을 져야하는 무과실책임의 경향이 확산되고 있다는 점도 주요한 특징이라 할 수 있다.

### 2. 원칙

국제환경법의 중요한 원칙으로 ①사전 예방의 원칙, ②오염자 부담의 원칙, ③공동의 그러나 차별적인 책임의 원칙, ④영역 사용의 관리 책임의 원칙 등을 들 수 있다.

'사전 예방의 원칙'이란 환경에 대한 유해한 영향을 초래하는 행위를 미연에 방지해야 한다는 원칙을 말하고, '오염자 부담의 원칙'은 오염 행위를 한 국가 스스로 오염 제거 비용과 손해배상을 부담해야 한다는 원칙을 의미한다. '공동의, 그러나 차별적인 책임의 원칙(common but differentiated responsibilities)'이란 모든 국가들이 환경보호를 위한 공동의 의무를 부담하여야 하지만 그 책임에 있어서는 개별 국가가 지닌 상이한 조건들을 고려하여 책임의 경중을 차별화해야 한다는 원칙을 말한다. 마지막으로 '영역 사용의 관리 책임'이란 비록 국가는 자국의 영토를 자유롭게 사용할 자유를 가지고 있으나 그 이용은 어디까지나 타국의 영역이나 환경적 권리를 침해하지 않는 방법으로 이루어져야 한다는 원칙으로서 '타국 이익 보호의 원칙'이라 부르기도 한다.

국제 환경문제에 있어 위에 열거한 원칙들이 지켜져야 함은 말할 것도 없지만 문제는 위 원칙들을 강제할 만한 수단이 없다는 것에 있다. 대부분의 원칙들이 관습법 내지 성문법으로서 구속력을 갖는 원칙으로 확립되었다고 볼 수 없고, 국제환경법상 책임이 있는 국가가 문제를 해결할 만한 경제적 · 재정적 능력이 확보되지 않을 경우에는 주변국이 입는 피해가 실로 막대하다. 이러한 국제 환경문제의 해결을 위해서는 각국의 자발적인 노력이 무엇보다 절실히 요구되며 서로 다른 이해관계를 대화와 타협을 통해 조정해 나가는 과정이 필요한 것이다.

# Ⅲ. UN의 국제 환경회의

## 1. 1972년 'UN 인간 환경 회의(스톡홀름 회의)'

### (1) 의의

1972년 스톡홀름에서 개최된 'UN 인간 환경 회의'는 전지구적인 차원에서의 환경문제의 심각성을 인식하고 국가 간의 광범위한 대처를 논의하기 위해 본격적으로 개최된 회의이다. 비록 법적 구속력 있는 문서가 채택되지는 않았지만 몇 가지 규범과 행동계획 및 결의가 이루어졌다는 점에 의의가 있다.

### (2) 내용

이 회의에서는 인간 환경 선언과 인간 환경 행동 계획이 채택되었고 'UN 환경계획기구(UNEP)설립 결의'가 이루어졌으며 세계환경일 지정 결의, 제2차 UN 환경회의 개최 결의, 핵실험 금지 결의 등도 아울러 채택되었다. 이 중 인간 환경 행동 계획은 환경문제 분야에서 장래의 행동을 위한 지침으로 채택된 것으로서, 모두 5개 분야에 걸친 109개 항목의 구체적 권고로 구성되어 있으며 UN 환경계획기구(UNEP)가 이들 권고에 대한 실시 조치를 취하고 있다.

인간 환경 행동 계획이 취하고 있는 분야는 ①인간 주거의 계획 관리, ②환경적 측면에서의 천연자원 관리, ③국제적 오염물질의 파악과 규제, ④교육·정보·사회·문화적 측면에서의 환경보호, ⑤환경정책의 개발 저해 금지 등 다섯 개 분야이다.

## 2. 1992년 'UN 환경개발 회의(UNCED; 리우 회의)'

### (1) 의의

1992년 브라질 리우데자네이루에서 열린 이 회의는 정부 대표가 중심이 된 'UN 환경 회의(UNCED, Earth Summit)'와 각국 민간단체 대표가 중심이 된 '지구 환경 회의(Global Forum '92)'가 함께 개최되었다. UN 환경 회의는 리우 선언, 의제 21(Agenda 21), 기후변화 협약, 생물다양성보존 협약, 산림 원칙 등을 채택하였고, 지구 환경 회의는 지구헌장과 세계민간단체 협약 등을 채택하였다.

이 중 생물다양성 협약 및 기후변화 협약은 법적 구속력을 갖는 협약이지만, 리우 선언과 의제21은 법적 구속력이 없다. 그러나 리우 선언과 의제 21은 스톡홀름 선언과 함께 국제환경법의 중요한 토대가 되고 있다.

### (2) 리우 선언

리우 선언은 전문과 27개 원칙으로 구성되어 있다. 동 선언은 1972년 1월 16일, 스웨덴 스톡홀름에서 채택된 스톡홀름 선언을 재확인하고, 국가 간 협력 수준의 창출을 통해 동반자적 관계를 마련하여 전 인류의 이익을 도모하며, 자연자원에 대한 절대주권의 제한, 개발과 환경에 대한 세대 간 형평을 확보, 환경 훼손에 대한 차별적 공동책임 원칙, 사전주의, 오염자 부담 원칙을 천명하고 있다. 또한 리우 선언은 지속가능한 개발과 환경보전에 있어서 국제적인 협력 관계를 이상으로 삼고 있다.

### (3) 의제 21(Agenda 21)

의제 21은 지구 환경 보전과 지속가능한 성장을 위한 행동 계획을 담은 일종의 지침서로써 크게 다섯 부문 총 40장으로 이루어져 있다. 주요 내용으로는 전문, 지속가능한 성장을 위한 사회·경제적 과제, 자원의 보존과 관리, 주요 단체들의 역할 강화, 집행을 위한 수단 등이 있다. 의제21의 이행 상황을 검토하고 감시하기 위하여 UN 경제사회이사회 산하에 지속가능개발위원회(CSD)가 설치되었으며, 비록 법적 구속력은 없지만 산림의 관리·보존 및 지속적 개발을 위하여 산림 원칙을 채택하기도 하였다.


## IV. 환경 관련 주요 국제 협약


### 1. '오존층 보호를 위한 비엔나 협약'과 '몬트리올 의정서'

'오존층 보호를 위한 비엔나 협약'은 1985년 비엔나에서 체결된 최초의 오존층 보호에 관한 협약으로서 오존층 파괴 예방을 위한 조치를 실시하고 오존층 보호를 위한 조사 연구, 관찰, 정보 교류 등의 의무를 규정하고 있다. 그러나 이 협약은 오존층 보호를 위한 의무에 강제성을 띄기보다는 국가 간 연구와 정보교류에만 중점을 두고, CFCs(프레온 가스)만이 감시되어야 할 화학물질로 제한되는 등, 조치가 구체적이지 못하거나 실천에 있어서 허술한 면이 있다는 한계를 보였다.

이후 여러 차례의 진지한 협상과 개정 작업 끝에 1987년 9월 16일

몬트리올 국제 민간 항공협회 본부에서 오존층 파괴 물질에 관한 의정서가 마침내 체결되었다. 이것이 바로 '몬트리올 의정서'이다.

몬트리올 의정서는 '오존층 보호를 위한 비엔나 협약'을 이행하기 위한 세부 규칙을 규정하고 있으며, 오존층을 파괴하는 화학물질에 대해 구체적으로 규제하고 있다. 동 협정은 오존층 파괴 물질의 제거를 목적으로 하고 있으며 이러한 국제적 차원의 노력으로 현재 기존 오존층 파괴 물질 배출량의 90% 정도가 감소한 것으로 평가되어 괄목할 만한 성과를 이뤘다고 할 수 있다.

### 2. 기후변화 협약

기후변화란 온실가스가 과다하게 배출되어 지구온난화 현상을 불러오는 것을 말하는데 이러한 지구온난화가 국제적 차원의 환경문제로 대두된 것은 이미 오래전의 일이다. 기후변화 협약은 지구온난화 현상에 대응하기 위한 노력으로 1992년 브라질 리우 회의 당시에 채택되었다. 이는 몬트리올 의정서에 의해 규제되지 않는 모든 온실가스와 이산화탄소를 규율 대상으로 하는 협약이다.

이 협약은 차별적, 그러나 공동책임의 원칙과 사전예방의 원칙을 재확인하였고 경제개발협력기구(OECD) 회원국의 개발도상국에 대한 지원 의무를 규정하고 있다. 이들에 대해서는 기술 이전 및 재원 제공에서 특별한 고려뿐만 아니라 의무 사항의 이행에 관하여서도 특별한 고려를 부여하고 있다.

## 3. 교토의정서

교토의정서는 기후변화 협약 당사국 회의에서 온실가스 감축을 위한 추가 조치를 위해 채택된 것으로 2005년 발효되었다. 교토의정서는 법적 구속력이 있는 국제적 합의로써 부속서1에 포함된 당사국에 공약 기간 동안 1990년 대비 502%의 온실가스 배출량 감축 의무를 부여하고 있다.

교토의정서는 온실가스 감축 의무 이행의 보조수단으로 배출권 거래, 공농이해, 청정개발 체제를 규정하고 있다. 배출권 거래란 선진국 간에 대출 쿼터를 초과하는 경우에 배출권을 구매하도록 하고 미달하는 경우 그 잉여분을 판매할 수 있도록 하는 것으로 환경문제 해결에 시장 원리를 도입한 것이 특색이다. 공동 이행이란 선진국 간에 공동 프로젝트를 통해 얻어지는 감축분을 배출 감축량으로 사용하도록 하는 것이며, 청정개발 체제는 선진국과 개발도상국 간의 공동 프로젝트를 통해 발생하는 감축분을 선진국의 감축 실적에 반영하여 동시에 부담금을 납부하고, 이 부담금으로 개발도상국의 기후변화 문제에 대한 대응 소요 비용을 충당하는 체제를 말한다.

교토의정서의 특징은 부속서1에 속하는 당사국에게는 법적 구속력을 가지지만 부속서1에 포함되지 않은 당사국에게는 감축 의무를 부과하지 않는다는 것이다. 우리나라와 미국은 부속서1에 포함되어 있지 않다.

## 4. 생물다양성 협약

생물다양성 협약이란 지구상에서 멸종 위기에 있는 생물을 보존하고 생물의 다양성을 확보하기 위해 1992년 리우 회의에서 채택되었다. 이 협약은 생물다양성을 확보하여 지구 생태계를 안정시키고 그 구성 요소의 지속가능한 이용을 통해 발생하는 이익을 공평하게 분배하는 것을 목적으로 하고 있다.

각국은 생물 다양성을 보존하고 지속가능한 이용을 위하여 국가적으로 조사, 사업수립 등 일련의 계획을 수행하고 있으며, 개발도상국에 대해서는 기술의 접근 및 이전에 특혜를 부여하고 있다.

## 5. 기타 협약

기타 환경보호를 위한 협약으로는 ①해양환경보호를 위한 협약으로서 석유에 의한 오염 방지를 위한 국제 협약(1954), 석유오염 손해의 민사책임에 관한 국제 협약(1969), 폐기물 및 기타 물질의 투기에 의한 해양오염 방지에 관한 런던 협약(1972), 선박오염 방지에 관한 국제 협약(1973), 석유오염의 준비·대응·협력에 관한 국제 협약(1990) 등이 있으며, ②남극 환경보호를 위한 협약으로 남극 조약(1959), 남극 물개 보존 협약(1972), 남극 생물보존에 관한 협약(1980), 남극 광물자원 활동의 규제에 관한 조약(1988) 등이 있고, ③기타 부분적 핵실험 금지 협약(1963), 핵물질 사고 조기통보에 관한 협약(1986), 사막화 방지 협약(1994) 등이 체결되어 환경문제를 전 지구적 차원에서 다각적으로 해결하기 위해 노력하고 있다.

# 국제
# 분쟁의
# 평화적
# 해결

세7장

이번 장은 국가의 무력 사용이 금지된 현대 국제법 체제에서 정치적 또는 사법적 수단으로 국제 분쟁을 해결하는 내용을 다룬다. 정치적 해결 방법은 비재판제도에 의한 해결을 의미하는 것으로 교섭, 주선, 중개, 조정 등이 대표적이며, UN과 같은 국제기구에 의한 해결도 이에 해당한다. 사법적 해결 방법의 대표적인 예는 중재재판과 국제사법재판소(ICJ)에 의한 재판이 있는데, 특히 후자의 경우, 재판소의 구성에서부터 판결의 집행에 이르기까지 자세히 살펴볼 필요가 있다.

# 분쟁의 평화적 해결 수단

## Ⅰ. 개관

국제 분쟁이란 국제법상 '두 주체 간의 법률상 또는 사실상의 논점에 관한 불일치', 즉 분쟁 당사국 간의 법률적 견해 또는 이익의 모순과 대립을 의미한다(PCIJ, 1924, 〈마브로마티스 사건〉). 오늘날 UN 체제하에서 국가는 분쟁을 평화적으로 해결할 의무를 지고 있으면서도, 해결 수단을 선택함에 있어서는 국가 간의 합의에 바탕을 둔 자유를 향유한다. 이는 국제사회의 분권성을 반영하는 것으로, 강제관할권의 창설은 항상 국가의 사전 동의, 즉 조약에 기초해야만 가능한 것이 현실이다.

분쟁의 평화적 해결은 무력의 위협 또는 사용을 동반하지 않는 해결을 의미한다. 제2차 세계대전 이후 UN 체제하에서는 무력행사가 일반적으로 금지되고 있으며, UN 헌장 제33조 1항은 국제 분쟁을 평화적 수단에 의해 해결할 것을 요구하며 몇 가지 방법을 제시하고 있다. 교섭, 심사, 중개, 조정, 중재재판, 사법적 해결, 지역적 기관 또는 지역적 협정의 이용 또는 당사자가 선택하는 다른 평화적 수단 등이 그것이다.

1. 어떠한 분쟁도 그것의 계속이 국제 평화와 안전의 유지를 위태롭게 할 우려가 있는 것일 경우, 그 분쟁의 당사자는 우선 교섭, 심사, 중개, 조정, 중재재판, 사법적 해결, 지역적 기구 또는 지역적 약정의 이용 또는 기타 당사자가 선택하는 평화적 수단에 의한 해결을 구한다.
2. 안전보장이사회는 필요하다고 인정하는 경우, 당사자에 대하여 그 분쟁을 그러한 수단에 의하여 해결하도록 요청한다.

위와 같이 헌장 제33조 1항은 "기타 평화적 수단(other peaceful means)"을 언급하고 있는데, 이는 동 조항에 열거된 해결 수단들이 단지 예시적인 것에 불과함을 시사하는 것으로 볼 수 있다.

국제 분쟁은 사법적 분쟁(justiciable disputes)과 비사법적 분쟁(non-justiciable disputes)으로 구분하기도 한다. 사법적 분쟁이란 분쟁의 원인 및 해결 수단이 국제법이어서 그 성격이 기본적으로 법적인 분쟁을 의미한다. 따라서 사법적 분쟁은 국제법에 기초하여 국제재판에 회부할 수 있다. 비사법적 분쟁이란 정책 내지 법과 무관한 문제와 관련되는 분쟁으로 법적 해결 수단에 회부될 수 없는 분쟁으로 정치적 분쟁(political disputes)이라 지칭하기도 한다. UN 헌장 제36조 3항도 "법적 분쟁은 원칙적으로 ICJ 규정에 따라 동 재판소에 부탁되어야 한다"라고 규정하고 있어 사법적 분쟁과 비사법적 분쟁의 구분을 함축하고 있다. 따라서 국제 분쟁의 평화적 해결 수단은 크게 비사법적 해결 수단과 사법적 해결 수단으로 나누어볼 수 있는데, 다음에서는 이를 순서대로 살펴보고자 한다.

## II. 국제 분쟁의 비사법적 해결 수단

국제 분쟁의 비사법적 분쟁 해결 수단이란 국가 간 분쟁을 재판 절차와 같은 사법적 수단에 의하지 아니하고 정치적 혹은 외교적 수단을 동원하여 해결하는 것을 말한다. 이러한 비사법적 해결 수단으로는 직접교섭, 주선, 중개, 사실심사, 조정 등이 있다.

### 1. 직접교섭(negotiation)

직접교섭이란 제3자의 개입 없이 분쟁 당사자들이 자유롭게 직접적인 외교교섭을 함으로써 분쟁을 해결하는 방법이다. 이는 일체의 부당한 간섭 없이 당사국 간 해결을 구할 수 있는 장점이 있는 반면, 힘이 강한 국가가 약한 국가에 압력을 행사할 수 있는 단점이 있다.

### 2. 주선(good office)과 중개(mediation)

주선은 제3자가 분쟁 당사국의 동의를 얻어 분쟁의 내용에는 개입하지 않으면서 당사국들에게 교섭을 권고하거나 편의를 제공하는 등, 당사국의 교섭에 도움을 주는 것을 말한다. 국가 간의 교섭이 시작되면 제3자의 임무는 종료한다.

이와 달리 중개란 제3자가 교섭을 알선하는 것은 물론 분쟁의 내용에도 개입하여 당사국 간의 의견을 조율하거나 분쟁 해결안을 제시하여 분쟁 당사국 간의 타협을 유도하는 것을 말한다. 제3자가 개입하는 범위가 주선보다 넓은 것이 중개의 특징이다.

## 3. 사실심사(inquiry)

사실심사는 독립적인 기관인 사실심사위원회가 분쟁의 원인이 된 사실을 공평하게 조사하여 사실 관계를 명백히 함으로써 분쟁을 해결하는 방법을 말한다. 법적 구속력이 없으나 어떠한 효과를 부여할지는 당사국들의 자유이다. 이러한 사실심사를 활용한 사례로는 1904년 〈도거뱅크(Dogger Bank) 사건〉이 있다.

〈도거뱅크(Dogger Bank) 사건〉

러일전쟁 당시, 러시아 발틱 함대가 영국 북동해안의 도거뱅크에서 조업 중이던 영국어선에게 발포하여 발생한 분쟁이다. 영국과 러시아는 미국, 프랑스, 오스트리아를 참여시킨 심사위원회를 구성하여 분쟁을 해결하였다. 동 심사위원회의 보고서를 기초로 하여, 영국은 문제의 발단이 된 러시아 해군제독을 처벌하라는 주장을 철회하였고, 러시아는 영국에 배상금을 지급하기로 했다.

## 4. 조정(conciliation)

조정이란 조약에 의해 미리 설정되어 있는 제3자(주로 조정위원회)가 분쟁에 대하여 사실의 조사 및 확정뿐만 아니라 법률 문제까지 개입하여 해결 조건을 작성하고 이를 당사자들에게 권고함으로써 분쟁을 해결하는 방법을 말한다. 즉, 조정은 사실심사와 중개의 요소를 모두 지닌 것이라 할 수 있다. 원칙적으로 조정위원회가 권고한 해결 방법이 구속력을 갖는 것은 아니지만 최근에는 조약 내용에 따라 혹은 당사국이 수락함으로써 구속력을 부여하기도 한다.

# Ⅲ. 국제 분쟁의 사법적 해결 수단

## 1. 상설국제재판소(PCIJ)의 설립 연혁

국제 분쟁의 사법적 해결 수단은 국제재판소가 국제법에 기초한 구속력 있는 결정을 내림으로써 분쟁을 해결하는 것을 말한다. 이러한 사법적 해결은 중재재판과 사법재판으로 구분된다. 사법재판은 판결을 내리는 기관의 구성과 운영이 분쟁 당사국과 독립되어 그들의 통제권 밖에 있다는 점에서 당사국들의 합의가 중시되는 중재재판과 구별된다.

국제사회의 상설국제재판소 설립 연혁을 살펴보면, 1908년 중미 5개국에 의해 설립된 '중미사법재판소'가 최초 사례이다. 동 재판소는 1918년까지 존속하였다. 이후 1920년에는 상설국제사법재판소(PCIJ, Permanent Court of International Justice)가 설립되어 활발한 활동을 하였다. 하지만, PCIJ는 당시 국제연맹(LN)의 기관이 아닌 별도의 외곽기관으로 PCIJ 규정도 국제연맹규약에 부속되어 일부를 구성하지도 않는 등 UN의 주요 기관 중 하나로 규정된 ICJ와 비교해 법적 지위 면에서 큰 차이를 보였다. 1945년 PCIJ의 법통을 그대로 이어받은 국제사법재판소(ICJ, International Court of Justice)가 탄생하였다. UN 헌장 제92조에 따르면, ICJ는 UN의 주요 사법기관(the principal judicial organ)이며, UN 헌장과 불가분의 일부(an integral part)를 구성한다고 규정함으로써 동 재판소의 성격을 분명히 하고 있다.

## 2. 중재재판

### (1) 의의

중재재판이란 당사자들이 정한 법관이 그들이 합의한 절차에 따라 법에 근거하여 당사자들에게 강제력을 가진 중재판결을 내림으로써 분쟁을 해결하는 방법이다. 중재재판은 비록 당사자들의 합의에 기초하지만 법적 구속력을 가진 사법적 분쟁 해결 방법이라는 점을 주의하여야 한다.

### (2) 연혁

중재재판은 고대 그리스의 도시국가 사이에서 이용되었을 뿐만 아니라 중세유럽에서도 중재재판 형태의 분쟁 해결 방법이 이용되기도 하였다. 그러나 현대적 의미의 중재재판 제도는 1794년 미국과 영국 사이의 '제이(Jay) 조약'에서 비롯되었다고 보는 시각이 지배적이다. 동 조약에서 양국은 미국의 독립전쟁으로 야기된 분쟁을 해결하기 위한 3개의 혼합위원회 창설을 규정했었다. 이후 1872년 미국 남북전쟁 당시 남군의 군함으로 개조된 상선들을 다시 개조한 영국에 대해 미국이 손해배상을 청구한 〈알라바마호 사건〉에서도 중재재판이 이용되었다.

1899년 헤이그 협약에 의해, 1901년 상설중재재판소(PCA)가 창설되어 활동하고 있다. 1928년 국제 분쟁의 평화적 해결에 관한 일반 의정서에는 중재재판에 대한 일반 조약이 마련되었다.

## (3) 성립

중재재판소는 분쟁 당사자의 합의로 구성된다. 이러한 합의를 중재협정(compromise)이라 한다. 중재협정에 의한 중재재판을 임의적 중재재판이라 한다. 그러나 국가는 장차 발생할 분쟁을 반드시 중재재판에 회부하기로 사전에 합의를 할 수 있는데 이러한 경우에 회부되는 중재재판을 의무적 중재재판이라고 한다.

중재재판소를 구성하는 재판관의 수와 자격 역시 당사국의 합의에 의하여 결정되는 것이 중재재판의 큰 특징이다. 중재재판소가 합의체적 재판소로 구성되는 경우에는 분쟁 당사국이 각각 같은 수의 중재재판관을 선정하고 이어 분쟁 당사국 혹은 이미 선정된 중재재판관들이 중적인 1명의 중재재판장을 선정하는 것이 보통이다.

## (4) 재판 절차와 중재판결(award)의 효력

당사자는 중재협정에 따라 자유로이 재판 준칙을 정할 수 있다. 재판 절차도 당사자의 합의로 진행된다. 중재판결의 효력은 원칙적으로 분쟁 당사국에게 구속력이 있으며 그 판결로써 분쟁을 최종적으로 해결한다. 다만, 중재재판은 그 집행이 전적으로 당사자에 맡겨지게 되어

### 상설중재재판소(PCA)

상설중재재판소는 1899년 헤이그 협약에 의해 1901년에 설치된 상설적인 중재재판소로서 현재에도 존속한다. 다만 상설과 존속의 의미는 재판소 자체의 상설화가 아니라 재판관 명부의 상설화에 불과하다. 헤이그에 보관된 재판관 명부에는 우리나라 국적의 중재재판관도 4명이 올라 있다.

PCA는 당사자가 임명한 각각 4명 이내의 법관 전원으로 재판관 명부가 구성되는데 동일한 법관이 여러 당사국으로부터 중복적으로 임명될 수도 있다. 재판관의 임기는 6년이고 연임이 가능하며 재판관으로 임명된 자는 판관명부에 기재된다. 재판의 준칙은 중재약정에서 정하게 되며 재판 절차에 관해서는 분쟁 당사국이 합의하여야 한다. 중재재판의 관할은 원칙적으로 분쟁 당사국에 한하여 미치나 일정한 예외의 경우 타국에도 관할권이 미친다.

UN 안전보장이사회에 의해 판결의 집행이 담보되는 ICJ의 경우(UN 헌장 제94조 2항)와 대조된다.

## 3. 국제사법재판소(ICJ, International Court of Justice)

### (1) 의의

국제사법재판소는 1946년에 설립된 UN의 주요한 사법기관으로서 네덜란드 헤이그에 소재한다. ICJ 규정은 1945년 채택되어 발효되었으며 UN 헌장과 불가분의 일부(an integral part)를 이룬다.

### (2) 상설국제사법재판소(PCIJ)와의 관계

PCIJ는 1921년 국제연맹 규약 제14조에서 가맹국들에게 동 재판소의 설립 계획을 수립하도록 함에 따라, 설립되어 1946년까지 존속한 사법재판소이다. PCIJ는 앞서 언급한 바와 같이 국제연맹의 기관은 아니었다. 따라서 PCIJ 규정은 국제연맹 규정의 일부분을 이루는 것도 아니었다. 그러나 ICJ는 UN의 주요 기관으로써 그 규정도 헌장의 일부분을 이룬다.

ICJ와 PCIJ의 법적 기초가 다르다는 점에서 양자를 전혀 다른 별개의 기관으로 보기도 한다. 그러나 대부분의 견해는 ICJ를 PCIJ의 실질적 계승자로 인정한다. 그 근거로서 ICJ 규정은 PCIJ 규정에 기초한다고 규정한 UN 헌장 제92조와 PCIJ 규정에서 인정되었던 선택 조항 수락의 효력을 ICJ 규정이 계속적으로 인정하고 있는 점, ICJ가 PCIJ와 사실상 동일한 규정을 가지고 있고, 판례도 계속성을 지니고 있다는 점 등을 들고 있다.

### (3) 재판관의 구성

#### 가. 재판관의 선출 및 임기

ICJ의 판결이 국제적인 권위와 신뢰성을 인정받기 위해서는 재판부 구성의 공정성이 무엇보다 중요하다. 이에 ICJ 규정은 재판관의 선출에 있어 일정한 요건과 절차를 요구하고 있다.

ICJ는 15인의 재판관으로 구성되며, 동일 국적의 재판관이 2인 이상이 되어서는 안 된다.

재판관은 상설중재재판소의 국별재판관단이 지명한 자의 명부 중에서 UN 총회 및 안전보장이사회가 독립적인 투표를 거쳐 선출한다. 총회 및 안전보장이사회의 투표에서 절대다수표를 얻은 후보자는 당선된 것으로 본다. 안전보장이사회의 투표는 상임이사국과 비상임이사국의 구별 없이 이루어진다. 따라서 상임이사국의 거부권은 인정되지 않는다.

재판관은 덕망이 높은 자로서 각 국가에서 최고법관으로 임명되는 데 필요한 자격을 가진 자, 또는 국제법에 정통하다고 인정된 법률가 중에서 국적에 관계없이 선출된다. 재판관단은 그 전체가 세계의 주요 문명 형태 및 주요 법체계를 대표할 수 있도록 구성된다. 관행적으로 형평한 지리적 배분을 고려하되 5대 상임이사국은 항상 재판관을 배출해왔다. 재판관의 임기는 종신제는 아니지만, 9년 임기를 마치고 연임할 수 있다.

**ICJ 규정 제2조**

재판소는 덕망이 높은 자로서 각 국가에서 최고법관으로 임명되는데, 필요한 자격을 가진 자 또는 국제법에 정통하다고 인정된 법률가 중에서 국적에 관계없이 선출되는 독립적 재판관의 일단으로 구성된다.

1. 재판소는 15인의 재판관으로 구성된다. 다만, 2인 이상이 동일국의 국민이어서는 아니 된다.



총회 및 안전보장이사회는 각각 독자적으로 재판소의 재판관을 선출한다.



모든 선거에 있어서 선거인은 피선거인이 개인적으로 필요한 자격을 가져야 할 뿐만 아니라 전체적으로 재판관단이 세계의 주요 문명 형태 및 주요 법체계를 대표하여야 함에 유념한다.



1. 총회 및 안전보장이사회에서 절대다수표를 얻은 후보자는 당선된 것으로 본다.
2. 안전보장이사회의 투표는, 재판관의 선거를 위한 것이든지 또는 제12조에 규정된 협의회의 구성원의 임명을 위한 것이든지, 안전보장이사회의 상임이사국과 비상임이사국 간에 구별 없이 이루어진다.
3. 2인 이상의 동일국가 국민이 총회 및 안전보장이사회의 투표에서 모두 절대다수표를 얻은 경우에는 그 중 최연장자만이 당선된 것으로 본다.

### 나. 재판관의 독립성과 공정성

재판의 공정성을 지키기 위하여 재판관은 국적국 등 국가 및 다른 기관으로부터 독립적이어야 한다. 재판관은 독립적이고 중립적인 개인 자격으로서 업무를 수행하는 것이지 본국의 대표로서 활동하는 것이 아니다.

재판소의 재판관은 어떠한 사건에 있어서도 대리인·법률고문 또는 변호인으로서 행동할 수 없으며, 재판관이 일방 당사자의 대리인·법률고문 또는 변호인으로서, 국내 법원 또는 국제 법원이 법관으로서, 조사위원회의 위원으로서, 또는 다른 어떠한 자격으로서도, 이전에 그가 관여하였던 사건의 판결에는 참여할 수 없다. 이 역시 의문이 있는 경우에는 재판소의 결정에 의하여 해결한다.

재판관의 독립성과 공정성을 지키기 위해서는 재판관의 신분과 권리를 보장하는 것이 필수적인데 이에 대한 규정도 존재한다. 재판관은 다른 재판관들이 전원일치의 의견이 아니면 해임시킬 수 없도록 하는 규정과 재판관에게 외교특권과 면제를 부여하는 규정이 바로 그것이다.

### ICJ 규정 제16조

1. 재판소의 재판관은 정치적 또는 행정적인 어떠한 임무도 수행할 수 없으며, 또는 전문적 성질을 가지는 다른 어떠한 직업에도 종사할 수 없다.
2. 이 점에 관하여 의문이 있는 경우에는 재판소의 결정에 의하여 해결한다.

### ICJ 규정 제17조

1. 재판소의 재판관은 어떠한 사건에 있어서도 대리인 · 법률고문 또는 변호인으로서 행동할 수 없다.
2. 재판소의 재판관은 일방 당사자의 대리인 · 법률고문 또는 변호인으로서, 국내 법원 또는 국제 법원이 법관으로서, 조사위원회의 위원으로서, 또는 다른 어떠한 자격으로서도, 이전에 그가 관여하였던 사건의 판결에 참여할 수 없다.
3. 이 점에 관하여 의문이 있는 경우에는 재판소의 결정에 의하여 해결한다.

### ICJ 규정 제18조

1. 재판소의 재판관은, 다른 재판관들이 전원일치의 의견으로써 그가 요구되는 조건을 충족하지 못하게 되었다고 인정하는 경우를 제외하고는, 해임될 수 없다.
2. 해임의 정식 통고는 재판소 서기가 사무총장에게 한다.
3. 이러한 통고에 의하여 공석이 생긴다.

재판소의 재판관은 재판소의 업무에 종사하는 동안 외교특권 및 면제를 향유한다.



재판소의 모든 재판관은 직무를 개시하기 전에 자기의 직권을 공평하고 양심적으로 행사할 것을 공개된 법정에서 엄숙히 선언한다.


## (4) 재판부의 조직

### 가. 재판부

ICJ의 재판은 명문 규정이 있는 경우를 제외하고 재판관 전원이 출석하는 전원재판부를 원칙으로 한다. 재판소를 구성하는 데 충분한 재판관의 정족수는 9인으로 한다.

ICJ 규정이 명문으로 인정하는 전원재판부의 예외가 있는데 이를 '소재판부'라고 한다. 이는 노동 사건과 통과 및 운수통신에 관한 사건이나 특정한 사건, 업무의 신속한 처리를 위하여 필요한 경우 등에만 한정적으로 설치되며, 소재판부가 설치되기 위해서는 당사자의 요청이 필수적이다.

소재판부를 구성하는 재판관의 수는 분쟁 당사자의 승인을 얻어 국제사법재판부가 결정한다. 소재판부가 최초로 구성된 것은 1982년 캐나다와 미국 간에 대륙붕과 어족자원 개발구역의 경계 획정 문제 해결을 위해 구성된 소재판부이다. 〈메인만 사건〉이라고 불리는 이 사건에서 ICJ는 총 5인으로 소재판부를 구성하였으며 형평의 원칙을 적용하여 캐나다에 다소 유리하게 판결하였다.

소재판부가 선고한 판결은 ICJ가 선고한 것으로 보며, 소재판부의 판결에 대한 상소는 허용되지 아니한다.


### 나. 국적재판관(national judge)

국적재판관이란 소송 당사자 어느 일방의 국적을 가진 재판관을 말하며 소송 사건과 권고적 의견 모두 국적재판관이 소송 사건을 맡고 권고적 의견을 제시할 수 있다. 정규재판관인 국적재판관은 국적국과 관련된 사건이 종료하여도 재판관의 지위를 계속 유지한다.

**ICJ 규정 제31조**

1. 각 당사자의 국적재판관은 재판소에 제기된 사건에 출석할 권리를 가진다.


### 다. 임시재판관(judge ad hoc)

임시재판관이란 특정 사건에 대하여 정규재판관 15명 이외에 추가적으로 선임된 재판관으로써 그 지위는 정규재판관과 동일하다. 임시재판관은 당해 사건에 있어서는 정규재판관과 평등한 조건으로 재판의 결정에 참여하지만 사건이 종료하면 지위를 상실한다는 점이 다르다. 임시재판관은 분쟁 당사국의 국민으로 선정할 수도 있지만 외국인을 선정하여도 무방하다. 임시재판관인 국적재판관이 선임되는 경우 국재사법재판소 재판관은 15인을 초과할 수 있다.


### (5) 관할권

### 가. 인적 관할권

인적 관할권이란 '누가' 재판소에 소송을 제기하여 소송 당사자가 될 수 있는가의 문제이다. ICJ가 인적 관할권을 행사할 수 있는 범위는 '권고적 관할권'과 '소송 관할권'으로 나뉜다.

국제기구들은 ICJ에 법적 문제에 대해 권고적 의견을 요청할 수 있다. 이때 ICJ가 당해 법적 문제에 대해 유권적 해석을 내리는 권한을 ICJ의 권고적 관할권이라 한다. 국가는 권고적 의견을 요청할 수 없다. UN 헌장에 따르면, 총회와 안전보장이사회 그리고 UN의 타기관, 전문기구가 권고적 의견 요청 주체가 될 수 있다. 다만, 총회와 안전보장이사회는 '모든 법적 문제'에 대하여 권고적 의견을 요청할 수 있는 것에 비하여, UN의 타기관과 전문기구는 '그 활동 범위 내의 법적 문제'에 대해서만 권고적 의견을 요청할 수 있다는 점이 다르다. 국가나 개인은 ICJ에 권고적 의견을 요청할 수 없다.

### UN 헌장 제96조

1. 총회 또는 안전보장이사회는 어떠한 법적 문제에 관하여도 권고적 의견을 줄 것을 ICJ에 요청할 수 있다.
2. 총회에 의하여 그러한 권한이 부여될 수 있는 UN의 다른 기관 및 전문기구도 언제든지 그 활동 범위 안에서 발생하는 법적 문제에 관하여 재판소의 권고적 의견을 또한 요청할 수 있다.

소송 관할권은 일정한 범위의 주체가 제기한 소송 사건에 대하여 ICJ의 관할권이 미치는 범위를 말한다. ICJ 규정 제34조는 "국가만이" 소송의 당사자가 될 수 있다고 규정하고 있으며, 따라서 국제기구와 개인은 소송 당사자 능력을 갖지 못한다.

UN 회원국은 ICJ의 당연 당사국이고 비회원국은 안전보장이사회의 권고에 의하여 총회가 결정하는 경우 ICJ의 당사국이 될 수 있다. ICJ의 규정 당사국이 아닌 경우, 제소 가능 여부는 안전보장이사회가 결정한다.

1. 국가만이 재판소에 제기되는 사건의 당사자가 될 수 있다.



1. 재판소는 재판소 규정의 당사국에 대하여 개방된다.
2. 재판소를 다른 국가에 대하여 개방하기 위한 조건은 현행 제조약의 특별한 규정에 따를 것을 조건으로 안전보장이사회가 정한다. 다만, 어떠한 경우에도 그러한 조건은 당사자들을 재판소에 있어서 불평등한 지위에 두게 하는 것이어서는 아니 된다.



1. 모든 UN 회원국은 ICJ 규정의 당연 당사국이다.
2. UN 회원국이 아닌 국가는 안전보장이사회의 권고에 의하여 총회가 각 경우에 결정하는 조건으로 ICJ 규정의 당사국이 될 수 있다.

### 나. 물적 관할권

물적 관할권이란 ICJ가 재판할 수 있는 '사항'에 대한 관할권이다. ICJ 규정 제36조 1항에 따르면, ICJ는 당사국이 재판소에 부탁하는 모든 사건 및 UN 헌장 또는 발효 중인 조약에 규정된 모든 사항에 대해 재판관할권을 행사할 수 있다. ICJ가 특정한 소송 사건에 대하여 재판관할권을 행사하는 것은 크게 임의관할권, 강제관할권, 그리고 부수적 관할권으로 구분된다.

### ①임의관할권

ICJ의 물적 관할권은 분쟁 당사국의 '합의'에 의한 임의관할권을 원칙으로 한다. 이는 주권 평등을 기반으로 하는 분권적 국제사회의 논리적 귀결이다. 이때의 합의는 기본적으로 명시적 합의를 의미하며, 따라서 일방의 제소만으로는 ICJ의 재판관할권이 성립되지 않는다. 다만, ICJ는 〈코르푸해협 사건〉(1948)에서 당사자의 묵시적 합의에 의한 확대 관할권을 긍정한 바 있다.

### 〈코르푸해협 사건〉

알바니아의 영해에 영국 군함이 진입함으로써 발생한 사건으로 ICJ는 영국의 일방적인 소제기에 대해 알바니아가 응할 의사를 비치자 이를 관할권 수락 의사로 간주하여 확대 관할권을 인정하였다. 영해 내에 지뢰가 부설되어 있음을 알면서도 이를 영국군에게 고지하지 않은 알바니아에게 법적 책임을 인정된 사건이다.

②강제관할권

강제관할권은 상대 당사국의 동의 없이 일방 당사국의 제소로 ICJ의 관할권이 상대 당사국에까지 적용되는 것을 말한다. 이는 분쟁 발생 전에 ⓐ선택 조항 수락 또는 ⓑ재판 조약이나, ⓒ재판 조항에 의해 성립한 약정 관할권에 의해 장래 발생할 분쟁을 ICJ에 부탁하기로 미리 합의한 경우에 성립하는 관할권이다. ICJ 규정 제36조 2항상의 선

### ICJ 규정 제36조

2. 재판소 규정의 당사국은 다음 사항에 관한 모든 법률적 분쟁에 대하여 재판소의 관할을, 동일한 의무를 수락하는 모든 다른 국가와의 관계에 있어서 당연히 또한 특별한 합의 없이도, 강제적인 것으로 인정한다는 것을 언제든지 선언할 수 있다.

　가. 조약의 해석

　나. 국제법상의 문제

　다. 확인되는 경우, 국제 의무의 위반에 해당하는 사실의 존재

　라. 국제 의무의 위반에 대하여 이루어지는 배상의 성질 또는 범위

3. 위에 규정된 선언은 무조건으로, 수개 국가 또는 일정 국가와의 상호주의의 조건으로, 또는 일정한 기간을 정하여 할 수 있다.

4. 그러한 선언서는 UN사무총장에게 기탁되며, 사무총장은 그 사본을 재판소규정의 당사국과 ICJ서기에게 송부한다.

5. PCIJ 규정 제36조에 의하여 이루어진 선언으로서 계속 효력을 가지는 것은, 재판소 규정의 당사국 사이에서는, 이 선언이 금후 존속하여야 할 기간 동안 그리고 이 선언의 조건에 따라 재판소의 강제적 관할을 수락한 것으로 본다.

택 조항은 수락할 의무가 없으며, ICJ 비당사국은 선택 조항을 수락할 수 없다. 선택 조항을 수락하는 경우에도 조건을 붙이거나 기간을 유보하여 수락할 수 있다. PCIJ에서도 선택 조항이 있었는데 동 선택 조항을 수락한 국가는 ICJ의 선택 조항도 수락한 것으로 본다.

선택 조항 수락 선언을 할 수 있는 사항은 ⓐ조약의 해석, ⓑ국제법상의 문제, ⓒ확인되는 경우 국제 의무 위반에 해당하는 사실의 존재, ⓓ국제 의무 위반에 대하여 이루어지는 배상의 성질 또는 범위이다. 수락 선언은 UN 사무총장에게 기탁되는 순간 효력을 가지며 타국가에 대한 통지나 타국가의 인지는 필요하지 않다.

우리나라는 UN 회원국으로서 ICJ 규정의 당연 당사국이지만 물적 관할권에 있어서 일본과는 달리 선택 조항을 수락하지 않았다. 따라서 타국가가 우리나라를 상대로 ICJ에 제소를 하는 경우, 우리나라의 명시적 혹은 묵시적 동의가 있지 않는 이상 ICJ는 관할권을 행사할 수 없다.

반대로 선택 조항에 따라 ICJ의 관할권을 수락하는 국가는 동일한 의무를 수락하는 다른 국가와의 관계에 있어서만 ICJ에 제소당할 수 있으며 이를 상호주의 원칙이라고 한다. 즉 선택 조항을 수락하지 아니할 A국가가 선택 조항을 수락한 B국가에 대하여 그 선택 조항 수락을 이유로 ICJ에 제소할 수 없다는 의미이다. 또한 이러한 상호주의 원칙에 의하여 국가는 자신의 수락 선언에는 없지만 상대방의 수락 선언에 포함된 유보를 원용할 수 있다. 이와 관련해 1957년 〈노르웨이 공채 사건〉은 프랑스의 국내 문제 유보를 노르웨이가 원용하는 것을 인정한 사건이라 하겠다.

선택 조항은 수락 선언 이후 철회나 종료 규정이 있다면 철회나 종료될 수 있으나, ICJ는 〈니카라과 사건〉에서 미국이 ICJ 제소 직후 선택 조항을 철회한 것은 신의성실의 원칙에 위배되는 것으로서 효력을 가질 수 없다고 판시한 바 있다.

③부수적 관할권

ICJ는 재판소 규정에 따라 부수적인 관할권을 갖는데 이때의 부수적 관할권은 절차적 성격을 갖는 것이 많다. 부수적 관할권에는 잠정 조치, 판결의 해석, 재심, 제3자 소송 참가, 선결적 항변, 반소 등이 있다. 이 중 가장 중요한 선결적 항변, 잠정 조치에 대해 아래에서 검토하기로 한다.

(i)선결적 항변

ICJ의 관할권을 부인하기 위하여 본안 절차에 앞서 선결적으로 재판 자체의 존부나 재판청구의 허용가능성 여부를 다투는 것을 선결적 항변이라고 한다. 항변의 사유로는 ⓐ선택 조항 수락 여부나 그 유보에 관한 해석, ⓑ재판조항의 조건, 재판 조약의 다툼 ⓒ국내구제 완료 여부, ⓓ제소서류의 유효성 여부, ⓔ청구 이익의 결여, ⓕ법적 분쟁인지 여부 등이 있다. 이 중 어느 하나의 사유라도 존재한다면 선결적 항변이 인정된다. 선결적 항변은 원고국이든 피고국이든 구별하지 않고 제기할 수 있다.

(ii)잠정 조치(가보전 조치)

잠정 조치란 재판 청구 취지의 대상인 권리가 즉각적인 위험 상태에 놓여 있다고 판단될 경우, ICJ가 분쟁의 악화를 막기 위해 소송 당사국의 권리보호를 위한 중간 보전 조치를 지시하는 것을 의미한다. 이는 국내 소송에서 흔한 제도이지만 오히려 국가 간 소송에서 더욱 필요한 제도라고 할 수 있다. 왜냐하면 국제 분쟁의 경우 소송이 장기화되는 경우가 많고, 당사자들이 분쟁의 평화적 해결 가능성을 회피하는 방식으로 행동할 수 있기 때문이다.

잠정 조치는 원고국뿐만 아니라 피고국도 요청할 수 있으며, 요청은 서면으로 하여야 한다. 또한, 재판소가 자발적으로(propio motu), 즉 국가들로부터 임시 조치를 요청받지 않고서도 이를 지시할 수 있다. ICJ 규정 제41조에 의해 재판소는 사정상 필요하다고 생각될 경우 임시 조치를 시시(indicate)할 권한을 가지며, 최종 결정이 있을 때까지 제시된 조치는 당사자들과 안전보장이사회에 즉각 통지된다.

잠정 조치의 효력에 대해서 법적 구속력이 있는 것인지, 단지 권고적인 효력만을 갖는 것인지 견해가 엇갈리나, 권고적 효력이 있는 것으로 해석하는 것이 일반적이다. 그러나 최근 ICJ는 〈라그란트(LaGrand) 사건〉에서 규정 제41조상의 잠정 조치는 법적 구속력이 있다고 결정하였다. 그럼에도 불구하고 잠정 조치의 명령이 내려지더라도 이를 강제할 수단이 없어 그 실효성을 확보하기 어렵다는 문제가 있다.


### (6) 소송 절차 개관

소송 절차는 서면 소송 절차와 구두 소송 절차인 두 부분으로 구성되며, 당사자는 대리인에 의하여 대표된다. 당사자의 대리인 법률고문 및 변호인은 자기의 직무를 독립적으로 수행하는 데 필요한 특권 및 면제를 향유한다.

재판소에서의 심리는 공개되지만 심의는 비공개이다. 공개인 경우에도 재판소가 달리 결정하는 경우, 또는 당사자들이 공개하지 아니할 것을 요구하는 경우에는 비공개로 진행된다.

재판소는 출석한 재판관의 과반수로 판결을 내리며 가부동수인 경우에는 재판소장 또는 재판소장을 대리하는 재판관이 결정투표권(casting vote)을 가진다. 소송 당사자 일방이 재판에 출석하지 않거나 그 사건을 방어하지 않는 경우라고 해도 그 당사자 일방이 패소하는 것은 아니고, 다만 출석한 일방 당사자는 자기의 청구에 유리하게 결정할 것을 ICJ에 요청할 수 있다.

### (7) 재판 준칙

ICJ는 재판소에 회부된 분쟁을 해결함에 있어 ①분쟁국에 의하여 명백히 인정된 규칙을 확립하고 있는 일반적인 또는 특별한 국제 협약, ②법으로 수락된 일반 관행의 증거로서의 국제관습, ③문명국에 의하여 인정된 법의 일반 원칙, ④법칙 결정의 보조수단으로서의 사

---

**ICJ 규정 제38조**

1. 재판소는 재판소에 회부된 분쟁을 국제법에 따라 재판하는 것을 임무로 하며, 다음을 적용한다.
   가. 분쟁국에 의하여 명백히 인정된 규칙을 확립하고 있는 일반적인 또는 특별한 국제 협약
   나. 법으로 수락된 일반 관행의 증거로서의 국제관습
   다. 문명국에 의하여 인정된 법의 일반 원칙
   라. 법칙 결정의 보조수단으로서의 사법판결 및 제국의 가장 우수한 국제법 학자의 학설. 다만, 제59조의 규정에 따를 것을 조건으로 한다.
2. 이 규정은 당사자가 합의하는 경우에 재판소가 형평과 선에 따라 재판하는 권한을 해하지 아니한다.

법판결 및 제국의 가장 우수한 국제법 학자의 학설을 적용한다. 판결과 국제법 학자의 학설은 어디까지나 법칙 결정의 보조수단이며, 당사자가 합의하는 경우에는 '형평과 선'에 따라 재판을 할 수도 있다.

### (8) 판결의 효력

판결의 효력은 소송 당사자 사이에서만 미치며, 선판결이 후판결을 구속하는 선례구속성의 원칙은 인정되지 않는다. 그럼에도 불구하고 ICJ의 판결은 국제법 형성에 중요한 역할을 하고 있다. 왜냐하면 국제법의 실질적 법원으로서 법 규칙의 발견과 형성 및 인식에 있어 그 영향력이 크기 때문이다.

ICJ의 판결은 최종적이며 상소할 수 없으나 재심을 청구할 수는 있다. 재심은 판결 시에 재판소와 재심청구 당사자 그 어느 쪽도 알지 못했던 결정적 요소(decisive factor)인 중요한 사실이 발견된 경우에 한하여 할 수 있다. 이 경우의 재심은 사실이 발견된 때로부터 늦어도 6개월 이내, 판결일자로부터 10년 이내에 청구해야 한다.

### (9) 판결의 집행

ICJ는 자체적으로 판결을 집행하기 위한 기관이나 절차를 가지고 있지 않다. 다만, 패소국이 판결을 이행하지 않을 경우에 승소국은 UN 안전보장이사회에 호소할 수 있다. 안전보장이사회는 필요하다고 인정되면 판결을 집행하기 위하여 권고하거나 취하여야 할 조치를 결정할 수 있어 간접적인 이행 확보 수단을 마련하고 있다.

1. UN의 각 회원국은 자국이 당사자가 되는 어떤 사건에 있어서도 ICJ의 결정에 따를 것을 약속한다.

2. 사건의 당사자가 재판소가 내린 판결에 따라 자국이 부담하는 의무를 이행하지 아니하는 경우에는 타방의 당사자는 안전보장이사회에 제소할 수 있다. 안전보장이사회는 필요하다고 인정하는 경우, 판결을 집행하기 위하여 권고하거나 취하여야 할 조치를 결정할 수 있다.

### (10) 제3자의 소송 참가

제3자 소송 참가란 기존의 소송에 제3자가 소송에 참여하여 자신의 견해를 진술할 수 있는 기회를 갖는 것을 말한다. ICJ 규정 제62조와 제63조에서 소송 참가 제도를 규정하고 있다.

#### 가. ICJ 규정 제62조상의 소송 참가

사건의 결정에 의해 영향을 받을 수 있는 '법적 성질의 이익'을 갖고 있다고 생각하는 국가는 재판소에 소송 참가를 허용해줄 것을 '요청'할 수 있다. 재판소는 그 허용 여부에 대해 재량을 갖게 된다. 소송 참가국은 재판소의 결정에 법적으로 구속되지 아니하므로 소송 참가국에게는 당해 사건의 기판력이 미치지 아니한다. 이는 소송 참가국이 소송 당사자가 되기 위해서는 기존의 소송 당사국들의 동의를 요구하는 것으로 해석된다.

#### 나. ICJ 규정 제63조상의 소송 참가

사건이 '조약의 해석'에 관련되는 경우, 사건에 관련된 국가 이외의 당해 조약 당사국은 '권리'로써 소송에 참가할 수 있다. 그 결과, 조약 해석에 관한 당해 판결에 소송 참가국은 법적으로 구속된다.

# UN에 의한 국제 분쟁의 해결

## Ⅰ. 안전보장이사회(안보리)의 역할

### 1. 안보리의 평화적 분쟁 해결(UN 헌장 제6장)

안보리는 국제 평화와 안전을 유지하는 1차적인 책임주체(헌장 제 24조 1항)로서 국제 분쟁을 평화적으로 해결할 수 있는 권한을 가지고 있다. UN 헌장은 안보리가 필요하다고 인정하는 경우, 당사자에 대하여 분쟁을 평화적 수단으로 해결할 것을 요청하도록 규정하고 있다.

이를 위하여 안보리에 부여된 몇 가지 권한이 있다. 그 중 하나가 바로 조사권이다. UN 헌장 제34조는 "안전보장이사회는 어떠한 분쟁에 관하여도, 또는 국제적 마찰이 되거나 분쟁을 발생하게 할 우려가 있는 어떠한 사태에 관하여도, 그 분쟁 또는 사태의 계속이 국제 평화와 안전의 유지를 위태롭게 할 우려가 있는지 여부를 결정하기 위하여 조사할 수 있다"고 규정함으로써 안보리의 국제 분쟁에 대한 폭넓은 조사권을 규정하고 있다.

다음으로 국제 분쟁에 대하여 안보리가 적절한 조정 절차 또는 조정 방법을 권고할 수 있도록 하는 권고권이 있다. 안보리는 분쟁 당사자가 요청하는 경우, 어떠한 분쟁 해결에 관해서든 그 평화적 해결을 위하여 당사자에게 권고할 수 있지만 이러한 권고는 법적 구속력을 갖지는 않는다. 여기서 '분쟁 당사자가 요청하는 경우'를 주의해야 한다. 즉, 분쟁 당사자이면 UN 회원국 여부를 불문하고 안보리에 분쟁을 부탁할 수 있으나, UN 비회원국이면서 분쟁 당사자가 아닌 제3국은 어떠한 경우에도 안보리에 분쟁을 부탁하거나 주의를 환기시킬 수 없다.

## 2. 안보리의 집단적 강제 조치(UN 헌장 제7장)

### (1) 개념

UN 헌장은 개별 국가의 무력행사를 일반적으로 금지한 대신 제7장에 안보리에 의한 집단적 강제 조치를 도입하고 있다. 헌장 제7장은 어떤 국가가 '평화에 대한 위협, 파괴, 또는 침략 행위'를 할 경우, UN 자체 또는 UN의 권고로 회원국이 취하는 비무력적 또는 무력적 강제 조치를 규정하고 있다. 이러한 수단을 통해 국제 평화와 안전을 유지하는 체제를 UN의 집단 안전보장 체제라고 한다.

### (2) 발동 요건

헌장 제39조에 의해 안보리는 평화에 대한 위협, 평화의 파괴 또는 침략 행위의 존재를 결정하고 국제 평화와 안전을 유지·회복하기 위하여 권고하거나 제41조(비무력적 강제 조치) 및 제42조(무력적 강제 조치)에 따라 어떠한 조치를 취할 것인가를 결정해야 한다.

여기서 특히 문제되는 것은 '침략(aggression)'의 개념인데, 아직까지 국제사회가 침략의 명확한 정의에 대해 합의를 하지 못하고 있다.

### (3) 잠정 조치

안보리는 제39조의 요청에 의거한 권고 혹은 조치를 결정하기 전에 필요하거나 바람직한 것으로 생각되는 잠정 조치에 따를 것을 관련 당사자들에게 '요청(call upon)'할 수 있다.

잠정 조치에 관한 헌장 제 40조에 사용된 'call upon'이라는 어구는 일반적으로 권고(recommend)와 같은 의미로 사용되나, 이것이 헌장 제40조에서 사용되는 경우에는 명령(order)을 의미하는 것으로 받아들여지고 있다. 게다가, 안보리 결정의 회원국에 대한 구속력을 보장하기 위한 헌장 제25조를 고려할 때, 제40조에 의한 잠정 조치는 회원국들에 대하여 구속력이 있는 것으로 보아야 한다.

### (4) 강제 조치의 발동

안보리는 제39조에 의한 사태를 인정한 후, 무력적 · 비무력적 강제 조치를 그 순서에 관계없이 행할 수 있으며, 이러한 조치는 회원국에 법적 구속력이 있다.

#### 가. 비무력적 강제 조치(제41조)

안보리는 그 결정을 실시하기 위하여 무력 외에 어떠한 조치를 사용할 것인가를 결정할 수 있고, 경제 관계 및 운송·통신 수단의 전부 또는 일부의 중단과 외교관계 단절을 포함한 조치를 적용하도록 회원국에 요청할 수 있다. 여기서의 '요청(call upon)'도 당연히 회원국에 대하여 법적 구속력이 있다.

비무력적 강제 조치의 대표적인 예로는 로데시아(Rodesia) 사태와 남아공의 인종차별 정권에 대한 제재를 들 수 있다. 이들 경우의 강제 조치는 매우 실효적이어서 각각 흑인 정권의 짐바브웨 정권과 만델라 정권이 수립된 바 있다.

한편 구유고 형사재판소(ICTY) 설립의 법적 근거와 관련하여 동 재판소 항소부는 UN 헌장 제41조를 근거 규정으로 제시한 바 있다. 안보리에 의한 재판소 설립은 '무력을 사용하지 아니한 조치'이며, UN이 회원국들에 의해 이행될 수 있는 조치를 단행할 수 있다면 직접 자신의 기관들을 통해 이행될 수 있는 조치도 단행할 수 있다고 보는 것이 논리적이라는 점에서 항소부의 주장은 옳다고 볼 수 있다.


나. 무력적 강제 조치(제42조)

안보리는 제41조에 규정된 조치로서는 불충분하거나 혹은 불충분한 것으로 판명될 때, 국제 평화와 안전을 유지하는 데 필요한 육·해·공군에 의한 행동을 취할 수 있다. 동 조치에 앞서 비무력적 강제 조치가 선행될 것이 요구되는 것은 아니다.

제42조에 의한 무력적 강제 조치를 위하여 헌장 제43조는 UN군 창설을 위한 UN과 회원국 간 특별 협정 체결을 예견하고 있으나, 이에 따른 특별 협정(special agreement)은 전무한 상태이다. 따라서 관행상 안보리는 제39조와 제42조의 요건들이 충족됐을 때, 회원국들에 무력

사용의 '권한을 부여(authorize)'하는 방법을 써오고 있는데, 물론 이는 회원국들에게 권고적 효력을 지닐 뿐이다. 다만 강제 조치 대상국에 대해서는 구속력이 있다. 안보리가 위의 UN군을 사용할 경우에는 헌장 제47조에 의해 설치가 예정된 군사참모위원회(Military Staff Committee)의 원조와 조언을 받는다.

### (5) 집단적 강제 조치의 보완

#### 가. 자위권

안보리가 '필요한' 조치를 취할 때까지는 개별적 또는 집단적 자위의 고유한 권리가 인정된다. 헌장 제51조 규정상으로만 본다면 자위권은 안보리의 강제 조치와 병존할 수 없으나, 헌장 제43조에 따른 UN군이 존재하지 않는다는 현실과 이후의 안보리 결의 등에서의 관행으로 볼 때, 적어도 안보리 강제 조치와 양립하는 개별적, 집단적 자위권은 병존이 가능할 것으로 본다.

#### 나. 지역적 강제 조치

헌장 제53조에 의해 안보리는 그 권위로 취해지는 강제 조치를 위하여 적절한 경우에는 지역 협정 또는 지역적 기구를 이용할 수 있으며, 지역적 기구 또는 협정은 안보리의 사전 허가 후에 강제 조치를 취할 수 있다.

#### 다. 평화를 위한 단결 결의(Uniting for Peace Resolution)

일명 '애치슨(Achesen) 결의(총회결의 377)'라고도 하며, 냉전시대에 상임이사국의 거부권 행사 등으로 안보리가 마비되었을 시 총회가 당해 문제를 즉각 검토하고 회원국들에게 집단 조치를 권고할 수 있도록 하는 것을 핵심으로 하고 있다. 동 조치의 헌장 합치성 여부에는 논란이 있으나, 헌장 제11조 2항에 의해 "국제 평화와 안전에 관한 문제로서 행동(action)을 필요로 하는 문제는 총회의 토의 전 또는 후에 안보리에 부탁"되어야 하므로, 적어도 회원국들에게 '행동'을 권고하는 것으로 해석되는 한 동 조치는 헌장과 배치된다고 본다. ICJ도 〈UN 특정 경비 사건〉에 관한 권고적 의견에서 헌장 제11조 2항의 '행동'을 '강제 행동'으로 해석하고 헌장 제7장의 '강제 행동'은 안보리에 의해서만 허용될 수 있다고 하였다.

### 라. UN의 평화 유지 활동(PKO, Peace Keeping Operation)

평화에 대한 위협, 평화의 파괴 또는 침략 행위가 존재한다는 안보리의 결정이 있기 전에는 분쟁의 평화적 해결을 위한 헌장 제6장과 강제 조치를 위한 헌장 제7장 사이의 간극이 존재할 수 있는데, 이를 보완하는 것이 일명 헌장 '제6과 1/2장'으로 불리는 'PKO'이다.

전통적으로 평화 유지 활동은 수용국의 동의, 불편부당(impartial)한 태도의 원칙, 무기의 자기 방위 사용의 원칙에서 이루어져 왔으나, 탈냉전 이후 위 세 가지 원칙 중 하나 이상을 결여한 제2세대 평화 유지 활동도 출현하고 있다. 이는 평화 유지 활동과 강제 조치 간의 구분이 점차 모호해지고 있음을 의미하는 것이다.

UN이 최초로 평화 유지 활동을 위해 기구를 조직한 것은 1948년 UN 팔레스타인 휴전 감시기관이며, 이후 1956년 수에즈 운하 사태 때 파견된 UN 긴급군(UNEF)이 PKO의 효시라 할 수 있다. 한국은 1993년 소말리아에 상록수부대를 파견하였고, 1994년 서부 사하라에 선거지원단과 의료지원 부대를 파견하기도 하였으며, 1995년 앙골라에 공병 부대 파견, 1999년 동티모르에 보병 부대를 파견하는 등 PKO 활동에 적극적으로 동참하고 있다.

이러한 UN의 평화 유지 활동의 가장 큰 문제점은 경비 문제라 할수 있다. UN의 경비는 총회에서 배정한 바에 따라 회원국이 부담하는데 PKO와 관련한 경비가 증가하면서 UN의 파산 상태를 불러일으킬 정도이다. 또한 이렇게 어마어마한 재정이 투입되는 활동임에도 불구하고 그 활동이 분쟁의 현상을 유지 또는 동결하는 데 그칠 뿐 분쟁의 본질적 해결에는 기여하지 못한다는 점도 PKO의 문제점으로 지적되고 있다.


## Ⅱ. 총회의 역할

안보리에 의한 분쟁 해결은 국제 평화와 안전에 관한 문제에 국한되나, 총회의 분쟁 처리는 포괄적인 문제에 대해서도 가능하다. 총회는 ①안보리에 의한 부탁, ②UN 회원국에 의한 부탁, ③분쟁 당사자인 비회원국의 부탁, ④총회 스스로의 분쟁회부의 방법으로 분쟁 해결을 모색한다. 하지만 안보리가 평화적 해결을 하고 있는 동안은 안보리의 요구가 없는 한, 총회는 그것에 관해 토의는 할 수 있으나 어떠한 권고 결의도 해서는 안 되는 한계가 있다. 또한 UN의 강제 조치 등 행동을 요하는 문제에 관해서는 토의는 할 수 있으나 권고 결의를 할 권한은 없다. 앞서 살펴본 총회의 '평화를 위한 단결 결의(Uniting for Peace Resolution)' 역시 총회의 분쟁 해결 수단으로 언급할 수 있다.

## Ⅲ. 사무총장의 역할

UN 헌장 제99조에 따르면 사무총장(Secretary-General)은 국제 평화와 안전의 유지를 위협한다고 인정되는 사항에 대하여 안보리의 주의를 환기할 수 있다. 이것은 사무총장이 단순히 행정적인 역할뿐만 아니라 분쟁 해결에 있어서 정치적인 역할도 수행할 수 있음을 의미하는 것이다. 하지만 사무총장은 국제 평화와 안전의 문제에 있어 총회에 대하여 주의를 환기할 수는 없다. 헌장 제98조에 따라 사무총장이 총회나 안보리의 요청에 의해 국제 분쟁 해결을 위임받는 경우가 있는데, 이 경우 총회나 안보리는 분쟁 해결을 위한 교섭임무를 사무총장에게 위임하는 것이 일반적이다. 이처럼 국제 평화와 안전의 유지에 있어 사무총장의 역할은 점차 커지고 있다.

# 국제
# 경제법

제8징



이번 장에서는 '경제'에 관한 국제법 영역인 국제경제법에 대해 살펴본다. 최근 논의되는 자유무역협정(FTA)도 국제경제법의 주요 이슈이기는 하나, 가장 중요한 근간은 세계무역기구(WTO) 체제이다. 즉, WTO의 기본 구조와 원칙, 주요 부속협정의 내용 및 특징, 분쟁 해결 절차 등이 가장 핵심적인 개념이다. 수험에서도 WTO를 중심으로 출제가 되기 때문에 본 장에서는 위 개념들을 중심으로 논하고 있다. 다만, 다자주의 경제체제의 대표적 예인 WTO와 대비하여 최근 트렌드가 되고 있는 양자주의 경제체제인 FTA를 제7절에서 다루고 있으므로 양 체제를 균형 있게 학습하는 데 도움이 될 것이다.

# 국제경제법의 의의

국제경제법의 정의는 학자마다 다소 다르게 내리고 있는데, 크게 '국제 경제에 관한 법'이라는 견해와, '경제에 관한 국제법'이라고 보는 두 가지 입장이 대립되고 있다. 전자는 국제경제법이 국제공법, 국제사법, 국내법 규칙의 규범들로 구성된 복합적 법 분야로 본다. 그 논거로 경제 문제는 국내외로 구분이 불가능하다는 점을 기초로, 경제 분야에 있어 국제법과 국내법이 상호 밀접히 연계되어 있다는 점을 들고 있다. 하지만 이는 국내법과 국제법이 그 성질, 창설 형식, 주체, 객체, 규제 방법 등에 있어 상이하다는 점을 간과하여 국제경제법이 국내법과 국제법의 복합적 분야라고 이해하는 것으로 본서에서 다루고자 하는 국제경제법의 개념 및 범위와 맞지 않는다고 본다. 따라서 국제경제법은 해양법이나 국제환경법 등과 같이 국제법의 한 분야로 보는 것이 타당하다. 또한 국제경제법은 국제 경제 관계에 있어 국가의 권리와 의무를 다루는 공법적 성격의 법 체제로, 각종 계약 규범이나 분쟁 해결 절차 규범 등 기업의 국제 거래에 관한 법 체제를 규정하는 국제거래법과도 구분된다.

# 국제경제법의 연혁

## Ⅰ. 개관

국제경제법의 발달사는 여러 기준에서 살펴볼 수 있으나, 다자 간 무역 체제의 가장 중심적인 흐름인 브레튼우즈(Bretton Woods) 체제의 성립에서 논의를 시작할 수 있을 것이다. 흔히 브레튼우즈의 삼주체제로 IMF, IBRD, ITO 내지 GATT를 말하는데, 본 서에서는 수험적으로 의미가 있는 GATT/WTO 체제를 중심으로 논하기로 한다.

## Ⅱ. 세계무역기구(WTO)의 설립 배경

1944년 7월 제2차 세계대전 중 미국의 주도하에 전후 국제 경제 질서 구축을 위하여 총 44개국이 참가한 '연합국 통화 금융 회의'가 미국 뉴햄프셔의 브레튼우즈에서 개최되었다. 이 회의는 1929년 대공황을 맞으면서 미국을 비롯한 세계 각국이 관세를 인상하고 수입을 제한하는 등 보호주의적 경제 체제를 강화했던 것에서 벗어나 무역장벽을 완화하여 무역전쟁을 종식시키기 위한 국제적 노력의 결과라고 할 수 있다.

브레튼우즈 체제는 통화 부문의 IMF와 투자 부문의 IBRD 양 체제로 구축되었으며, IMF, IBRD를 보완하기 위해 1948년 '아바나 회의(Havana Conference)'에서 채택된 국제 무역기구인 ITO는 미국의회의 비준 거부로 창설이 좌절되었다. 이리하여 브레튼우즈 삼주체제의 마지막 기둥이 빠졌으나, '아바나 회의(Havana Conference)' 이전인 1947년 10월 30일, 23개 원당사국이 "관세 및 무역에 관한 일반협정(GATT)"의 잠정 적용 협정에 서명을 하였고 이후 1948년 1월 1일자로 발효되어 불완전하나마 브레튼우즈 삼주체제가 가동하게 되었다.

이와 같이 GATT는 국제기구가 아니라 원당사국들의 조약에 불과하지만 사실상 국제기구로서의 역할도 하였다. GATT체제에서는 'GATT 1947'에서 주노한 여러 차례의 다자 간 협상을 통하여 국제 무역 질서를 형성해 나갔다. GATT는 공산품을 중심으로 한 상품 무역을 규율하는 데 한정되었고, 농산물에 대해서는 일부 제한된 농산물만 규율 대상이 되어 사실상 방치하다시피 하였다. 또한 GATT는 명시적인 분쟁해결기구가 없고 결정의 구속력이 약하여 국제 무역 질서를 효율적으로 규율하기에는 역부족이었다.

1960년대 중반 들어 GATT 체제에서 다자 간 협상이 계속되어 수많은 비관세정책에까지 GATT의 범위를 확대하였고, 이 과정에서 개발도상국이 직면하고 있던 경제적 문제 등에 있어 GATT가 어떤 역할을 할 것인지에 대한 새로운 논의의 국면을 맞이하게 되었다.

'라운드(Round)'라고도 불리는 다자 간 협상은 1960년대까지는 관세 인하에 초점이 맞춰졌으나, 1970년대와 1980년대의 협상은 교역에 관한 비관세장벽과 국제 경제 체제의 새로운 교역 관련 분야를 다루었다. 제6차 다자 간 협상인 케네디라운드(1964~67)에서는 기존의 관세 인하와 더불어 반덤핑 조치가 논의되어 비관세 장벽 논의의 기점이 되었다. 1986년 우루과이의 푼타 델 에스테에서 시작된 제8차 우루과이라운드(UR)에서는 서비스 교역, 지적재산권, 원산지 규정 등을 포함하여 종래 GATT에서 거의 언급되지 않았던 사항까지 모두 다루게 되었다.

이러한 과정을 거쳐 1994년 4월 15일 모로코의 마라케시에서 세계 113개국이 모여 'UR최종의정서'에 서명함으로써 우루과이라운드 협상이 타결되었고 그 결과물인 WTO가 공식 출범한다.

WTO 설립 협정이 1995년 1월 1일자로 발효함에 따라 GATT 체제는 WTO 체제로 이전 혹은 대체되었다. 그런데 주의할 점은 GATT의 이전 혹은 대체가 GATT의 폐기나 무효화를 의미하는 것은 아니라는 점이다. 'GATT 1947'의 내용 및 관련 규정은 'GATT 1994'의 일부가 되어 WTO 체제에서 수정·개정된 범위 내에서 계속 유효하다. 다만 'GATT 1947'이라는 용어 자체는 1994년 스위스 제네바에서 개최된

## GATT 체제와 WTO 체제의 비교

1)법적 지위
GATT는 국제기구가 아닌 단순한 국제협정에 불과하나, WTO는 국제기구로서의 법인격을 가짐
2)규율 범위 확대
GATT는 상품의 교역에 한정되어 규율한 반면, WTO는 상품(GATT)뿐만 아니라 서비스(GATS), 지적재산권(TRIPs) 및 무역 관련 투자도 규율 대상으로 포함하고 있음
3)공정무역 규범의 강화
WTO체제에서는 반덤핑협정, 보조금 및 상계관세 협정, 긴급 수입 제한 협정을 각각 체결하여 그 발동요건을 강화시키는 등 무역 규범을 GATT 체제에 비해 강화시킴
4)분쟁 해결 절차의 정비
GATT 분쟁 해결 절차는 많은 시일이 소요되고 GATT 규정 전반에 걸쳐 분야별로 산재하여 있으며, 회원국에 대한 구속력이 약하다는 비판이 있었으나, WTO는 이를 획기적으로 정비

'경과협정에 관한 이행회의'에서 채택된 'GATT 1947 및 WTO 협정의 과도기적 공존에 관한 결정'에서 규정한 1년간의 공존 기간이 만료함으로써 1995년 12월 31일자로 소멸하였다. 따라서 1996년 1월 1일 이후부터 'GATT 1947'은 'GATT 1994'로 표기된다.

**제3절**

# 세계무역기구(WTO)의
# 구조

우루과이라운드 최종협정문의 본문이라 할 수 있는 'WTO 설립 협정'은 WTO의 설립과 조직 및 운영에 관해 규정하고 있다. WTO는 회원국 간의 무역 관계의 수행을 위한 공동의 제도적인 틀을 제공하고 각종 무역장벽의 철폐 및 완화를 통해 무역자유화를 실현하기 위한 국제협력을 촉진시키려 발족된 국제기구이다. WTO는 법인격을 보유하고 있는 정식 국제기구로서 크게 각료 회의와 일반이사회, 사무국으로 구성된다.

## I. 각료 회의

각료 회의는 세계무역기구 최고기관으로서 모든 회원국 대표로 구성되며 최소한 2년에 1회 이상 개최된다. 각료 회의는 세계무역기구의 기능을 수행하며 이를 위하여 필요한 조치를 취한다. 각료 회의는 회원국이 요청할 경우 WTO 설립 협정과 다자 간 무역 협정에 따라 다자 간 무역 협정에 관련한 모든 결정을 내릴 권한을 갖는다.

각료 회의의 산하에 무역개발위원회, 국제수지위원회, 예산재정관리위원회, 무역환경위원회, 지역무역협정위원회를 설치하며, 이들 위원회는 WTO 설립 협정과 다자 간 무역 협정에 의하여 부여된 기능과 일반이사회가 부여하는 추가적인 기능을 수행한다.


## Ⅱ. 일반이사회

일반이사회도 각료 회의와 마찬가지로 모든 회원국 대표로 구성되며 필요에 따라 개최된다. 일반이사회는 각료 회의 비회기 중에 각료 회의의 기능을 수행하며 WTO 설립 협정에 의하여 부여된 기능도 수행한다.

일반이사회는 분생해결기구(DSB)와 무역정책검토기구(TPRB)로서의 임무를 이행하기 위하여 적절히 개최된다. 일반이사회는 연간예산안을 승인할 권리도 갖는데 연간예산안을 승인할 때에는 세계무역기구 회원국의 반 이상을 포함하는 3분의 2 다수결에 의한다.

일반이사회의 산하에 상품무역이사회, 서비스무역이사회, 무역 관련 지적재산권이사회를 설치하며 각 이사회는 일반이사회의 일반지침을 준수한다. 또한 해당 협정 및 일반이사회가 부여한 기능을 수행하고 일반이사회의 승인하에 자체적으로 의사규칙을 제정할 수도 있다. 모든 회원국은 각료 회의 산하에 있는 위원회는 물론 일반이사회 산하에 있는 위원회들의 구성국이 될 수 있다. 이러한 이사회는 그 기능의 수행을 위해 필요에 따라 개최된다.

## Ⅲ. 사무국

사무국은 사무총장을 최고책임자로 하는 세계무역기구의 행정적 기관이며 의사결정기관으로서의 지위는 갖지 않는다. 사무총장은 각료 회의가 임명하고 사무총장과 사무국직원의 임무는 전적으로 국제적인 성격을 갖는다.

사무총장은 예산·재정·관리 위원회에 세계무역기구의 연간예산안 및 재정보고서를 제출하고 동 위원회는 이를 검토하여 일반이사회에 권고한다.

제4절

# WTO 협정의 기본 내용

## Ⅰ. WTO의 기능 및 지위

세계무역기구는 WTO 설립 협정 및 다자 간 무역 협정의 이행, 관리 및 운영을 촉진하고 그 목적을 증진하며 복수국 간 무역 협정의 이행, 관리 및 운영을 위한 틀을 제공한다. 또한 회원국 간의 다자 간 무역 관계에 관하여 그들 간의 협상을 위한 장을 제공하고, 다자 간 무역 관계에 관한 추가적인 협상을 위한 토론의 장 및 이러한 협상 결과의 이행을 위한 틀을 제공한다. 아울러 세계무역기구는 무역정책검토제도와 분쟁 해결 양해를 시행하고 국제통화기금, 국제부흥개발은행 및 관련 산하기구들과 협력한다.

각 회원국은 세계무역기구에 대하여 세계무역기구가 자신의 능력을 수행하는 데 필요한 법적 능력 및 필요한 특권과 면제를 부여한다. 또한 세계무역기구의 관리와 기구의 회원국 대표에 대하여도 그들이 자신의 기능을 독자적으로 수행하는 데 필요한 특권과 면제를 부여한다. 이러한 특권과 면제는 1947년 UN 총회에서 승인된 '전문기구의 특권과 면제에 관한 협약에 규정된 특권과 면제'와 유사하여야 한다.

# Ⅱ. 회원국의 자격 및 가입과 탈퇴

## 1. 회원국의 자격

국가 또는 자신의 대외무역 관계 자치권을 보유한 독자적 관세 영역은 WTO 회원국의 자격이 있다. WTO 설립 협정 및 다자 간 무역 협정을 수락하고 자국의 양허표가 1994년도 GATT에 부속되며 '서비스 무역에 관한 일반 협정'에 자국의 구체적 양허표가 부속된 국가로서 이 협정 발효일 당시 1947년도 GATT 체약 당사자와 유럽공동체는 WTO의 원회원국이 된다.

## 2. 가입과 탈퇴

각료 회의가 WTO 회원국 3분의 2이상의 다수결에 의해 가입 조건에 관한 합의를 승인한 경우에 신규회원국이 될 수 있다. 세계무역기구는 UN과 달리 탈퇴에 관한 규정도 있다. 회원국은 탈퇴하고자하는 일자 6개월 전에 사무총장에게 서면 탈퇴서를 접수하여야 한다. 탈퇴는 탈퇴서가 접수된 날로부터 6월이 경과한 날 발효한다.

## Ⅲ. 각료 회의와 일반이사회의 의사결정 방법

### 1. 일반 규칙

세계무역기구는 '1947년 GATT'에서 채택한 총의제(consensus)의 관행을 계속 유지한다. 총의제 또는 컨센서스는 회의에 참여한 국가 중 어느 한 국가라도 명시적으로 반대하지 않는 한, 총의로 결정되었다고 간주하는 것을 의미한다. 총의에 의하여 결정되지 못한 사항은 표결에 의하여 결정된다. 각료 회의와 일반이사회에서 각 회원국은 하나의 투표권을 행사하나, 유럽공농체가 투표권을 행사할 때에는 세계무역기구의 회원국인 유럽공동체 회원국 수와 동일한 투표권을 갖는다. 다만 유럽공동체와 그 회원국 투표권 수는 어떠한 경우에도 유럽공동체의 회원국 수를 초과할 수 없다. 의결정족수는 관련 규정에서 달리 규정되지 않는 한, 출석하여 투표하는 회원국의 과반수에 의한다.

### 2. 해석과 의무면제 및 잔류 여부

각료 회의와 일반이사회는 세계무역기구 협정과 다자 간 무역 협정들의 해석을 채택할 독자적인 권한을 갖는다. 해석의 채택에 대한 결정은 회원국 4분의 3이 찬성하는 다수결에 의한다.

각료 회의는 해석의 채택 권한과 더불어 회원국의 의무를 면제하는 결정 권한과 개정을 수락하지 아니한 회원국의 잔류 여부를 결정한 권한도 갖는데, 이때에도 회원국 4분의 3이 찬성하는 다수결에 의한다.

# Ⅳ. 협정 개정

모든 회원국은 협정 개정을 위해 각료 회의나 일반이사회에 안을 제시할 수 있으며, 투표 요건과 개정 효과는 개정의 중요도에 따라 다르다.

원칙적으로 정해진 기간 동안 컨센서스가 이루어지지 않을 경우 3분의 2가 찬성하는 다수결에 의하는 것이 일반적이다. 다만, WTO 설립 협정 제9조(의사결정) 및 제10조(개정), ‘GATT 1994’ 제1조(최혜국대우) 및 제2조(관세양허), 서비스 무역에 관한 일반 협정 제2조 1항(최혜국대우), 무역 관련 지적재산권 협정 제4조(최혜국대우)는 모든 회원국이 수락해야 개정될 수 있다. 일반적으로 개정을 이를 수락한 국가에만 구속력을 가진다.

# WTO법의 체제 및 기본 원칙

## I. WTO법의 법원

WTO법의 법원이라 함은 WTO법의 존재 형식을 말한다. WTO법의 법원은 제1차적 법원과 제2차적 법원으로 구분할 수 있는데 제1차적 법원은 WTO 설립 협정을 지칭하는 것으로 이에는 WTO 설립 협정에 부속된 다자 간 무역 협정과 마라케쉬에서 채택된 UR 최종의정서, 각료 결정 및 선언도 포함된다. 제2차적 법원에는 분쟁해결기구에서 채택된 패널보고서와 상소보고서, 각료 회의와 일반이사회 및 그 산하기관에서 채택된 각종 규칙과 결정 및 기타 조치, 국제법, 법의 일반 원칙 등이 포함된다. 이러한 2차적 법원은 정치적 · 경제적 의미는 갖지만 법적 구속력을 갖지는 않는다.

WTO 협정은 아래와 같이 UR 최종의정서, WTO 설립 협정, 각료 결정 및 선언으로 구성된다. 우선 UR 최종의정서는 우루과이라운드의 결과 및 향후 절차에 관한 포괄적 선언을 담고 있다.

WTO 설립 협정은 WTO의 구조, 기능, 조직, 의결 방법 등에 관한 본 협정과 각 분야별 부속서를 두고 있다. WTO 설립 협정은 4개의 부속서로 이루어지는데, 부속서1A는 13개의 개별 협정으로 상품 무역에 관한 다자 협정(MTA)으로 구성되며, 부속서1B는 서비스 무역에 관한 일반 협정(GATS), 부속서1C는 무역 관련 지적재산권 협정(TRIPs)

I. UR 최종의정서

II. WTO 설립 협정

　　부속서1

　　부속서1A : 상품 무역에 관한 다자 간 협정(MTA)

　　　　　- 1994년도 관세 및 무역에 관한 일반 협정

　　　　　- 농업에 관한 협정

　　　　　- 위생 및 식물위생 조치의 적용에 관한 협정

　　　　　- 섬유 및 의류에 관한 협정(2005년 1월 1일 종료)

　　　　　- 무역에 대한 기술 장벽에 관한 협정

　　　　　- 무역 관련 투자 조치에 관한 협정

　　　　　　· 1994년도 GATT 제6조의 이행에 관한 협정(반덤핑 협정)

　　　　　　· 1994년도 GATT 제7조의 이행에 관한 협정(관세평가 협정)

　　　　　　· 선적 전 검사에 관한 협정

　　　　　　· 원산지 규정에 관한 협정

　　　　　　· 수입 허가 절차에 관한 협정

　　　　　　· 보조금 및 상계 조치에 관한 협정

　　　　　　· 긴급 수입 제한 조치에 관한 협정 (Safe Guard)

　　부속서1B : 서비스 무역에 관한 일반 협정 및 부속서(GATS)

　　부속서1C : 무역 관련 지적재산권에 관한 협정(TRIPs)

　　부속서2 : 분쟁 해결 규칙 및 절차에 관한 양해(DUS)

　　부속서3 : 무역 정책 검토 제도(TPRM)

　　부속서4 : 복수국 간 무역 협정(PTA)

　　　　　민간항공기 무역에 관한 협정

　　　　　정부조달에 관한 협정

　　　　　국제 낙농 협정(1997년 9월 30일 폐지)

　　　　　국제 우육 협정(1997년 9월 30일 폐지)

III. 각료 결정 및 선언

---

로 구성된다. 부속서2는 분쟁 해결 규칙 및 절차에 관한 양해각서 (DSU)이며, 부속서3은 무역 정책 검토 제도(TPRM), 부속서4는 복수국 간 무역 협정(PTA)으로 규정되어 있다.

마지막으로 각료 결정 및 선언은 WTO 설립 협정과 다자 간 무역 협정을 보완하고 우루과이라운드 타결 전의 중요한 결정사항을 담고 있다.


## Ⅱ. WTO법의 효력

WTO 회원국은 WTO 설립 협정에 부속된 다자 간 무역 협정상의 의무를 이행함에 있어 자국의 법과 규칙 및 행정 절차가 이 협정들에 합치하도록 할 법적인 의무를 가진다. WTO 회원국은 WTO법상의 의무를 면할 목적으로 국내법을 원용하여 국제법상의 의무 이행을 거부하거나 국가책임을 회피할 수 없다. 다만 WTO 협정이나 분쟁해결 기구의 판정 또는 결정에 위반되는 회원국의 국내법은 WTO에 의해 직접 무효화되지는 않으며 위반국의 국내 법규의 폐지 또는 개정 문제는 전적으로 해당 국가의 의지에 달려 있다. 이렇듯 WTO 설립 협정이 조약으로서 모든 회원국을 구속하고 WTO법이 국내법에 우선한다는 원칙을 'WTO 협정 우위의 원칙'이라고 한다.

WTO 설립 협정과 협정에 부속된 다자 간 무역 협정, 'GATT 1994'가 경합하는 경우 상호 간의 효력 순위가 문제되는데, WTO 설립 협정 제16조와 부속서1A 상품 무역에 관한 다자 간 협정 규정에 따르면 WTO 설립 협정이 가장 우선하고, 그 다음으로 다자 간 무역 협정이 적용되며 'GATT 1994'가 마지막으로 적용된다.

# Ⅲ. WTO체제의 기본 원칙

## 1. WTO 기본 원칙

### (1) 자유무역주의와 공정무역주의(Free and Fair Trade)

자유무역은 국가 간에 상품과 자본 및 노동의 자유로운 이동을 촉진하기 위하여 인위적인 무역장벽을 제거하여 시장경제의 원리에 입각한 무역을 보장하는 것을 말한다. 시장 접근 보장의 원칙 또는 시장 개방 원칙이라고도 하며 관세양허, 수량 제한금지, 투명성의 원칙 등을 포함한다.

공정무역이란 덤핑 행위, 보조금 지급 등과 같은 차별적이고 제한적인 불공정무역 관행을 제거함으로써 국제 무역 규범에 합치되는 자유롭고 공정한 경쟁 조건을 보장하는 무역을 말한다.

WTO 설립 협정은 관세 및 기타 무역장벽의 실질적인 삭감을 위한 상호호혜적인 약정의 체결을 통하여 국제 무역의 증진과 생활수준의 향상 및 경제발전을 가능케 하는 다자 간 무역 체제를 발전시켜 나가는 것을 주된 목적으로 한다고 규정하고 있다.

### (2) 다자주의

다자주의란 관세 수준과 기타 무역 제한 수준 등과 같은 각종 국제 무역 규범의 제정, 변경, 적용 및 집행은 모든 관련 국가의 참여하에 논의되고 결정되어야 하며, 협정 당사국 간에 분쟁이 발생한 경우에도 일방적 해결이 아닌 관련 국가가 모두 참여한 다자 간 협상을 통하여 해결되어야 한다는 원칙을 말한다.

다자주의는 무역 강대국에 의한 국제 무역 규범의 제정과 집행 및 분쟁 해결의 일방성 및 자의성을 방지하여 국제 무역 규범의 실효성을 높이기 위한 원칙으로서, 다자주의의 예외로서 지역주의가 허용되는 경우도 있다. 지역주의는 관세동맹(CU)이나 자유무역지대(FTA)와 같은 지역경제 블록 또는 지역경제 공동체를 결성하여 역내 국가에 대해서만 최혜국대우 원칙을 적용하는 것을 말하는데, 이는 GATT 제24조에 의하여 일정한 요건을 갖출 경우에만 예외적으로 허용된다.

### (3) 최혜국대우 원칙(MFN, Most Favoured Nations treatment)

최혜국대우 원칙이란 국가가 자국 영역 내에 있는 외국 또는 외국인 및 외국제품을 제3의 국가 또는 국민 및 제품보다 불리하지 않게 대우하는 것을 말한다. 이러한 금지는 어디까지나 같은 것을 다르게 대우하는 경우에 적용되며 이 원칙의 목적은 경쟁 조건을 동등하게 부여하기 위함이다.

최혜국대우 원칙은 경제적 측면에서는 가장 경제적인 상품이 시장 경쟁에서 승리하게 함으로써 자원의 효율적 이용과 국제 무역의 효율성을 증진시키는 데 일조하고 정치적 측면에서는 국가 간의 무역 파벌과 경제적 긴장 관계를 방지하는 데 기여한다.

GATT 제1조는 "WTO 회원국은 수출입에 있어 관세, 과징금 및 그 부과 방법, 수출입에 관련된 국내 규칙 및 절차, 수입상품에 대한 직·간접의 내국세 및 과징금, 국내 판매에 영향을 미치는 법률, 규칙 및 요건에 대하여 어떤 다른 국가에 부여한 이익 또는 특혜를 즉시 그리고 무조건적으로 다른 모든 WTO 회원국의 동종 상품(like product)에게 부여하여야 한다"고 규정하고 있다.

WTO 설립 협정 부속서1B의 '서비스 무역에 관한 일반 협정 (GATS)'에도 최혜국대우를 규정하고 있다. GATS상 최혜국대우는 동 협정의 대상이 되는 모든 조치에 관하여 그 밖의 회원국의 서비스와 서비스 공급자에게 그 밖의 국가의 동종서비스와 서비스 공급자에 대하여 부여하는 대우보다 불리하지 아니한 대우를 즉시 그리고 무조건적으로 부여해야 한다는 내용이다.

또한 WTO 설립 협정 부속서1C의 '무역 관련 지적재산권에 관한 협정(TRIPs)'상의 최혜국대우는 지적재산권의 보호와 관련, 일방 회원국에 의해 다른 회원국의 국민에게 부여되는 이익, 혜택, 특권 또는 면제는 즉시, 그리고 무조건적으로 다른 모든 회원국의 국민에게 부여되어야 한다고 규정하고 있다.

위 규정들에 따르면 최혜국대우 원칙은 상품 무역, 서비스 무역, 지적재산권 보호에 적용되는 기본 원칙으로서 무역의 대상에 따라 약간의 차이는 있지만, 모든 회원국에 즉시 그리고 무조건적으로 부여되어야 하는 원칙이다.

다만, 동 원칙은 예외를 인정하고 있는데, ①GATT체결 당시 유효하게 성립된 관세 특혜(역사적 예외), ②반덤핑 및 상계 관세 부과, ③국제 수지방어를 위한 수량 제한, ④수량 제한(쿼터) 할당 합의에 입각한 예외적 세이프가드 조치, ⑤관세동맹 및 자유무역지대의 결성, ⑥국가안보를 위한 차별 조치, ⑦분쟁 해결 절차를 통한 보복 조치, ⑧ 의무면제(waiver) 및 개발도상국 특별 대우 등이 그것이다.


### (4) 내국민대우 원칙(NT, National Treatment)

내국민대우 원칙이란 조약 당사국이 자국 영역 내에서 다른 당사국의 국민 및 제품에 대하여 자국민 및 자국 제품에 부여하는 것과 동등한 권리를 부여하는 것을 말하는데, 내국민대우 또는 내외국민 평등대우라고도 한다. 최혜국대우가 수출국 또는 원산지국에 따른 차별을 금지하는 것이라면, 내국민대우는 수입 제품과 국내 제품 간의 비차별주의를 의미한다. 즉, 일단 수입되어 들어온 경우에는 수입 제품이라도 자국산 제품과 동등한 대우를 하여야 한다는 것이다.

내국민대우 원칙은 상품에 부과되는 내국세 등의 조치가 국내 산업을 보호하는 보호무역 조치로 기능하게 되는 것을 방지함으로써 자유무역주의를 촉진시키려는 목적을 가지고 있으며, 수입 상품이 타국에서 내국 상품과 동등한 조건에서 경쟁힐 수 있는 환경을 조성하기 위한 목적도 가지고 있다.

GATT 제3조는 "체약국은 내국세, 기타 내국과징금과 산품의 국내판매, 판매를 위한 제공, 구매, 수송, 분배 또는 사용에 영향을 주는 법률, 규칙 및 요건, 그리고 특정한 수량 또는 비율의 산품의 혼합, 가공또는 사용을 요구하는 내국의 수량적 규칙은 국내생산을 보호하기 위하여 수입 산품 또는 국내 산품에 대하여 적용하여서는 아니 된다는 것을 인정한다"라고 하여 내국민대우 원칙을 규정하고 있다.

GATS상의 내국민대우 원칙은 동종 서비스 및 서비스 공급자에게 적용되는데 자기 나라의 양허표에 기재된 분야에 있어서 양허표에 명시된 조건 및 제한을 조건으로 한다. 서비스 교역은 관세와 같은 보호수단이 존재하지 않기 때문에 시장 접근의 범위도 국가들의 협상을 통한 양허의 대상이 된다. 따라서 GATS는 GATT와 달리 내국민대우원칙이 회원국에게 당연히 부과되는 의무가 아니라 양허의 대상으로분류되는 것이다.

TRIPs상의 내국민대우는 파리 협약, 베른 협약, 로마 협약 또는 직접 회로에 관한 지적재산권 조약이 각각 이미 규정하고 있는 예외의 조건에 따라 "지적재산권 보호에 관하여 자기 나라 국민보다 불리한 대우를 다른 회원국의 국민에게 부여하여서는 안 된다"고 규정되어 있다.

내국민대우도 최혜국대우와 마찬가지로 예외가 인정되는데, ①정부 조달과 관련된 수입 물품에 대한 차별 조치, ②국내생산자에 대한 보조금 지급에 있어 차별 조치, ③스크린쿼터의 운영과 관련하여 수입 영화필름에 대한 차별, ④국가안보를 위한 차별 조치, ⑤의무면제(waiver)에 따른 조치 등이 있다.

### (5) 관세양허의 원칙

관세양허란 관세협상에 참여한 국가들이 특정 상품에 대한 자국의 관세를 일정한 관세율 이하로 제한하기로 한 약속을 의미하는데, 관세약속이라 불리기도 한다. GATT 제2조에 입각한 관세양허 의무는 WTO 회원국의 중요한 의무이다.

GATT 제2조 양허표에 따르면 관세양허 의무는 관세양허표상에 규정된 대상품목에 한하며, WTO 비회원국으로부터의 수입에 대해서는 관세양허의 제한을 받지 않는다. WTO 회원국에 대하여는 양허표상의 최고관세율 이하로도 관세를 부과할 수 있지만 최혜국대우의 원칙 위반을 구성하여서는 아니 된다.

관세양허의 원칙도 광범위한 예외를 인정하는데, 여기에는 ①반덤핑관세와 상계관세, ②긴급 수입 관세의 부과, ③자유무역지대(Free Trade Area) 및 관세동맹(CU)의 결성, ⑤국제 수지 방어를 위한 조치, ⑥

무역 보복 조치 등에 따른 관세수정 등이 있다.

### (6) 수량제한금지 원칙

수량제한금지 원칙이란 수출입상품에 대한 수량할당, 수출입허가 등 그 형태에 상관없이 관세나 조세 또는 기타 과징금을 제외한 금지 또는 제한을 수출입 제품에 부과하는 것을 금지하는 원칙을 말한다. 이 원칙은 수출입 상품에 적용되며 할당제, 수출입 허가 등 그 형태에 관계없이 관세나 조세 또는 기타 과징금을 제외한 금지 또는 제한에 적용된다.

수량제한금지 원칙도 예이가 인정되는데, ①식료품 또는 수출제약국에 불가결한 산품의 위급한 부족을 방지하거나 완화하기 위하여 일시적으로 취해지는 수출 제한, ②국제 무역에 있어 상품의 분류·등급 또는 판매에 관한 기준 또는 규칙의 적용을 위해 필요한 수출입 제한, ③국내 농산물시장의 안정을 위한 정부 조치로서 필요한 농수산물 수입에 대한 제한, ④국제 수지를 보호하기 위한 수량 제한, ⑤개발도상국 정부의 원조의 일환으로 취하는 수량 제한, ⑥긴급 수입 제한 조치, ⑦GATT 제20조의 일반적 예외 조항에 근거한 수출입 제한, ⑧국가안보상의 수출입 제한, ⑨의무면제(waiver)에 의한 수입 제한, ⑩분쟁해결기구로부터 승인을 받은 보복 조치로서의 수입 제한 등이 그것이다.

### (7) 투명성의 원칙

투명성의 원칙이란 무역에 관한 법규, 행정적·사법적 결정 및 정책 또는 관행을 명백히 하고 이를 공개하는 원칙으로써 명료성과 공개성이 중요한 내용을 이룬다. 투명성의 원칙은 국제 무역에 있어 예측가능성을 제고하고 국제 무역과 관련된 조치가 공개적으로 명료하게 적용되게 함으로써 특정 조치의 존재와 내용에 대한 무지로 인한 불이익을 시정하고 관련 무역 규칙의 자의적인 해석과 적용에 따른 통상 분쟁을 사전에 방지하는 기능을 하는 것으로, 궁극적으로 WTO 체제의 실효성을 확보하기 위한 것이다.

투명성의 원칙이 WTO 체제의 기본 원칙이기는 하지만 공개할 경우나 법집행을 방해하거나 공익에 반하는 경우, 특정기업의 상업적 이익을 손상시키는 비밀정보인 경우이거나 국가안보를 위한 경우에는 예외를 인정하고 있다.

## 2. WTO 원칙의 일반적 예외 조항

### (1) 의의

회원국들은 자국의 국내 정책적 필요에 따라 전술한 WTO 기본 원칙에 위반되는 국내 규정을 제정하거나 필요한 조치를 취할 수 있다. 이것이 바로 GATT 제20조에 규정되어 있는 일반적 예외 조항이다. 이 조항은 분쟁 해결 과정에서도 자주 원용되지만, 향후 WTO가 자유 무역주의만을 추구할 것이냐 아니면 이에 못지않게 중요한 환경, 노동, 인권 등도 아울러 고려할 것이냐는 국제 무역 질서의 이념 및 철학과도 맞물려 있어 매우 중요하다고 할 수 있다.

### (2) GATT 제20조의 구성 및 내용

GATT 제20조는 회원국이 특정한 상황에서 GATT의 일반적인 의

전문 : 동일 조건하의 국가 간에 자의적이며 부당한 차별수단(arbitrary and unjustifiable discrimination) 또는 국제 무역상 위장된 제한(disguised restriction on international trade)을 부과하는 방법으로 적용되지 않는다면 다음의 조치는 GATT에 반하는 것으로 해석되지 않는다.
구체적 예외 : ①공중도덕을 보호하기 위한 조치, ②인간·동식물 생명·건강을 보호하기 위한 조치, ③금·은의 수출입에 관한 조치 ④GATT에 반하지 않는 국내법령의 이행을 확보하기 위한 조치 ⑤재소자의 노동 상품에 관한 조치, ⑥미술적·예술적·고고학적 가치가 있는 국보의 보호를 위해 적용하는 조치, ⑦유한 천연자원의 보호에 관한 조치, ⑧정부 간 상품 협정상 의무에 따른 조치, ⑨국내 원료 가격 안정 계획에 의한 국내 원료의 수출 제한, ⑩지역적으로 공급이 부족한 상품의 획득 또는 분배를 위해 불가피한 조치

무에서 면제되는 것을 허용한다. 동 조항은 위와 같이 전문(chapeau or preamble)과 10개의 구체적 예외로 구성되어 있다.

분쟁 해결 과정에서 WTO 패널 및 상소기구는 회원국의 조치가 제20조상의 구체적 예외에 해당하는지 여부를 우선 판단한 후, 예외에 해당할 때 전문 규정에 위배되는지 여부를 살펴봐야 한다고 판시하였다. 이른바 이단계 분석법(two-tiered analysis)을 제시하고 있는 것으로, 분쟁의 일방 당사국이 취한 조치가 GATT 제20조상의 10가지 구체적 예외에 해당하는 것만으로 GATT의 의무에서 벗어날 수 있는 것이 아니라, 이것이 국가 간에 자의적이며 부당한 차별수단 또는 국제 무역상 위장된 제한 조치에도 해당되지 않는다고 판단될 경우에 그 조치가 GATT에 반하지 않게 된다는 의미이다.

1996년 〈미국의 개질 및 재래식 휘발유의 표준 사건〉에서 상소기구는 미국의 행정 규칙이 유한 천연자원(동 사건의 경우 청정대기)의 보존을 위한 조치로서 제20조 (g)항을 원용할 수 있다고 보았으나, 제20조 전문의 전제 조건, 즉 보존을 위한 조치가 외국의 휘발유에 대하

여 부당한 차별수단이 되어서는 아니 된다는 전제 조건을 충족시키지 못하여 일반적 예외를 원용할 수 없다고 판정하였다.

# WTO의 분쟁 해결 제도

## Ⅰ. 의의

WTO 분쟁 해결 제도는 회원국 간에 발생한 분쟁을 신속하게 해결함으로써 WTO의 기능을 효과적으로 수행하고 다자 간 무역체제에 안선와 예건 가능성을 부여하는 데 있어서 중심적인 요소이다. WTO 체제에서 분쟁은 분쟁해결기구(DSB, Dispute Settlement Body)에 의하여 처리되는데 DSB는 앞서 살펴본 바와 같이 일반이사회가 담당하는 중요한 업무 중 하나이다.

## Ⅱ. 특징

WTO의 전신이라 할 수 있는 'GATT 1947'에서는 체계적인 분쟁 해결 제도가 없었기 때문에 회원국 간 분쟁이 발생한 때에는 당사국들 간의 합의에 의하도록 규정하고 있었다. 합의가 이루어지지 않는 경우, 최종적으로 회원국으로서의 이익을 정지시킬 수 있는 보복 조치에 의하도록 하고 있었는데 이러한 보복 조치 제도는 WTO에서도 유지된다.

WTO 분쟁 해결 제도는 'GATT 1947'의 단점을 보완한 것으로 ①

분쟁 해결 제도의 통일성 제고, ②판정과 집행에서의 다자주의 도입, ③각 절차마다 시한을 도입함으로써 분쟁 해결의 신속성 도모, ④상설항소기구의 설치, ⑤외교적·사법지향적 분쟁 해결 제도의 강화, ⑥패널 절차와 상소 절차라는 2심제 운영, ⑦역총의제(reverse-consensus)의 도입으로 의사 결정의 자동성 확보, ⑧집행 절차의 강화 등을 특징으로 한다.

## Ⅲ. 양해의 대상

분쟁 해결 규칙 및 절차에 관한 양해(이하 분쟁 해결 양해) 규칙 및 절차는 동 양해의 부록1과 연관된 협정의 협의 및 분쟁 해결 규정에 따라 제기된 분쟁에 적용된다고 규정하고 있다. 여기에는 WTO 설립 협정, 상품무역에 관한 다자 간 협정, 서비스 무역에 관한 일반 협정, 무역 관련 지적재산권에 관한 협정, 분쟁 해결 규칙 및 절차에 관한 양해, 복수국 간 무역 협정이 포함된다. 다만, 무역 정책 검토 제도는 대상 협정에서 제외된다. 또한 대상 협정의 협의 규정에 따라 WTO 설립 협정의 발효일 또는 그 이후에 이루어진 새로운 협의 요청에 대해서만 적용된다.

## Ⅳ. 분쟁해결기구의 구성과 기능

분쟁해결기구(DSB)는 본래 일반이사회가 분쟁 해결의 임무를 수행하는 것으로써 일반이사회 구성과 동일하게 모든 회원국으로 구성된다. 다만, 복수국 간 무역 협정에 관한 분쟁을 처리하는 경우에는 복수국 간 무역 협정의 당사국들만이 참여할 수 있다.

분쟁해결기구는 자신의 기능을 수행하기 위하여 필요할 때마다 회의를 개최한다. 회의 시 결정은 일차적으로 총의(consensus)에 의해 이루어진다. 그러나 총의가 이루어지지 않는 경우에는 역총의제(reverse-consensus)에 의한 결정이 이루어진다는 것이 특징이다. 역총의제는 결정 채택 시, 회의에 참석한 회원국 중 어떠한 회원국도 그 결정에 대하여 공식적인 반대를 하지 않는다면 사안에 대하여 총의로 결정하였다고 간주하는 것이다. 이는 총의에 의하여 채택이 거부되지 않는 사실상 자동적으로 채택되는 것을 의미한다. 또한 특정 회원국의 반대에 부딪혀 패널보고서 채택에 진통을 겪었던 GATT 체제에 비해 분쟁해결의 진행이 신속히 이루어질 수 있음을 시사한다.

분쟁해결기구는 ①패널 설치, ②패널 및 상소기구보고서 채택, ③판정 및 권고의 이행 상황 감독, ④대상 협정에 따른 양허 및 그 밖의 의무의 정지를 허가하는 권한을 갖는다. 또한 분쟁해결기구는 WTO의 관련 이사회 및 위원회에 각각의 소관 대상 협정의 규정과 관련된 분쟁의 진전 상황을 통보해야 한다.


## V. 분쟁 해결 제도의 목적

분쟁해결기구의 권고나 판정은 분쟁 해결 양해 및 대상 협정상의 권리와 의무에 따라 사안의 만족스러운 해결을 달성하는 것을 목적으로 한다. 분쟁해결기구의 권고와 판정은 대상 협정에 규정된 권리와 의무를 증가시키거나 축소시킬 수 없다.

분쟁 해결 제도의 목표는 분쟁에 대한 긍정적인 해결책을 확보하는 것으로 분쟁 해결 양해는 분쟁 해결을 위한 단계를 규정하고 있다. 먼저 상호 합의된 해결책이 있는 경우에는 그 해결책에 의해 분쟁을 해결한다. 해결책에 대한 합의가 이루어지지 않는 경우가 분쟁 해결 제도의 첫 번째 목표는 대상 협정 위반으로 판정이 내려진 동 조치의 철회를 확보하는 것이다. 그러한 철회가 즉각적으로 이루어질 수 없는 때에는 잠정 조치로서의 보상의 제공을 요구할 수 있고, 이러한 모든 조치가 효율적이지 않을 때에는 최후의 구제수단으로 대상 협정상의 양허 또는 그 밖의 의무의 적용을 정지할 수 있다.


## VI. 분쟁 해결 절차

### 1. 협의

WTO 분쟁 해결 절차는 분쟁 당사국 간의 '협의-패널 절차-상소 절차-이행'의 순서로 이루어진다. 협의와 주선·조정·중개는 패널 절차 개시 전에 이루어지는 절차로써 주선·조정·중개는 패널 절차와 동시에 진행될 수 있다.

협의의 요청은 WTO 분쟁 해결 절차의 필수 절차로서 패널에 제소하기 위한 전제조건이며, 각 회원국은 적절한 협의 기회를 보장하여야 한다. 협의 요청이 대상 협정에 따라 이루어지는 경우에 그 요청을

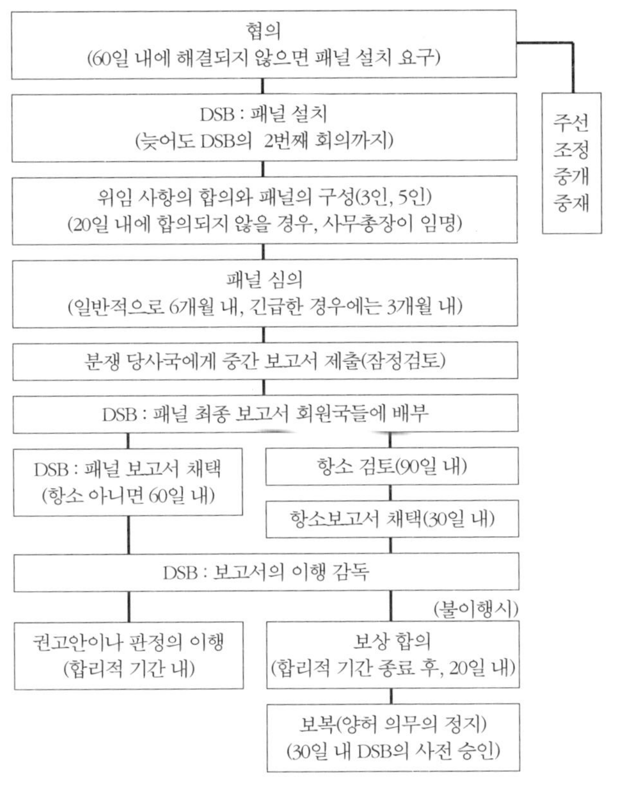



접수한 회원국은 요청 접수일로부터 10일 이내에 답변하며, 요청 접수일로부터 30일 이내에 협의에 응하여야 한다. 회원국이 위 기간 내에 답변하지 않거나 협의에 응하지 않는 경우에는 협의 개최를 요청한 회원국은 직접 패널의 설치를 요구할 수 있다.

협의는 비공개이며 협의 요청 접수일로부터 60일 이내에 협의를 통한 분쟁 해결에 실패하는 경우, 제소국은 패널의 설치를 요청할 수 있다. 협의 당사자가 협의를 통한 분쟁 해결에 실패했다고 '공동으로 간주하는 경우'에는 제소국이 위의 60일 기간 중에 패널의 설치를 요청할 수 있다. 이는 어디까지나 '공동으로 간주하는 경우'에만 적용되는 기간임을 주의하여야 한다.

다만, 부패성 상품에 관한 분쟁을 포함하여 긴급한 경우에는 그 기간이 단축될 수 있다. 회원국은 요청 접수일로부터 10일 이내에 협의를 개시하여야 하며, 협의 요청 접수일로부터 20일 이내에 협의를 통하여 분쟁이 해결되지 아니하는 경우에 제소국은 패널의 설치를 요청할 수 있다.

협의 중에는 패널이 설치될 수 없으며 협의가 실패한 경우에만 패널 설치를 요청할 수 있다는 점이 주선·조정·중개와 다른 점이다. 이러한 협의 과정에서 회원국은 개발도상회원국의 이익에 대해 특별한 고려를 하여야 한다.


## 2. 주선·조정·중개

주선·조정·중개는 분쟁 당사국이 합의하는 경우에 자발적으로 취해지는 절차로써 분쟁 당사국은 분쟁 해결 절차 진행 중 언제든지 주선·조정·중개를 요청할 수 있다. 또한 언제든지 개시되고 종료될 수 있지만 일단 개시되면 절차가 종료되어야만 패널 설치를 요청할 수 있다. 사무총장은 원활한 분쟁 해결을 위해 직권으로 주선·조정·중개를 제공할 수 있다.

협의 요청 접수일로부터 60일 이내에 주선·조정·중개 절차가 개시되는 경우에 제소국은 그로부터 60일 기간을 허용한 후에 패널의 설치를 요청할 수 있다. 분쟁 당사자가 공동으로 주선·조정·중개 절차가 분쟁 해결에 실패하였다고 판단하는 경우, 제소국은 60일 내에 패널의 설치를 요청할 수 있다.

## 3. 패널 절차

### (1) 패널의 설치

패널은 WTO 회원국만이 그 설치를 요청할 수 있으며 비회원국이나 사인(私人)은 요청할 수 없다. 패널 설치는 서면으로 요청하며 제소의 유익성은 제소하는 국가가 스스로 판단한다. 패널 설지를 요청하는 서면에는 협의 개최 여부와 문제된 특정 조치, 제소의 법적 근거가 포함되어야 한다.

패널 설치 회의는 두 번 개최되는데, 첫 번째 회의에서 패널 설치 여부는 총의로 결정하고 총의로 결정되지 않는 경우, 개최되는 2차 회의에서는 역총의제가 적용되어 사실상 자동적으로 패널이 설치된다.

패널은 분쟁 당사국이 패널 설치로부터 20일 이내에 달리 합의하지 아니하는 한 표준위임사항을 부여받는다.

### (2) 패널의 구성

패널은 3인의 패널위원으로 구성되는 것이 원칙인데, 분쟁 당사국들은 패널 설치일로부터 10일 이내에 5인의 위원으로 구성할 것을 합의할 수 있다.

패널 설치 요청 후 20일 이내에 분쟁 당사국 간 패널위원 선임에 합의하지 못하는 경우에는 WTO 사무총장이 직권으로 임명하게 되는데, 최근에는 그러한 경우가 점차 증가하는 추세이다.

자국 정부가 분쟁 당사자인 회원국의 국민 또는 비회원국 국민은 분쟁 당사자들이 달리 합의하지 않는 한 관련 분쟁의 패널위원이 될 수 없다.

동일한 사안에 대해 복수의 회원국이 특정 회원국을 제소하는 경우에는 가능한 한 절차적 효율성을 위해 별개의 제소를 하나의 패널 절차에서 병합하여 진행한다. 다만, 이 경우에도 분쟁 당사국의 신청이 있을 때는 별도의 패널보고서를 제출해야 한다.



### (3) 패널의 기능

패널의 기능은 DSB가 분쟁 해결 양해 및 대상 협정에 따른 책임을 수행하는 것을 지원하는 것이다. 패널은 분쟁의 사실 관계에 대한 객관적 평가, 관련 대상 협정의 적용 가능성 및 그 협정과의 합치성을 포함하여 회부된 사안에 대해 객관적인 평가를 내리며, 그 위반 여부에 대해서는 법률적인 해석까지 수행한다. 패널은 분쟁 당사자와 정기적으로 협의하고 상호 만족할 만한 해결책을 찾기 위해 적절한 기회를 제공하여야 한다.

### (4) 패널의 절차

패널 절차는 패널의 구성 및 위임 사항에 대하여 합의가 이루어진 날로부터 최종보고서가 분쟁 당사자에게 제시되는 날까지 6개월을 초과할 수 없는 것이 일반적이다. 다만 부패성 상품을 포함하여 긴급한 경우에 패널은 3개월 이내에 보고서를 분쟁 당사국에 제시하는 것을 목표로 한다. 그러나 어떠한 경우에도 패널 설치로부터 회원국에게 보고서를 배포할 때까지의 기간이 9개월을 초과하여서는 아니 된다.

패널보고서는 분쟁 해결 절차의 과정에서 개발도상국을 위한 자등적이고 보다 유리한 대우에 관한 관련 규정을 어떤 형태로 고려하였는지를 적시한다. 또한 패널은 제소국이 요청하는 경우에 언제라도 12개월을 초과하지 않는 기간 동안 자신의 작업을 정지할 수 있다. 패널의 작업이 12개월 이상 정지되는 경우에는 동 패널 설치 권한이 소멸된다.

패널은 적절하다고 판단되는 경우에 모든 개인 또는 기관으로부터 정보 및 기술적 자문을 구할 수 있다.

패널 절차의 대상인 분쟁 사안에 대해 중대한 이해를 가지는 회원국은 제3자로서 패널 절차에 참여할 수 있다. 제3자 참여국은 패널에 서면의견서를 제출할 수 있으며, 구두 변론에도 참여할 수 있다. 패널 절차는 비공개로 진행하는 것이 원칙이므로 사안에 따라서는 제3자 참여를 통해 관련 정보를 신속히 입수하고 패널 심리에 자국의 이해를 개진할 수 있는 기회를 가진다는 측면에서 제3자 참여의 의의가 있다.

## (5) 패널보고서의 채택

패널의 심의는 공개되지 아니하며 패널보고서는 분쟁 당사자의 참석 없이 작성된다. 회원국에게 패널보고서를 검토할 충분한 시간을 부여하기 위하여 패널보고서가 회람된 후 최소 20일이 경과한 이후에 분쟁해결기구에서 채택 여부를 심사한다. 이때 상소 통보가 이루어지거나 동 보고서를 채택하지 않기로 합의가 이루어지지 않는 한 회람 후 60일 이내에 개최되는 DSB에서 보고서 채택이 이루어진다. 공식적인 DSB 채택이 완료된 패널보고서의 DSB 권고 사항은 법적 구속력을 가지며 피제소국에 적용된다.

보고서에 이의가 있는 회원국은 적어도 그 보고서가 심의되는 분쟁해결기구 회의가 개최되기 10일 전에 자신의 입장을 설명하는 이유를 서면으로 제출하여야 한다.

## (6) 상소 절차

### 가. 상소기구의 설치

WTO는 상소 절차가 없는 국제사법재판소(ICJ), GATT 체제와는 달리 상설 상소기구를 설치하고 있다. 상소기구는 7인으로 구성되며, 이들 중 3인이 하나의 사건을 담당한다. DSB는 4년 임기의 상소기구 위원을 임명하고, 각 상소기구 위원은 1차에 한하여 연임할 수 있다. 7인 중 3인의 임기는 2년 후 만료되며, 이는 추첨으로 결정한다. 분쟁 당사국만이 패널보고서에 대하여 상소할 수 있으며 제3자는 상소를 할 수는 없다. 다만, 패널 절차에서와 마찬가지로 상소 절차에서도 제3자의 참여를 허용하고 있다.

나. 상소 절차의 기능

상소심은 기본적으로 패널보고서에서 다루어진 법률 쟁점과 패널
의 법적인 해석문제로 국한한다. 즉, 상소 절차에 의해 패널보고서에
대한 재심이 이루어지는 경우에도 사실 관계에 대한 문제는 검토 대
상에서 제외될 뿐만 아니라, 분쟁 당사국이 제기한 법률 쟁점이라 하
더라도 패널이 다루지 않은 사안은 상소심의 대상에서 제외된다. 하
지만, 법과 사실 관계 구분의 모호함으로 인해 〈캐나다 정기간행물
사건〉(1996)에서와 같이 상소심이 사실 관계에 관한 판정을 한 것으로
보는 견해도 있다.

상소기구의 심의 과정은 공개되지 아니하며 상소보고서는 제공된
정보 및 진술 내용에 비추어 분쟁 당사자의 참석 없이 작성된다. 상소
기구 보고서에 표명된 개별 상소기구 위원의 견해는 익명으로 한다.
상소기구는 패널의 법률적인 조사 결과와 결론을 확정, 변경 또는 파
기할 수 있는 권한을 가진다.

상소기구는 조치가 대상 협정에 일치하지 않는다고 결론짓는 경우,
관련 회원국에게 동 조치를 동 대상 협정에 합치시키도록 권고하며,
동 권고를 이행할 수 있는 방법을 제시할 수 있다. 상소기구는 자신의
조사 결과나 권고에서 대상 협정에 규정된 권리와 의무를 증가 또는
감소시킬 수 없다.


다. 보고서 채택 시한

일반적으로 일방 분쟁 당사자가 자국의 상소 결정을 공식적으로 통
지한 날로부터 상소기구가 자신의 보고서를 배포하는 날까지의 절차
는 60일을 초과하지 아니한다. 상소기구는 60일 이내에 자신의 보고

서를 제출하지 못할 것이라고 간주하는 경우 보고서 제출에 소요될 것으로 예상되는 기간과 지연사유를 서면으로 DSB에 통보하여야 하며, 지연되는 경우에도 그 절차는 90일을 초과할 수 없다.

상소기구 보고서가 회원국에게 배포된 후 30일 이내에 DSB가 총의로 동 보고서를 채택하지 않기로 결정하지 아니하는 한, DSB는 이를 채택하며(역총의제), 분쟁 당사자는 동 보고서를 무조건 수락하여야 한다. 분쟁 당사자가 달리 합의하지 않는 한, 일반적으로 DSB가 패널을 설치한 날로부터 패널 또는 상소보고서의 채택을 심의하는 날까지의 기간은 패널보고서에 대하여 상소를 제기하지 아니한 경우는 9개월을, 상소를 제기한 경우에는 12개월을 초과하지 아니한다.

## (7) 결정의 이행

WTO가 GATT 체제에 비해 강화된 분쟁 해결 절차를 마련했더라도, 결정을 이행할 방안이 강구되지 않으면 무의미한 것이다. 특히 국제법에서는 이러한 이행의 담보를 위한 제도적 장치가 가장 중요한 과제이다. WTO는 GATT 체제하에서 이행 준수 확보가 미흡했던 부분을 보완하여 패널 및 상소기구의 권고 및 결정을 이행토록 하는 제도를 마련하고 있다.

### 가. 권고 및 판정의 이해에 대한 감독

WTO 회원국은 DSB의 권고 또는 판정을 신속하게 이행해야 하며, 이는 모든 회원국에게 이익이 되도록, 분쟁의 효과적인 해결을 확보하는 데 필수적이다. DSB는 권고 또는 판정의 이행 상황을 지속적으로 감시한다. 모든 회원국은 권고 또는 판정이 채택된 후 언제라도 그 이행 문제를 DSB에 제기할 수 있다.

패널 또는 상소보고서가 채택된 날로부터 30일 이내에 개최되는 DSB 회의에서 관련 회원국은 DSB의 권고 및 판정의 이행에 대한 자국의 입장을 DSB에 통보한다. 권고 및 판정의 즉각적인 이행이 불가능한 경우, 관련 회원국은 이행을 위한 '합리적인 기간(reasonable period of time)'을 부여받는다. 합리적인 이행 기간은 보고서 채택일로부터 15개월을 초과하지 않는다. 그러나 특별한 사정에 따라 이 기간은 단축되거나 연장될 수 있는데, 그렇다 하더라도 총 기간은 18개월을 초과할 수 없다.

나. 보상 및 양허의 정지

보상 및 양허의 정지는 권고 및 판정이 합리적인 이행 기간 내에 이행되지 아니한 경우에 취할 수 있는 '잠정적'인 조치이다. 보상이나 양허의 정지는 WTO 분쟁 해결 절차의 최후수단이므로 해당 조치를 대상 협정에 합치시키는 DSB 권고의 완전한 이행이 그 위반에 대한 제재보다 우선하기 때문이다.

이 중 보상은 패소국이 보복 조치를 피하기 위해 승소국에 제공하는 부담으로서의 의미를 갖는 데 그치며, 패소국에 대한 보복 조치(retaliation)는 아니다. 다만, 이후에서 살펴보는 DSB의 승인에 의한 양허 또는 다른 의무의 정지는 WTO 체제에서 진정한 의미의 보복 조치에 해당한다. 보상은 자발적인 성격을 띠며 이를 행하는 경우 대상 협정과 합치하여야 한다.

관련 회원국이 합리적인 기간 내에 대상 협정 위반으로 판정된 조치를 동 협정에 합치시키지 아니하거나 권고 및 판정을 이행하지 못한 경우에는 보상안을 마련하기 위한 협상을 개시해야 한다. 합리적 이행 기간이 종료된 날로부터 20일 이내에 만족스러운 보상에 합의하지 못하는 경우, 제소국은 관련 회원국에 대한 대상 협정상의 양허 또는 다른 의무의 적용을 정지할 수 있도록 DSB의 승인을 요청할 수 있다. 이러한 요청에 대해 DSB는 총의로 거부할 것을 결정하지 않는 한 (역총의제 승인), 합리적 이행 기간의 경과 후 30일 이내에 승인하여야 한다.

패소국에 대해 어떤 양허 또는 다른 의무를 정지시킬 것인지 고려할 때에는 다음과 같은 원칙과 절차가 있다.

첫째, 제소국은 패널 또는 상소기구가 위반 또는 그 밖의 무효화 또는 침해가 있었다고 판정을 내린 분야와 동일한 분야에서의 양허 또는 다른 의무의 정지를 우선 추구한다.

둘째, 동일 분야에서 양허 또는 다른 의무를 정지하는 것이 비현실적이거나 비효과적이라고 판단하는 경우에 동일 협정상의 다른 분야에서 양허나 의무를 중단시킬 수 있다.

셋째, 위 두 가지 방법이 비현실적이거나 비효과적이며, 상황이 충분히 심각하다고 간주하는 경우에는 다른 대상 협정상의 양허 또는 다른 의무의 정지를 추구할 수 있다. 이를 교차보복(cross retaliation)이라고 하는데, GATT 체제에서는 인정되지 않았던 것으로 WTO 분쟁 해결 절차에 도입된 방식이다. 교차보복은 다른 보복 조치와 달리 이를 사용하기 위해서는 상황의 심각성이 추가적으로 요구된다. 또한 교차보복 시 DSB가 승인한 양허나 다른 의무의 정지는 이익의 무효화 또는 침해의 수준에 비례하는 것이어야 한다.

양허의 정지 수준이 이익의 무효화 또는 침해 수준에 비례하는지 여부와 승인된 양허 또는 다른 의무의 정지가 대상 협정에서 허용되는지 여부에 관하여 다툼이 있는 경우에는 중재에 회부해야 한다. 이러한 중재는 가능한 한 원래의 패널 또는 사무총장이 지명하는 중재관에 의해 수행되며, 합리적 이행 기간의 완료 후 60일 이내에 완료되어야 한다. 당사국들은 중재관의 결정을 최종적인 것으로 수락하여야 하며, 관련 당사국들은 2차적인 중재를 요구할 수 없다.

## 비위반 제소

GATT 제23조는 ①협정상 의무를 위반하는 경우, ②협정상 의무에 구체적으로 저촉되지 않으나, 여타 회원국의 특정 조치에 의해 이익의 무효화 또는 침해가 발생한 경우 등에 대해 분쟁 해결 절차를 발동할 수 있도록 규정하고 있다.

앞서 살펴본 분쟁 해결 절차는 양해나 협정에 위반하는 행위에 대한 보복 조치로서 '위반 제소'라(①에 해당)고 한다. 그러나 ②에 해당하는 경우에도 분쟁 해결 절차를 진행할 수 있는 바, 이를 '비위반 제소(non-violation complaint)'라고 한다.

이러한 비위반 제소의 경우, 제소국은 관련 대상 협정과 상충하지 아니하는 조치에 관한 제소를 변호할 수 있는 정당한 사유를 제시하여야 하며 위반제소와 달리 이익의 무효화 또는 침해를 제소국이 입증해야 한다.

이때 상대 국가는 비위반 조치 행위가 제소국의 이익을 무효화 또는 침해하거나 동 협정의 목적달성을 저해한다는 판정이 내려지더라도 동 조치를 철회할 의무를 부담하는 것은 아님을 주의하여야 한다. 비위반 조치의 유일한 해결 방법은 보상에 의하는 것이다. WTO 체제하에서 대표적인 비위반 제소 사건으로 일본의 필름시장이 폐쇄적이어서 미국 회사들의 진출이 어렵게 되자 미국이 일본을 제소한 〈일본—필름 사건(Japan-measures Affecting Consumer Photographic Film and Paper), 1998〉이 있다.

### 제7절

# 자유무역협정

(Free Trade Agreement)

## Ⅰ. 의의

자유무역협정(FTA)은 특정 국가 간에 배타적인 무역 특혜를 서로 부여하는 협정으로서 가장 느슨한 형태의 지역경제 통합 형태이다. 지역경제 통합에는 다음과 같은 다양한 형태가 있으며, 단계별로 무역 자유화의 범위가 넓어진다.

**지역경제 통합의 형태 및 포괄 범위**

| 역내 관세 철폐 | 역외 공동관세 부과 | 역내 생산요소 자유 이동 보장 | 역내 공동 경제 정책 수행 | 초국가적 기구 설치·운영 |
|---|---|---|---|---|
| ①자유무역 협정<br>(NAFTA, EFTA 등) | | | | |
| ②관세동맹<br>(베네룩스 관세동맹) | | | | |
| ③ 공동시장<br>(EEC, CACM, CCM, ANCOM 등) | | | | |
| ④ 완전경제통합<br>(마스트리히트 조약 발효 이후의 EU) | | | | |

출처 : 외교통상부(www.moat.go.kr)

FTA는 다자 무역 질서의 근간인 최혜국대우 원칙에 정면으로 배치되지만, WTO 규범은 상품 분야의 경우는 GATT 제24조에 의해, 서비스 분야는 GATS 제5조에 의해, 일정 요건 충족 시 적법한 예외로 인정하고 있다.

GATT 제24조에 의해 FTA와 같은 지역무역협정이 인정되기 위한 요건은 첫째, 실질적으로 모든 무역을 대상으로 하며, 특정한 분야를 전면적으로 제외해서는 안 되며, 둘째, 관세 및 기타 상업적 제한의 합리적 기간 내(원칙적으로 10년 이내)에 철폐하여야 하며, 셋째, 역외국에 대한 관세 및 기타 상업적 제한이 협정 체결 전보다 더 후퇴해서는 안 된다는 점 등이다.


## Ⅱ. FTA의 내용

FTA가 포함하고 있는 분야는 체약국들이 누구인가에 따라 상당히 다른 양상을 보이고 있다. 전통적인 FTA와 개도국 간의 FTA는 상품 분야의 무역자유화 또는 관세인하에 중점을 두고 있는 경우가 많다. 그러나 1995년 WTO 체제 출범을 전후하여 FTA의 적용 범위도 크게 확대되고 있다. 상품의 관세 철폐 이외에도 서비스 및 투자 자유화까지 포괄하는 것이 일반적 추세이며, 그 밖에 지적재산권, 정부조달, 경쟁정책, 무역구제 제도 등 정책의 조화 부문까지 협정의 대상 범위가 점차 확대되고 있다. WTO와 같은 다자 간 무역 협상 등을 통하여 전반적인 관세 수준이 낮아지면서 다른 분야로 협력 영역을 늘려가게 되면서, FTA도 이를 반영하여 포괄 범위를 넓혀가고 있는 것이다.

# Ⅲ. FTA 체결 현황

## 1. 전 세계 FTA 체결 현황

현재 발효 중인 297건의 지역 협정을 체결 시기별로 살펴보면, 1947년부터 1994년까지 91건에 불과하던 것이 WTO 출범연도인 1995년 이후부터 2012년 3월까지 330건이 체결되어 큰 폭의 증가를 보이고 있다. 지역무역 협정 체결은 특히 WTO 출범(1995.1) 이후 매년 급속히 확산되어, 2007년 이후 전 세계 교역량의 50% 이상이 지역무역 협정 내 교역에 포함되는 것으로 추정되고 있다.

**〈연도별 유효한 지역무역협정수 변화 추이〉**



출처 : 외교통상부(www.moat.go.kr)

## 2. 우리나라의 FTA 추진 현황

전세계적 FTA 확산 추세하에 우리나라도 동시다발적 FTA 추진 전략을 통해 거대 · 선진 경제권과의 FTA 체결에 커다란 성과를 달성하고 있다. 우리나라는 2004년 '한-칠레 FTA'를 시발로 하여 2012년 10월 현재 미국, EU와의 FTA를 포함하여 총 8건이 발효 중이며, 한-중 FTA 등 8건의 협상이 진행 중에 있다. FTA 타결 국가(45개국)와의 교역은 2011년 우리나라 총 교역량의 34.7%를 차지하며, 중국 등 협상 진행국을 포함하면 총 교역량의 70%를 상회하는 것으로 추정되고 있다.

**우리나라의 FTA 체결 현황(2012.10월 기준)**

- 발효(8건, 45개국)
  - 칠레('04.4), 싱가폴('06.3), EFTA('06.9), ASEAN('07.6), 인도('10.1), EU('11.7), 페루('11.8) 미국('12.3)
- 타결되었으나, 현재 미발효(2건)
  - 터키('12.8), 콜롬비아('12.6)
- 협상 중(8건, 13개국)
  - 중국, 인도네시아, 베트남, 호주, 뉴질랜드, 캐나다, 멕시코 , GCC(걸프 협력 회의)

## 국제법 주요 판례

# 국제법 주요 판례

(가나다 순)

부록



이번 장은 부록으로, 국제법의 주요 판례를 살펴본다. 국제법을 공부할 때 한번쯤은 접하게 되는 주요 판례를 '가나다' 순으로 정리하여 판례에 대한 궁금증이 생기거나 심화 학습이 필요할 때 찾아보기 쉽도록 하였다. 판례의 한글 제목 아래 영문 판례명과 재판 기관, 연도를 적시했으며, 본문은 '사건 개요–법적 쟁점–판결 요지–판결 이유'의 4목차로 일목요연하게 구성하였다.

# 노테봄 사건

(Nottebohm Case, ICJ, 1955)

### 사건 개요

독일 국적의 노테봄은 1905년 과테말라에 이주하여 사업을 하던 중, 제2차 세계대전이 발발하자 중립국인 리히텐슈타인으로 귀화(1939)하였다. 그 후 과테말라로 돌아와 사업을 계속하였는데, 미국은 노테봄을 적국민으로 간주하여 1941년부터 1946년까지 미국에 감금하였다. 석방 후 노테봄이 과테말라에 재입국신청을 했으나 거절당하고 리히텐슈타인에 정착하던 중 과테말라가 그의 재산을 압류하였다. 이에 리히텐슈타인이 과테말라 정부를 ICJ에 제소한 사건이다.

### 법적 쟁점

리히텐슈타인이 노테봄의 귀화신청에 따라 자국국적을 부여함으로써 그에 대한 외교적 보호권을 행사할 수 있는지 여부.

### 판결 요지

재판소는 노테봄과 '진정한 관련성(genuine link)'이 없는 리히텐슈타인은 과테말라에 대해 노테봄의 외교적 보호권을 행사할 수 없다고 판결했다.

### 판결 이유

타국에 대한 외교적 보호권 행사를 위해서는 개인의 국적과 국가 간에 밀접한 관계, 즉 진정한 관련성이 요구된다. 노테봄은 비록 귀화라는 절차를 거치기는 했다. 하지만 귀화는 한 개인의 일생에서 중요한 변화를 의미하는 것으로써 그 국제적 효력을 다투기 위해서는 개인의 의사 표시뿐만 아니라 귀화가 허용된 상황의 진실성과 유효성도 중요하게 고려하여야 한다. 자발적인 귀화의 경우 그 요건이 강제귀화보다 완화되기는 하지만 최소한 개인과 귀화국 사이에 개인적 · 영토적 관계가 필요하다. 노테봄의 귀화 당시 상황을 살펴보면 그가 리히텐슈타인과 진정한 관련성을 갖고 있었다고 볼 만한 명백한 증거가 없으므로 리히텐슈타인은 노테봄에 대한 외교적 보호권을 행사할 수 없다고 본 것이다.


# 니카라과 사건

(Nicaragua Case, ICJ, 1986)

### 사건 개요

미국이 니카라과의 우익반군인 콘타스(Contas)를 지원하고 니카라과 영해와 항구에 수뢰를 설치한 행위에 대하여 니카라과의 좌익정부가 이는 니카라과의 국내 문제에 대한 불법적인 간섭이자 불법적인 무력 행위라는 것을 이유로 ICJ에 제소한 사건이다.


### 법적 쟁점

니카라과 반군 콘타스의 행위로 인한 니카라과의 손해에 대해 콘타스를 지원한 미국의 손해배상의무가 있는지 여부.


### 판결 요지

재판소는 미국이 콘타스 반군을 지원한 행위로 말미암아 니카라과가 입은 손해를 배상해야 한다고 판시하였다.


### 판결 이유

니카라과가 주장한 국내 문제 불간섭 의무과 미국이 주장한 집단적 자위권은 양자 모두 국제관습법으로 성립하였음을 인정하였지만 각 주장의 타당성에 대해서는 별도로 검토 하였다.

먼저 니카라과가 주장한 미국의 국내 문제 불간섭 의무 위반에 대해서 재판소는 경제적인 수단에 의한 간접적 간섭도 국내 문제 간섭에 해당되지만, 미국이 그동안 해왔던 자발적 성격의 경제 원조를 일방적으로 중단한 것은 국내 문제 불간섭 의무의 위반으로 볼 수는 없다고 판결했다. 그러나 미국이 콘타스 반군을 지원한 행위는 국제 의무 위반으로 보았다.

미국이 주장한 집단적 자위권의 요건으로는 피지원국의 요청, 필요성, 비례성을 제시하였는데, 동 사건에서는 무력 공격을 좁게 해석하여 미국의 집단적 자위권을 행사할 만한 무력 공격이 존재하지 않았다고 결정하면서 미국의 집단적 자위권 행사 주장을 배척하였다.

결국 재판소는 미국에게 니카라과에 대하여 120억 달러의 손해를 배상하라고 판시하였으며 더불어 미국은 수뢰 설치 행위를 포함하여 니카라과의 항구에 접근하거나 출항을 방해하는 행위 등을 즉각 정지해야 한다는 내용의 잠정 조치도 명하였다.


# 동부 그린란드 사건

(Eastern Greenland Case, PCIJ, 1933)

### 사건 개요

동부 그린란드는 1814년 킬(Kiel) 조약으로 덴마크령이 되었고 덴마크는 제1차 세계대전 이후 여러 동맹국들이 그린란드에 대한 덴마크의 주권을 인정하는 선언을 채택하도록 하기 위해 노력하였다. 그런데 1931년 7월 10일, 노르웨이는 동부 그린란드를 무주지로 간주하여 점령하고 그 지역이 노르웨이의 영토라는 선언을 하였다. 이에 덴마크는 노르웨이를 PCIJ에 제소하였다.


### 법적 쟁점

결정적 시점(critical date)으로 평가되는 1931년 7월 10일 당시 덴마크가 그린란드 전역에 대한 주권을 가지고 있었는지 여부.

재판소는 동부 그린란드에 대한 덴마크의 적법한 주권이 존재한다고 인정하여 동부 그린란드가 덴마크의 영토라고 판시하였다.

**판결 이유**

재판소는 1919년 7월 노르웨이를 방문한 덴마크 수상과 노르웨이 외무장관이 회담한 자리에서 노르웨이가 동부 그린란드에 대한 덴마크의 주권을 인정한다면 덴마크는 에게(Aegean)해에 대한 노르웨이의 주권을 인정할 것이라는 구두 조약이 오갔고, 그로부터 8일 후, 노르웨이 외무장관이 노르웨이 정부가 이 문제의 해결에 협조할 것임을 공표하였으므로 동 구두 조약의 효력을 인정하여 동부 그린란드는 덴마크의 영토라는 결정을 내렸다.

이 사건에서는 선점의 실효적 지배 요건이 완화될 수 있는지 여부도 쟁점이 되었는데 재판소는 '인구가 별로 없거나 살지 않는 지역의 경우에는 주권적 권리의 실제적 행사가 거의 요구되지 않는다'고 판시하며 요건의 완화를 긍정하였다.

# 라그란트 사건

(LaGrand Case, ICJ, 2001)

**사건 개요**

독일인 라그란트(LaGrand) 형제는 어린 시절 어머니와 함께 미국으로 이민을 해 살던 중 1982년 은행에서 무장 강도행위를 저지르다 체포돼 사형선고를 받게 된다. '영사 관계에 관한 비엔나 협약'에 따르면 이들을 체포한 미국 애리조나 당국은 체포 당시 이들에게 독일 영사의 원조를 구할 권리가 있음을 고지할 의무가 있었으나 이를 고지하지 않았다. 이후 1999년 2월 형제 중 한 명의 사형이 집행되었는데, 이에 독일이 미국을 ICJ에 제소하면서 남은 한 명의 사형집행을 막기 위한 잠정 조치도 아울러 신청한 사건이다.

①미국의 '영사 관계에 관한 비엔나 협약'상 의무 위반 여부 및 ②ICJ의 잠정 조치(가보전 조치)의 법적 구속력 여부.

**판결 요지**

①재판소는 미국이 영사 협약 제36조 1항에 따른 고지의무를 위반하였으며, ②ICJ 역사상 최초로 잠정 조치 명력이 법적 구속력을 가진다고 판결하였다.

**판결 이유**

미국은 영사 협약이 각 국가의 국내법에 종속되어 행사되어야 한다고 주장하면서 미국의 경우에는 절차상 하자 이론에 영사 협약이 종속되므로 미국의 행위는 동 협약상 의무 불이행에 해당하지 않는다고 변론하였다. 그러나 재판소는 국내법으로써 협약이 인정하는 피고인의 권리를 제한하는 것은 허용되지 아니하며 국가는 단지 권리 행사의 방법만을 선택할 수 있다고 판시하여 독일에 유리하게 판결하였다.

아울러 독일의 사형집행 정지 신청을 받아들이며 잠정 조치의 구속력을 인정하는 판결을 내렸으나, 미국은 ICJ의 잠정 조치에 대한 법적 구속력을 부정하면서 사형을 집행하였다.

# 로터스호(號) 사건

(The Lotus Case, PCIJ, 1927)

**사건 개요**

1926년 8월, 프랑스의 우편선인 로터스호와 터키의 석탄선이 충돌하여 터키의 석탄선이 침몰하고 선원 8명이 사망하는 사건이 발생했다. 사고 후, 로터스호는 항해를 계속하여 다음 날 목적지인 콘스탄티노플항에 도착하였는데, 터키 당국은 충돌 당시 로터스호의 항해사와 선장을 체포하여 유죄판결을 내렸다. 이에 프랑스가 터키 정부의 관할권 행사의 불법성을 주장함에 따라, 1926년 10월 12일 양국 간의 특별 협정에 따라 PCIJ에 제소하였다.

**법적 쟁점**

피해자의 국적국인 터키 법원의 관할권 행사가 국제법상 적법한지 여부.

**판결 요지**

재판소장의 캐스팅보트(casting vote)에 의해 터키의 관할권 행사는 국제법상 적법하다고 판결했다.

**판결 이유**

재판소는 프랑스가 주장한 터키 관할권 행사의 불법성에 대해 관할권은 명백하게 속지주의적인 성격을 가지므로 국가가 명시적으로 표현하거나 일반적으로 확립된 관행 혹은 국제 협약에 의하여 허용되는 예외적인 경우를 제외하고는 자국 영토 밖으로까지 확장될 수 없다고 판시하였다.

동 사건에서는 프랑스의 주관적 속지주의에 의한 관할권과 터키의 객관적 속지주의에 의한 관할권이 경합할 수 있음을 긍정하였고, 이에 따라 프랑스와 터키 양국 모두 관할권을 갖는다고 할 것인 바, 터키의 관할권 행사는 국제법 위반이 아니라는 결론을 내렸다. 다만 재판소는 터키가 주장한 수동적 속인주의를 고려하지는 않았고, 선박 충돌 시 공해상에서 기국의 독점적 관할권을 인정해야 한다는 프랑스의 주장에 대해서는 기국의 독점적 관할권은 국제법상 확립된 원칙으로 볼 수 없다고 판시하여 프랑스의 주장을 받아들이지 않았다.

# 망뀌에 ― 에끄레오군도 사건

(The Minquiers and Ecrehos Case, ICJ, 1953)

### 사건 개요

영국해협에 있는 채널(The Channel)군도의 망뀌에(Minquiers)섬과 에끄레오 (Ecrehos)섬의 영유권을 둘러싸고 프랑스와 영국 간에 일어난 영역 분쟁이다. 프랑스가 종래 노르만족의 지배하에 있었던 채널군도와 노르만디 지역 중 노르만디만을 탈환하는 데 성공한 후, 탈환에 실패한 채널군도에 대해 영국 의 점유를 인정할 수 없다고 주장하여 문제가 되었다.

### 법적 쟁점

영토 점유의 증거와 영국의 주권 인정 여부.

### 판결 요지

재판소는 점유의 증거가 영토 귀속 문제에 있어 결정적 요소인데, 재판관 전 원일치로 영국의 점유가 우월하다고 보아 군도에 대한 영국의 주권을 인정 하였다.

### 판결 이유

영유권 인정에 있어 중요한 것은 실질적인 주권 행사 여부와 점유라고 할 수 있는데, 동 사건에서 영국 정부는 여러 가지 방법으로 오랜 기간 동안 에끄레 오섬에 대해 일상적인 행정 업무를 처리해온 사실이 인정되어 그 영유권을 인정받았다. 망뀌에섬과 관련하여서도 영국이 제출한 망뀌에섬의 암초에 난 파한 선박의 법적 처리 및 섬에서 발견된 사체에 대한 수사기록 등을 인정하 여 영국의 영유권을 긍정하였다.

반면, 프랑스는 자국이 에끄레오섬에 대하여 국가 기능을 행사하고, 유효한 권원(title)을 가지고 있음을 증명하지 못하였다.

# 바르셀로나 전력회사 사건

(The Barcelona Traction Case, ICJ, 1970)

**사건 개요**

설립준거법을 캐나다법으로 하여 런던에서 설립된 바르셀로나 트랙션 전력회사는 스페인의 전력 관계 사업 회사의 주식회사였지만 제1차 세계대전 후 벨기에인이 주식의 대부분을 소유하게 되었다. 1948년 스페인의 국내재판소가 동사(同社) 및 그 자회사의 파산을 선고하고 관재인(管財人)에 의한 동사의 재외(在外) 주식의 무효선언과 신 주식의 발행과 기각이라는 조치에 의해 동 회사는 스페인의 관할 하에 놓이게 되었다. 이에 대해 다수 주주의 본국인 벨기에는 자국 주주가 스페인의 국제 위법 행위에 의해 손해를 입었다고 하여 ICJ에 제소하였다.

**법적 쟁점**

주주(shareholders)의 국적국이 자국민을 위해 외교적 보호권을 행사할 수 있는지 여부.

**판결 요지**

재판소는 동 회사가 캐나다에서 설립되어 국제법상 캐나다 국적을 가지고 있으며, 회사 주주의 국적국인 벨기에는 원고 적격을 가지지 못하므로 외교적 보호권도 행사할 수 없다고 판결하였다.

**판결 이유**

국가의 외교적 보호권 행사에 있어서 법인의 국적은 진정한 관련성을 요하는 개인과는 달리 외형적·객관적 기준으로 정해진다. 따라서 원칙적으로 법인의 설립지 또는 본점소재지의 국가가 외교적 보호권을 행사할 수 있으며 그 국가가 외교적 보호권을 행사할 수 없거나 소멸된 예외적인 경우에만 주주의 국적국이 외교적 보호권을 행사할 수 있다고 보았다.

재판소는 이 사건에서 국가의 의무 중 대세적 의무라는 개념을 처음으로 사용하였는데, 그 예로서 침략 범죄, 집단살해, UN 헌장에 반하는 무력행사, 노예매매, 인종차별 금지 등을 언급하였다.

# 북해 대륙붕 사건

(North Sea Continental Shelf Case, ICJ, 1969)

### 사건 개요

북해 대륙붕에 대해서는 1964년부터 1965년에 걸쳐 서독과 네덜란드, 서독과 덴마크의 상호 간에 육지 국경에서 일정의 근해까지의 부분적인 경계가 주로 등거리 원칙의 적용에 의해 확정되었다. 그리고 1966년 3월 31일에 네덜란드와 덴마크는 서독 근해 해역에 이르는 구역에 등거리 원칙의 적용에 의한 경계 획정을 하고, 이 경계선이 서독에 대해서도 유효하다고 주장하였다. 당시 네덜란드와 덴마크는 '대륙붕에 관한 협약(1958)'의 당사국이었지만 서독은 서명을 끝낸 당사국이 아니기 때문에 협약 제6조에 규정된 등거리 원칙의 서독에 대한 유효성을 둘러싸고 논쟁이 된 사건이다.

### 법적 쟁점

대륙붕의 경계 획정에 적용되는 국제법상 원칙과 규칙.

### 판결 요지

재판소는 덴마크와 네덜란드가 주장한 등거리 원칙의 적용을 부인하고 형평의 원칙에 따른 경계 획정의 중요성을 강조하며 서독의 손을 들어주었다.

### 판결 이유

재판소는 이 사건에서 대륙붕 경계 획정의 원칙으로 네덜란드와 덴마크가 주장한 등거리 원칙을 부정하고 형평의 원칙에 따른 합의가 경계 획정의 중요한 기준임을 확인하였다. 또한 대륙붕에 대한 경계 획정은 각 당사국으로 하여금 타국 영토의 자연적 연장을 침해함이 없이 자국 영토의 자연적 연장을 구성하는 대륙붕의 관할권을 최대한으로 인정하는 방법으로 설정해야 한다고 판시하였다.

등거리 원칙에 의한 경계 획정은 국가 관행 또는 관습법상 강행규정으로 볼 수 없지만, 특별한 이해관계를 갖는 국가들의 관행이 광범위하고 동일하다면 비록 그 기간이 짧더라도 국제관습법이 성립할 수 있다고 판시하였다. 이른바 '인스턴트 관습법' 이론의 시초가 된 판시인 것이다.


# 비호 사건

(The Asylum Case, ICJ, 1950)

### 사건 개요

1948년 10월 페루에서 군사쿠데타를 일으킨 빅토르 토레(Victor Raul Haya de la Torre)는 쿠데타가 실패하자 리마의 콜롬비아 대사관에 망명을 요청하였다. 1949년 콜롬비아 대사관은 그의 요청에 따라 페루 정부에 대해 토레에게 외교적 비호를 부여하겠다는 통고를 한다. 이와 더불어 토레의 안전한 출국을 위한 통행증 발급을 요청하였으나 페루 정부는 이를 거절한다. 이에 양국이 제소협정을 체결하여 ICJ에 제소한 사건이다.


### 법적 쟁점

콜롬비아의 비호 조치가 라틴아메리카 국가 간의 협약과 관습의 일환으로 페루에 구속력을 가지는지 여부.


### 판결 요지

재판소는 콜롬비아 정부가 자신의 주장을 정당화할 만한 관행의 존재를 입증하지 못하였다는 이유로 콜롬비아의 주장을 기각하였다.

**판결 이유**

재판소는 콜롬비아가 주장한 지역관습법에 대하여 그 개념은 인정하였지만 관습이 인정되기 위해서는 법으로 수락된 일관되고 획일적인 관행의 존재가 중요한 요건이라고 판시하였다. 그런데 동 사건에서 콜롬비아가 주장한 외교공관의 비호권은 관행의 일관성 요건을 충족하지 못하였다고 하였다.

또한 잘 알려지지 않은 지역 관습법 내지 특별 관습법은 이를 원용하는 측에서 입증할 책임이 있는데 콜롬비아는 자신이 주장하는 지역관습법을 입증할 만한 충분한 자료를 제시하지 못하였다고 보았다. 아울러 외교공관의 비호권에 대한 페루 정부의 지속적인 반대를 고려하여 외교공관의 비호권을 일반적으로 승인된 국제관습 또는 지역적 관습으로 볼 수 없으며, 다만 집요한 불복이론은 국제법상 확립된 원칙이라고 판시하였다.

# 서남아프리카 사건

(Namibia case, ICJ, 1970)

**사건 개요**

UN 총회가 남아프리카공화국의 서남아프리카(Namibia)에 대한 위임통치령이 종료되었다는 결의를 채택하였음에도 불구하고 남아프리카공화국이 서남아프리카를 불법적으로 지배하자 UN 안전보장이사회는 총회결의를 재확인하고 남아프리카공화국의 서남아프리카에 대한 지배는 불법이자 무효라고 선언한다. 그럼에도 불구하고 남아프리카공화국은 종전의 입장을 고수하였고, 이에 안보리는 ICJ에 이 문제에 대한 권고적 의견을 요청하였다.

**법적 쟁점**

안보리의 결의에도 불구하고 남아프리카공화국이 서남아프리카를 계속 지배하고 있는 것에 대한 위법성 여부.

재판소는 총회 및 안보리 결의에도 불구하고 남아공이 서남아프리카를 지속적으로 지배하는 것은 불법으로 보았다.

**판결 이유**

재판소는 남아공의 위임통치령이 여전히 효력을 유지하고 있으며 위임통치자의 동의 없이 총회의 결의만으로 위임통치령이 종료될 수는 없다는 남아공의 주장을 배척하였다. 또한 UN은 명시적 규정이 없더라도 인도적인 조약을 제외한 모든 조약의 위반에 대한 조약 종료권을 가진다고 보았다.

나아가 남아공이 서남아프리카를 지배하는 것은 불법이며, 따라서 UN 회원국들은 남아공의 불법성을 인정하고 남아공과의 어떠한 거래도 지제할 의무가 있으며, 비회원국도 이와 관련하여 UN이 취하는 조치에 협조해야 한다고 판시하였다. 이 사건은 재판장의 결정투표권(casting vote)이 행사된 사건이기도 하다.

# 서부 사하라 사건

(Western Sahara Case, ICJ, 1975)

**사건 개요**

19세기 후반부터 스페인의 식민지였던 서부 사하라를 UN이 비자치 지역으로 인정한 후, 스페인이 이를 독립시키려 하자 인접국인 모로코와 모리타니아는 각각 서부 사하라가 자국에 귀속되어야 할 영역이라고 주장하였다. 모로코와 모리타니아의 이의가 있자 UN 총회 결의에 의하여 ICJ에 권고적 의견이 요청된 사건이다.

**법적 쟁점**

①스페인이 식민지화할 당시 서부 사하라가 무주지(terra nullius)였는지 여부.

②당시 서부 사하라가 무주지가 아니었다면, 서부 사하라와 모로코 및 모리타니아 간 법적 관계(legal ties)가 존재했는지 여부.

**판결 요지**

①스페인이 식민지화 할 당시 서부 사하라에는 정치적·사회적으로 조직화된 대표 족장이 있는 유목민족이 살았던 점을 들어 무주지가 아니었으며, ②이 지역은 인접국인 모로코와 모리타니아 사이에서 법적 관계를 형성하고 있었다고 판결하였다.

**판결 이유**

동 사건은 국가 영역의 취득 사유 중 선점과 관련한 대표적인 판결로써 재판소는 선점의 요건인 무주지와 관련하여 정치적·사회적 조직을 갖춘 종족이 살고 있는 서부 사하라는 무주지가 아니라고 판단하였다.

또한 모로코와 모리타니아 양국 모두 서부 사하라와 법적 관계는 있으나 그것이 양국의 서부 사하라에 대한 영역 주권을 인정해야 할 만큼 명시적인 것은 아니라고 판결하였다. 따라서 서부 사하라의 독립에 양국의 영향이 미치는 것은 아니며 이를 이유로 서부 사하라 인민의 자결권을 제한할 수도 없다고 본 것이다.


# 스쿠너 익스체인지호 사건

(The Schooner Exchange v. Mcfaddon, 미 연방대법원, 1812)

**사건 개요**

1810년에 공해에서 포획되어 프랑스 해군에 편입된 미국인 맥파돈 등의 소유인 스쿠너 익스체인지호가 다음 해, 1811년 미국의 필라델피아에 입항하였을 때 원래의 소유자 맥파돈 등이 동 선박에 대한 소유권의 회복을 요구하며 미국의 연방재판소에 제소한 사건이다.

**법적 쟁점**

미국 시민이 미국 영해에서 발견된 외국 국적의 군함에 대해 미국 법원에서 소유권을 주장할 수 있는지 여부(외국 군함이 연안국의 재판관할권으로부터 면제되는지 여부).

**판결 요지**

미연방대법원은 자국 영역 내에서의 국가 관할권은 '배타적이고 절대적(exclusive and absolute)'이며, 그러한 지위와 권한의 행사는 타국에서도 재판관할권의 면제로 인정되어야 한다며 관할권 부재를 이유로 소송을 각하하였다.

**판결 이유**

동 사건은 국가면제(주권면제)에 관한 최초의 미국 판례로서, 19세기의 절대적 주권면제 이론에 입각한 판례이다. 미 연방대법원은 국가의 관할권은 배타적이고 절대적이며 이러한 절대적 관할권의 배제는 국가의 동의를 전제로 가능하다고 보았다. 만약 일국이 평시에 타국 군함의 자국입항을 허용한다면 타국 군함에 대한 관할권 배제에 동의한 것으로 간주되어야 하며, 타국과 그 군함 역시 적대 행위를 하지 않는 한 자신의 특권적 지위(관할권 면제)가 묵시적으로 보장받고 있다는 신뢰를 가지는 것이 당연하다고 본 것이다. 관행적으로도 당시 모든 국가는 개방 항구에 입항하는 외국 군함에 대해 관할권을 행사한 적이 없었으므로, 미 연방대법원은 재판관할권이 없다고 판결하였다.

# 알라바마호 사건

(The Alabana Claims, 중재재판, 1872)

**사건 개요**

미국의 남북전쟁 당시 남군의 주문에 의해 영국에서 건조되어 인양된 알라바마호가 북군의 상선 포획에 종사하였기 때문에 미국·영국 간에 영국의 중립 의무를 둘러싸고 분쟁이 일어나 1871년의 '미·영 조약(워싱턴 조약)'에 의해 국제중재재판에 의뢰된 사건이다.

**법적 쟁점**

자국의 국내법 미비를 이유로 국제적 의무를 변경하는 것이 가능한지 여부.

**판결 요지**

중재재판소는 1871년 워싱턴 조약 제4조에 규정된 '해전에서의 중립 의무'를 영국이 위반하였다는 이유로 미국에게 금전배상을 하도록 판결하였다.

**판결 이유**

이 사건은 국제 분쟁의 사법적 해결 방법 중 하나인 중재재판의 발전에 큰 기여를 한 사건으로 평가되며 이 사건 이후 중재재판이 국제 분쟁의 유력한 해결방안으로 주목받게 된다.

영국은 자신들이 건조한 상선이 미국의 남군에 의하여 전함으로 건조될 것이라는 사실은 인식했지만 이를 방지할 국내법이 마련되지 않아 어쩔 수 없었다는 항변을 하였다. 그러나 중재재판소는 이러한 영국의 주장을 받아들이지 않았다. 오히려 중립국은 국내법 미비를 이유로 중립 의무 위반을 정당화할 수 없다는 취지로 판시하면서 영국의 중립 의무 위반을 확인하였다.

결국 영국은 미국 남군의 전함으로 개조된 알라바마호를 비롯한 여러 개조 선박에 의해 미국의 북군이 입은 손해에 대하여 1,550만 달러를 지불하여야만 했다.

# 어업 관할권 사건

(Fisheries Jurisdiction Case, ICJ, 1974)

### 사건 개요

1971년 아이슬란드가 여러 나라의 동의를 얻어 설정하였던 12해리 어업 수역을 다음 해인 1972년에 일방적으로 50해리로 확대한다는 성명을 발표하자, 영국과 서독이 각각 아이슬란드의 조치 무효 또는 대항 불능 등을 주장하며 ICJ에 제소한 사건이다. 〈아이슬란드 어업 관할권 사건〉이라고도 한다.

### 법적 쟁점

배디적 어업 수역의 법적 성질 및 사정 변경의 원칙 적용 요건 등.

### 판결 요지

재판소는 12해리의 배타적 어업 수역에 대하여 국제관습법으로 볼 수 있으며, 아이슬란드가 주장한 사정 변경의 원칙은 동 사건에서 적용할 수 없다고 판시하였다.

### 판결 이유

재판소는 12해리의 배타적 어업 수역에 대하여 국제관습법으로 볼 수 있다고 판시하면서 연안국이 배타적 어업에 의존하고 있는 경우에는 자국 영해에 인접한 수역에서 어업에 관한 우선권을 가질 수 있다고 하였다. 그러나 그러한 권리가 그 영역에서 전통적으로 어업을 해온 다른 국가의 어업 활동을 전면적으로 배제할 수 있는 권리까지 포함하는 것은 아니라고 판결하였다.

아이슬란드가 주장하였던 사정 변경의 원칙에 대해서 국제법상 사정 변경의 원칙 자체는 인정되지만, 이 사건에서 아이슬란드가 주장하는 어업기술의 변화는 사정의 근본적 변경으로 볼 수 없어 사정 변경의 원칙이 적용되지 아니한다고 판시하였다.

이 판결이 있은 후에도 아이슬란드는 판결을 인정하지 않고 오히려 종전보다 확장된 200해리의 배타적 어업 수역을 선포하였다. 그 후 아이슬란드는 서독 및 영국과 협정을 체결하여 일정한 기간 동안 제한된 양만을 어획하는 것으로 잠정 합의하였다. 200해리 배타적 경제수역이 일반 국제법상 성립하기 직전에 해양법이 유동적인 상황에서 발생한 사건으로 법의 유동적 상황에 대한 ICJ의 판단으로서 주목되는 판결이다.

# UN 특정 경비 사건

(Certain Expenses of United Nations Case, ICJ, 1962)

### 사건 개요

1956년 수에즈 운하 사태와 1960년 콩고 내란 당시 파견되었던 UN 평화 유지군(PKO)의 경비에 관하여 소련과 프랑스를 포함한 몇몇 국가들이 이를 공식적인 UN 경비로 볼 수 없다고 반발하자 UN 총회가 ICJ에 권고적 의견을 요청한 사건이다.

### 법적 쟁점

국제 평화와 안전의 유지에 있어 UN 총회의 역할과 UN의 목적을 위해 쓰이는 비용의 정당성.

### 판결 요지

재판소는 "UN 총회는 평화 유지군의 활동에 필요한 경비를 UN기구의 공식적 경비로 결정할 수 있는 권한을 갖는다"는 의견을 내놓았다.

### 판결 이유

재판소는 이 사건에서 국제기구는 설립 조약의 목적 수행을 위해 조약에 명시적으로 규정된 권능뿐만 아니라 그 목적의 달성에 필요한 묵시적인 권능도 갖는다는 내용의 묵시적 관할 이론을 언급하였다.

재판소에 따르면, UN 평화 유지군의 활동이 안전보장이사회의 권한인 제7
장상의 강제 조치권에 근거한 것은 아니지만 그 활동 경비는 UN 헌장 제17
조상의 UN 경비에 해당한다. 따라서 총회는 UN의 경비로서 그 경비를 회원
국에게 할당할 권리를 가지고 회원국들은 그 경비를 분담할 의무가 있다고
보았다.


# UN의 공무수행 중 입은 손해배상 사건
(Reparation For Injuries Suffered in the Service of the

United Nations, ICJ, 1949)

### 사건 개요

1948년 팔레스타인 전쟁 당시 UN 조정관으로서 팔레스타인 분쟁을 해결하
기 위해 현지에서 공무를 수행 중이었던 베르나도테(Bernadotte)가 과격 유대
청년에게 살해당하는 사건이 발생하였다. 이에 총회는 UN의 직원에 대한 직
무보호권 행사 문제에 관하여 ICJ에 권고적 의견을 요청하였다.


### 법적 쟁점

①UN 직원이 임무수행 중 국가책임을 수반하는 손해를 입은 경우 UN은 국
제기구로서 가해국 정부에 대해 UN과 희생자의 손해보상에 대한 국제 청구
를 제기할 수 있는지 여부.
②UN이 국제 청구를 제기할 수 있다면, 희생자의 국적국의 외교적 보호권과
의 조화 여부.


### 판결 요지

재판소는 ①과 관련, UN은 국제기구로서 직원이 임무수행 중 피해를 입은
경우, 그로 인해 UN과 희생자가 받은 손해를 보상받기 위해 가해국에 국제
청구를 제기할 권한이 있다고 판결하였다. 또한 ②와 관련, UN은 그 직원이

입은 손해에 대한 배상청구를 UN에 대한 의무 위반만을 이유로 제기할 수 있으므로 국적국의 외교적 보호권과의 충돌은 조화될 수 있다고 보았다.

**판결 이유**

재판소는 UN에 대하여 국제법적 및 국내법적인 객관적 법인격을 갖는 국제적 주체라고 판시하면서 UN이 국제적으로 부담하는 막중함 임무와 그 임무 수행을 위해서 UN 스스로 국제적인 청구를 할 수 있는 능력을 부여받아야 한다는 견해를 표명하였다. 즉, UN은 자기 직원에 대한 직무보호권을 행사할 수 있고, 직원을 대신하여 가해국 정부에 대해 제소권의 행사 등 묵시적 권능(implied power)을 향유한다고 판결하였다.

따라서 이 사건에서 UN은 피해 직원인 베르나도테(Bernadotte)에 대한 직무보호권을 행사할 수 있으며, 이때 직무보호권과 피해국의 외교적 보호권이 경합하는 경우 어느 하나의 권리가 우선한다는 일반적인 원칙은 존재하지 않는다고 보았다. 다만 재판소는 UN 헌장 제2조 5항의 취지에 비추어 UN의 직무보호권이 국가의 외교적 보호권 보다 우선할 수 있다는 입장을 밝혔다.

# 인터한델 사건

(Interhandel Case, ICJ, 1959)

**사건 개요**

스위스 회사인 인터한델사(社)는 미국회사인 'General Aniline and Film Corporation'의 모회사로서 그 자신도 독일 회사의 지배를 받는 회사였다. 미국 정부는 'General Aniline and Film Corporation' 주식의 90%를 적군의 재산으로 간주하여 몰수하였다. 이에 스위스는 인터한델이 1940년 이래로 독일 회사와 아무런 관련을 가지지 않았다고 주장하며 미국이 몰수한 인터한델의 주식을 돌려줄 것을 요구하였다. 그러나 미국은 이러한 스위스의 요청을 거절하였고 스위스 정부는 이 사건을 ICJ에 제소하였다.

**법적 쟁점**

국내구제 절차 완료 원칙의 적용.


**판결 요지**

재판소는 미국이 제기한 여러 가지 선결적 항변 사유 중 국재구제 절차의 미완료를 인정하여 관할권을 부인함으로써 스위스의 청구를 기각하였다.


**판결 이유**

재판소는 이 사건에서 국가의 사인에 대한 외교적 보호권을 행사를 위해서는 국내구제완료의 원칙이 적용되며, 이는 국제관습법상 확립된 원칙임을 확인하였다. 따라서 국내구제를 미완료한 경우, ICJ의 관할권이 부인된다는 판결을 내렸다.

미국 정부는 미국 대법원이 스위스의 ICJ 제소 직후 인터한델 사건에 대한 재심을 개시하였고, 따라서 이 사건이 아직 미국 내 법원에 계류 중이므로 국내구제를 모두 완료한 것이 아니라고 주장하였다. 재판소는 미국의 이 주장을 받아들여 관할권을 부정하였고 결국 스위스의 청구는 기각되었다.


# 제노사이드 협약의 유보 사건에 대한 권고적 의견

(Reservations to the Convention on the Prevention and Punishment of the Crime of Genocide, ICJ, 1951)

**사건 개요**

'집단살해죄의 방지 및 처벌에 관한 협약', 이른바 '제노사이드(Genocide) 협약'에는 유보 규정이 없으나 이 협약의 당사국 중 일부가 협약에 서명을 하면서 일정한 사항을 유보함으로써 사실상 유보가 이루어지게 되었다. 이에 유보를 하지 않은 다른 서명국들이 반발하였고 사실상 유보의 유효성에 대

해 당사국들의 의견이 충돌되었다. 문제가 확대되자 1950년 11월 UN 총회
는 ICJ에 이 사건에 대한 권고적 의견을 요청하였다.

**법적 쟁점**

①조약에 대해 유보를 행함에 있어 일부 체약국은 이를 수용했으나 일부 체약
국은 이를 거절했을 경우, 그 유보국은 조약의 당사국으로 간주되는지 여부.
②위 유보국이 조약 당사국으로 간주된다면, 유보국과 유보거절국, 유보국
과 유보수락국의 관계에 있어 동 유보의 법적 효력은 어떠한지 여부.

**판결 요지**

재판소는 ①일국의 유보에 대해 일부 체약국은 반대하고 일부 체약국은 수
락한 경우, 그 유보가 본 협약(여기서는 '제노사이드 협약')의 "객체와 목적
(object and purpose)과 양립할 수 있으면 유보국은 본 협약의 당사자로 인정될
수 있다"고 판시했다. 또한 ②유보국이 조약 당사국으로 간주되는 경우에도
유보 거절국은 사실상 유보국을 본 협약의 당사자가 아니라고 간주할 수 있
고, 반대로 유보수락국은 유보국이 본 협약의 당사자임을 인정할 수 있다.

**판결 이유**

재판소는 '제노사이드 협약'의 기원과 성격, 규정과 목적의 관계가 총회 및
당사국의 의지를 해석하는 기준이 된다고 보았다. 이 협약은 순수하게 인도
적인 목적을 달성하기 위하여 체결되었으며 이러한 목적에 비추어 동 협약
은 가능한 한 많은 국가를 참여시키려는 의도가 바탕에 있다고 볼 수 있다.
그리고 가능한 한 많은 국가를 당사국으로 하기 위한 노력의 일환으로 유보
를 허용하는 것을 들 수 있는데, 사실상 유보라도 그 효력을 인정받기 위해서
는 협약의 목적과 양립할 수 있어야 한다는 양립성의 원칙을 충족하여야 한
다. 이러한 양립성의 원칙의 존재여부를 판단하는 것은 협약의 각 당사국의
의사에 달려 있으며 각각의 개별적인 판단에 근거하여 사실상 유보국을 협

약의 당사자로 인정할 수도 있고 부정할 수도 있다고 해석한 것이다.

# 캐롤라인호 사건

(The Caroline Case, 美−英간 외교적 해결, 1837)

### 사건 개요

1837년 캐나다 내란 당시 캐나다 반군에 의하여 군수물자 이송과 의사전달에 이용되었던 미국의 선박 캐롤라인호를 영국이 격침시켜 미국인 사상자가 나온 사건이다. 이 사건에 대해 미국이 항의하자 영국은 캐롤라인호는 해적선이고 따라서 캐롤라인호를 격침시킨 것은 자위권 행사의 일환이었다고 반박하였디. 그러던 중 1841년 캐롤라인호 선박의 파괴와 격침에 관여한 McLeod 라는 자가 뉴욕에서 체포되어 살인죄로 재판에 회부되는 일이 발생하였다. 이에 영국 정부는 선박 격침에 대한 책임을 인정하고 그 자의 석방을 요구하였다.

### 법적 쟁점

자위권(right of self-defense) 행사의 요건.

### 판결 요지

살인죄로 미국 재판에 회부된 McLeod는 그가 주장한 알리바이가 받아들여져 무죄를 선고 받았다.

### 판결 이유

동 사건은 정당 방위적 자위권과 관련한 대표적인 사건이라 할 수 있다. 이 사건을 계기로 미 국무장관 웹스터(Webster)는 "자위권을 행사하기 위해서는 그 필요성이 급박하고 압도적이며 다른 수단을 선택할 여지가 없고 숙고할 여유가 전혀 없는 경우에 한하여 허용된다"는 자위권 행사의 중요한 원칙을 천명하였다. 또한 자위권행사가 정당하기 위해서는 대항 조치가 너무 불합

리하거나 과도한 것이어서는 안 되고 침해와 비례를 이루어야 한다는 점을
밝히면서 동 사건에서 영국의 행위는 자위권의 행사 범위를 넘어서는 것이
라 주장하였다.

# 코르푸해협 사건

(Corfu Channel Case, ICJ, 1949)

### 사건 개요

영국과 알바니아는 제2차 세계대전 후 코르푸해협의 통항 문제를 둘러싸고
대립하였다. 1946년 10월 22일 통항권을 확인하기 위해 영국 군함 4척이 동
해협을 통항 중 2척이 알바니아 영해 내에서 기뢰의 공격을 받아 사상자 86
명을 포함한 손해를 입었다. 동년 11월 12일과 13일, 영국은 사고현장에서
소해작업을 벌여 기뢰를 발견 · 회수하였고, 이를 토대로 영국이 알바니아에
손해배상을 요구한 사건이다. 동 사건은 ICJ가 심리한 최초의 사건으로 유명
하다.

### 법적 쟁점

알바니아는 자국 영해에서 발생한 폭파사건에 대해 국제법상 책임이 있는지
여부.

### 판결 요지

재판소는 당시 상황 증거로 보아 알바니아가 자국 영해 내에 기뢰가 설치되
어 있음을 알면서도 이를 고의적으로 고지하지 않았다는 점을 들어 알바니
아의 책임을 인정하였다.

### 판결 이유

재판소는 공해를 연결하는 국제 수로로 이용되는 국제 해협에서는 평시 항

행 자체가 무해한 경우 군함도 무해통항권을 갖는다고 말하며, 당시 영국 군함의 항해도 그러한 무해통항에 해당한다고 보았다. 그럼에도 불구하고 알바니아는 기뢰설치에 대한 경고 등 재난을 막기 위한 어떠한 조치도 취하지 않았기 때문에 이러한 부작위는 알바니아의 국가책임의 원인이 된다고 판결한 것이다.

한편 재판소는 사고 후에 행해진 영국의 소해작업은 알바니아의 주권 침해 행위에 해당한다고 판결하였다.


# 테헤란 미대사관 인질사건
(The US Diplomatic and Consular Staff in Teheran Case, ICJ, 1980)

### 사건 개요

이란 회교혁명을 성공시킨 호메이니를 지지하는 학생들이 테헤란에 소재한 미국 대사관에 난입하여 문서를 약탈하고 대사관 직원과 대사관 내 미국인들을 인질로 삼아 팔레비 국왕 송환 등의 요구를 한 사건이다. 그런데 이란 정부는 학생들의 미 대사관 불법 난입에 대해 아무런 구조 조치를 취하지 아니하였고, 이에 미국은 ICJ에 이란 정부를 제소하면서 인질 석방을 포함한 잠정 조치를 신청하였다.

### 법적 쟁점

잠정 조치 인정 여부 및 이란 정부의 국가책임 성립 여부.

### 판결 요지

재판소는 관할권을 인정하여 잠정 조치를 명하였고, 미국과 외교 영사 관계를 유지하는 모든 국가는 이에 내제하는 강행적 의무를 인정해야 하며, 외교 및 영사 관계에 있어서 외교관의 보호와 임무수행을 보장하지 못한 이란 정부는 미국 정부가 받은 피해를 배상하여야 한다고 판결했다.

이란 정부는 재판에 참가하지 않고 다만 외무부장관의 서한을 통해 미대사관 인질 사건은 미국이 지난 25년간 이란의 국내 문제에 간섭해온 행위가 결과로 나타난 것이며 이 사건은 조약의 해석과 관련된 문제가 아니므로 ICJ의 관할이 아니라고 주장하였다.

그러나 ICJ는 비록 이 사건이 이란 주권의 문제인 것은 맞지만 외교 및 영사 관계에 있어서 외교관의 보호와 임무수행을 보장할 대세적 의무는 인류사회에서 이어져 내려온 오랜 전통이며 필요한 일이라고 판시하였다. 또한 이는 외교관계에 관한 비엔나 협약 및 영사 관계에 관한 비엔나 협약 등에서 성문화되어 있으며 이란과 미국은 당해 협약의 당사국이다. 따라서 이러한 의무를 인지하고 있었음에도 불구하고 아무런 보호 조치를 취하지 않은 이란 정부의 행위는 대사관 보호 의무를 다하지 않은 것으로, 그로 인한 미국 정부의 손해를 배상하여야 한다고 판결한 것이다.

# 튀니지-모로코 국적포고령 사건

(Nationality Decrees in Tunis and Morocco, PCIJ, 1923)

**사건 개요**

1921년 11월 프랑스 정부가 튀니지와 모로코에 관한 국적포고령을 통해 튀니지와 모로코에서 태어난 사람으로서 그의 외국인 부모 중 일방이 튀니지 또는 모로코에서 출생한 자는 모두 프랑스 국민이라고 선언하자 영국 정부가 이에 반대하여 국제연맹 이사회가 PCIJ에 권고적 의견을 요청한 사건이다.

**법적 쟁점**

프랑스의 국적포고령이 프랑스 국내 문제에 국한된 것으로써 영국의 항의가 받아들여질 수 있는지 여부재판소는 프랑스의 국적포고령은 프랑스의 배타적 국내 관할권에 속하는 문제는 아니라는 의견을 제시했다.

**판결 이유**

재판소는 어떤 문제가 오로지 한 국가의 국내 관할권에 속하는가는 본질적으로 상대적인 문제로서 그것은 국제 관계의 발전에 따라 가변적이라고 보았다. 국제법의 현 상태에서 볼 때, 국적의 문제는 원칙적으로 국제법에 의해 규율되지 않지만 자유 재량을 가지는 국가의 권리는 그 국가가 다른 국가들에 의해서 부담했을 수도 있는 의무에 의해 제한되는 경우가 있을 수 있다. 문제된 프랑스의 국적포고령은 프랑스와 영국이 원용한 여러 국제 조약에 비추어 고려되어야 한다. 그러한 이유로 이 분쟁은 오로지 프랑스의 국내 관할권 내에 있는 문제로부터 야기된 것은 아니라고 보았다.

# 티노코 양허 중재 사건

(The Tinoco Concessions, 중재재판, 1923)

### 사건 개요

코스타리카에서 쿠데타로 잠시 정권을 잡았던 티노코 정권이 물러나고 구정부가 통치권을 회복하면서 티노코 정권이 외국인과 체결한 모든 계약을 무효화하는 법률이 제정되었다. 영국은 이에 대해 동 법률이 적용되지 않도록 해줄 것을 코스타리카에 요구했으나, 코스타리카 정부는 티노코 정권의 행위에 대한 책임을 부인하면서 중재재판이 열리게 된 사건이다. 참고로 영국은 당시 미국의 정책에 동조하여 티노코 정부를 승인하지 않은 상태였다.

### 법적 쟁점

① 티노코 정권이 집권기간 동안 사실상(de facto) 그리고 법률상(de jure) 코스

타리카의 유일한 정부였는지 여부.

② 승계 정부가 법률에 의해 이전 정부 행위의 책임을 회피하는 것이 가능한지 여부.

**판결 요지**

중재재판관 태프트(William H. Taft)는 ①티노코 정권이 집권 기간인 2년 9개월 동안 코스타리카의 사실상 정부였으며, ②따라서 사실상의 정부가 성립되었다면 타국의 불승인과 무관하게 그 정부의 행위는 승계 정부를 구속한다고 판결하였다.

**판결 이유**

중재재판관은 정부 불승인이 사실상 주권의 확립 여부가 아니라 정통성이나 합법성에 의해 이루어졌다면, 영국이 불승인하였다 하더라도 그 효과는 일부 상실하게 된다고 지적하였다. 하지만 실제적으로 영국 정부는 당시 법적으로는 승인하지 않았던 티노코 정권을 사실상의 정부로 대우하고 있었던 것이 사실이다. 따라서 영국의 불승인과는 무관하게 사실상의 정부였던 티노코 정권의 행위에 근거한 청구를 후속 정부에 대해 제기하는 것은 인용될 수 있다고 보았다. 동 판결은 정부나 국가 승인의 창설적 효과설이 아닌 선언적 효과설을 인정한 것으로 볼 수 있다.

# 팔마스섬 사건

(Island of Palmas Case, 중재재판, 1928)

**사건 개요**

팔마스섬은 필리핀 군도의 민다니오섬과 네덜란드 동인도의 Nanoesa 제도 최북단의 중간 지점에 위치한 작은 섬으로 1898년 파리 조약에서 스페인이 미국에 할양한 필리핀의 경계 내에 있었다. 그런데 1906년 미국 관할관이 팔

마스섬을 시찰하던 중 네덜란드의 국기가 게양되어 있는 것을 발견한 것이
문제의 시발점이었다. 미국과 네덜란드는 장기간 외교협상을 전개하였으나
결렬되었고 동 섬의 영유권 문제를 상설중재재판소에 회부하였다.

### 법적 쟁점

합법적인 소유권자가 타방의 주권행사를 저지하지 않는 경우에 외국 영토에
대한 유효한 권원(title) 취득을 인정할 수 있는지 여부

### 판결 요지

팔마스섬이 원시적으로 스페인의 영역이었는지 여부가 불분명하고 네덜란
드 정부가 200년 이상 그 주권을 평온하게 행사해온 사실이 인정되므로 시
효에 의한 영토취득이 인정된다.

### 판결 이유

상설중재재판소는 팔마스섬에 대한 스페인의 주권을 증명할 명확한 증거가
없으며 비록 스페인이 그 섬을 최초로 발견하였다고 하더라도 선점에는 발
견 외에 실효적 지배라는 요건이 필요하다고 판시하였다.
이에 반하여 네덜란드는 1700년까지 거슬러 올라가는 오랜 기간 동안 국가
권한의 계속적이며 평화적인 행사에 의해 이 섬에 대한 권원을 취득하였으
며, 이에 대한 스페인의 이의도 없었으므로 네덜란드의 시효에 의한 영역 취
득을 인정한 것이다.

# 프레아 비헤아 사건

(Temple of Preah Vihear Case, ICJ, 1962)

### 사건 개요

동 사건은 프레아 비헤아 사원과 그 주변 지역의 귀속을 둘러싸고 태국과 캄

보디아 간에 발생한 분쟁이다. 1904년에 프랑스(당시 캄보디아의 보호국)와 샴(현재의 태국) 간에 체결된 조약 1조는 양국 간의 국경이 분수령에 따를 것을 규정하고, 동 3조는 양국 간에 설치된 합동위원회에 의해 국경의 획정이 이루어질 것을 정하였다. 그 결과 1908년, 샴의 요청에 기초하여 프랑스 당국에 의해 지도가 작성되었다. 이 지도에 의하면 프레아 비헤아 사원은 캄보디아 측에 위치한다. 그러나 1934~1935년에 샴은 이 지역을 독자로 조사하여 국경선과 분수령의 불일치를 발견하였다. 또한 그 조사에 의하면 프레아 비헤아 사원은 자국 측에 위치한다고 한다. 제2차 세계대전 후 태국이 동 사원에 대해 경비병을 파견한 결과 분쟁이 표면화되었고, 양국 간 외교협상이 결렬되자 캄보디아는 동 사원 및 그 주변 지역에 대한 영유권의 확인 등을 요청하며 ICJ에 제소하였다.

**법적 쟁점**

1908년에 작성된 지도의 효력 여부 및 프레아 비헤아 사원의 영유권.

**판결 요지**

재판소는 프랑스 당국이 제작하여 태국 정부에 전달한 지도의 효력을 인정하여 프레아 비헤아 사원은 캄보디아에 속한다고 판결하였다.

**판결 이유**

먼저 프랑스가 태국에 전달한 지도의 효력이 문제되었고 지도의 효력을 인정하다고 전제하더라도 태국이 주장한 조약의 무효 사유로써 착오를 인정할 수 있을지도 쟁점이 되었다.

재판소는 지도의 효력을 인정하였으나 태국이 주장한 조약의 무효 사유로써 착오를 원용한 것은 받아들이지 않았다. 당해 지도는 합동위원회의 작업에 기초하여 작성된 것으로써 설령 작성상의 사실적인 착오가 있었음이 인정된다고 하더라도 이는 태국의 과실에 기인한 것이라 판시하였다. 따라서 착오에 과실이 있는 국가는 중대한 착오의 경우라 할지라도 이를 원용할 수 없다고 판결함으로써 결과적으로 프레아 비헤아 사원은 캄보디아의 영토에 속하게 되었다.

# 호르조공장 사건
(Chorzow Factory Case, PCIJ, 1927)

### 사건 개요

제1차 세계대전 발발 이전 상부실레지아에 지어진 질산염 공장인 호르조공상은 본래 독일제국 소유였다. 그런데 1920년 폴란드가 수용법을 제정하여 자국에 할양된 영토에 있는 독일제국의 재산을 국고에 귀속시키자 호르조공장의 소유회사는 독일·폴란드 합동중재재판소에 소송을 제기하여 폴란드가 공장을 일방적으로 국고로 귀속한 것은 '상부실레지아에 대한 협약'에 반한다고 주장하였다. 이에 독일은 합동중재재판소의 판결이 있기도 전에 PCIJ에 사건을 제소한 사건이다.

### 법적 쟁점

폴란드의 호르조공장에 대한 수용 조치가 '상부실레지아에 대한 협약' 위반인지 여부.

### 판결 요지

재판소는 동 사건에 관할권을 가질 수 없다는 폴란드의 주장을 기각하고 독일이 상부실레지아에 대한 주권을 완전히 이양할 때까지는 그 지역의 재산에 관하여 처분권을 갖는다고 보았다. 따라서 호르조공장에 대한 폴란드의 일방적인 수용은 상부실레지아에 대한 협약에 반하므로 보상을 해주어야 한다고 판결하였다.

이 사건에서 문제된 것은 폴란드의 호르조공장에 대한 수용 조치의 적법여부였는데, 재판소는 그 수용이 상부실레지아에 대한 협약에 위반된다고 보았다. 따라서 폴란드는 불법 행위의 모든 결과를 제거하고 불법 행위가 있기 이전의 상태로 복구시켜야 한다고 판시하였다. 이러한 원상회복이 불가능한 경우에는 손해배상금을 지급하여야 한다.

또한 재판소는 이 판결에서 국내 법원의 판결이 국제 법원의 판결을 무효로 할 수 없다는 언급을 한 것도 주의할 만하다.

이 사건의 경우 비록 재판소가 폴란드의 손해배상 책임을 인정하긴 하였으나 그 배상액을 정하지 않아 결국 두 당사국 간의 중재협정으로 마무리되었다.

# 핵실험 사건

(Nuclear Tests Case, ICJ, 1974)

### 사건 개요

프랑스가 남태평양에서 대기권 내 핵실험을 하겠다고 통고하자 뉴질랜드와 오스트레일리아 정부가 프랑스를 ICJ에 제소한 사건이다. 프랑스는 ICJ의 관할권을 거부하였고, 뉴질랜드와 오스트레일리아 정부는 ICJ에 프랑스의 핵실험이 불법임을 선언해 줄 것을 요청하였다. 이후 소송이 진행된 후 프랑스 정부는 1974년의 핵실험이 완료된 후에는 더 이상 남태평양에서 대기권 내 핵실험을 하지 않겠다는 선언문을 수차례 발표하였다. 동 선언문의 법적 중요성이 ICJ에 의해 고려되었다.

### 법적 쟁점

법적 의무를 발생시키는 국가의 일방적 행위(선언)의 법적 성격.

**판결 요지**

재판소에 제소된 이후 프랑스 대통령 등 정부 차원에서 수차례 대기권 내 핵실험을 지하 핵실험으로 이행하겠다는 입장을 표명한 일방 행위가 법적 구속력을 수반하는 것이어서 원고의 제소목적이 달성되었다는 이유로 청구를 기각하였다.

**판결 이유**

이 사건에서 재판소는 남태평양에서 핵실험 중단을 선언한 프랑스의 행위에 법적 구속력을 인정하였다. 이는 한 국가의 일방적인 선언도 구속력 있는 것으로 의도되고 공공연하게 이루어진다면 구속력을 가진다고 본 것이다.

재판소는 일방 행위의 형식과 관련하여 국제법상 특별한 요건을 필요로 하는 것은 아니라고 보았다. 즉 선언이 구두로 또는 문언으로(orally or in writing) 이루어지느냐는 아무 차이가 없다는 것이다. 조약법 협약상 "약속은 준수되어야 한다(pacta sunt servanda)"는 기본 원칙이 신의성실에 근간을 둔 것처럼 국가의 일방적 선언을 통해 추정되는 국제 의무도 국제법상 구속력이 있으며 선언국은 이행 의무를 가진다.

| 참고문헌 |

권계현 · 강구열, 《국제법연습》, 박영사(1997)

김대순, 《국제법론(제16판)》, 삼영사(2011)

김명기, 《국제법원론(상)(하)》, 박영사(1996)

김석현, 《국제법상 국가책임》, 삼영사(2007)

김한택, 《국제법원론》, 와이북스(2012)

나인균, 《국제법(제2판)》, 법문사(2008)

류병운, 《국제법》, 형설출판사(2012)

박기갑, 《21세기 국제법의 현안과 과제》, 삼우사(2011)

서울국제법연구원 편, 《국제판례연구 제1 · 2집》, 박영사(1999, 2001)

성재호, 《국제경제법》, 박영사(2005)

유병화 외 2인, 《국제법 Ⅰ · Ⅱ》, 법문사(2003)

이병조 · 이중범, 《국제법 신강(제9판)》, 일조각(2008)

이석용, 《국제법(제3판)》, 세창출판사(2003)

이장희, 《현대국제조약집》, 아시아사회과학연구원(2005)

이한기, 《국제법 강의》, 박영사(2006)

장신, 《국제법판례 요약집》, 전남대(2004)

정영진 외 2인, 국제법(제11판)》, 신조사(2011)

정인섭, 《新 국제법 강의(이론과 사례)》, 박영사(2012)

최승환, 《국제경제법(제3판)》, 법영사(2006)

한국국제경제법학회, 《국제경제법》, 박영사(2006)

한국방송통신대 편, 《국제법(2011-2)》, 한국방송통신대(2011)

I.Brownlie, 《Principles of Public International Law(6th ed.)》, Clarendon Press(2003)

P.Malanczuk, 《Akehurst's Modern Introduction to International Law(7th ed.)》, Routledge(1997)

M.N.Shaw, 《International Law(4th ed.)》, Cambridge University Press(1997)

M.J.Trebilcock and R.Howse, 《The Regulation of International Trade(3rd ed.)》, Routledge(2005)

**| 최원엽**

서울대 노어노문학과 및 동 국제대학원 졸업(국제학 석사)

제50회 행정고시 합격(국제통상 직렬)

산업통상자원부 근무

현 주제네바대표부 서기관(WTO 총괄)

**주요논문**

〈BRICs의 성장과 한국의 대응〉

(대외경제정책연구원 논문대회 우수상, 2005)

〈Research on the level of SPS measures in concluding
FTA between Korea and EU〉

(국제학 석사논문, 2007) 외

**| 정대진**

한국외대 법대 및 동 대학원 법학과 졸업(국제법 전공)

연세대 일반대학원 통일학협동과정 졸업(통일학 박사)

네덜란드 헤이그아카데미(국제공법과정) 수료

현 연세대 북한연구원 전문연구원

**주요논문**

〈북한이탈주민문제의 국제법적 해결방안〉

(외교부 국제법논문대회 최우수상, 2002)

〈한반도 유사시 북한지역 개입문제: 판단기준과 국제법적
쟁점〉(국제법학회논총 59권3호, 2014) 외

UNDERSTANDING
INTERNATIONAL

# LAW

**국제법의 이해**

**초판 1쇄** 2013년 1월 25일 | **초판 2쇄** 2015년 2월 15일

**편 저** 최원엽 · 정대진 | **대 표** 김영재

**발행인** 이세경 | **편집 · 기획** 양인모 | **편집 · 조사** 차현정 | **교 정** 이현선

**발행처** 책마루 | **주 소** 서울 금천구 벚꽃로 18길 36(독산동 1002) 진도1차 806호

**전 화** 02-445-9513 | **팩 스** 070-7610-2728

**이메일** book@bookmaru.org | **웹** www.bookmaru.org

**트위터** @bookmaru9513 | **디자인** 캠프커뮤니케이션즈

ISBN 978-89-98553-00-5 13360